普通高等教育"十四五"规划教材

战时油料质量保障

主　编　管　亮　谷科城
副主编　舒建华　左秀丽

中国石化出版社
·北京·

内 容 提 要

本书主要介绍战时油料质量保障的基本含义、手段与方法及军内外发展情况，包括我军战时油料质量管理的规定、战时油料质量检测装备(海、陆、空油料化验箱、化验车)、检测方法和综合实训、战时油料质量保障油品的检测项目、质量要求以及油料质量快速检测的新技术和发展方向的探索。

本书适合作为油料质量专业学生的教材，也可作为军队油料质量监督人员的参考资料。

图书在版编目(CIP)数据

战时油料质量保障 / 管亮，谷科城主编．—北京：中国石化出版社，2023.6

ISBN 978-7-5114-7073-7

Ⅰ．①战… Ⅱ．①管… Ⅲ．①军用油料-质量管理-教材 Ⅳ．①E144

中国国家版本馆 CIP 数据核字(2023)第 101280 号

中国石化出版社出版发行

地址：北京市东城区安定门外大街 58 号

邮编：100011　电话：(010)57512500

发行部电话：(010)57512575

http://www.sinopec-press.com

E-mail:press@sinopec.com

北京中石油彩色印刷有限责任公司印刷

全国各地新华书店经销

*

710 毫米×1000 毫米 16 开本 13.5 印张 234 千字

2023 年 6 月第 1 版　2023 年 6 月第 1 次印刷

定价：52.00 元

《战时油料质量保障》

编　委　会

主　编：管　亮　谷科城

副主编：舒建华　左秀丽

编　写：鄢　豪　伊　茜

刘君玉

目录 Contents

第一章 绪　论

1.1 战时油料质量保障内涵

随着我军现代化建设不断深入，武器装备升级换代，油料作为现代武器装备和现代战争的主要消耗物资之一，对用油装备实施快速、机动、综合的油料保障直接关系到战争的胜负，在军事后勤中的地位备受关注和重视。油料质量是指油料在规定使用条件下，满足规定用途所应具有的特征和特性的总和，是武器装备充分发挥战斗力的根本保证。

战时油料质量保障是指在战时及其他非军事行动中，为了确保军队接收的油料的质量、保证油料符合预定用途而采取的一系列措施(如取样、检测、掺兑和库存周转等)，目的是保证接收的油料质量合格，并向用油部队分发质量合格的油料。由于战时环境的复杂性、空间的不确定性，油料质量保障在技术手段上要求快速化、智能化，在管理程序上要求简单化、标准化。

1.1.1 战时油料质量保障特点

受各种因素的影响，战时油料在储存、运输、加注等各个环节中，其内在质量往往难以保证，所以，战时油料质量保障是必不可少的技术保障手段之一。

(1) 战时油料质量保障的基本概念

1) 野战油料(战场油料)。

战场油料(又称战时油料)是指在战时用于军事装备的油料。

按油料性质和用途可分为燃料油、润滑油、润滑脂和特种液。其中燃料油又称为主油，在作战中消耗较大；后三者统称为附属油，在作战中消耗较小。

按供应保障方式和获取来源，战时油料还可分为以下几种类型。

(a) 国防战备油料：由后方战略储备油库或国有石油化工企业直接供应的油料。

(b) 社会征集油料：在战时按照国防动员法有关规定，从地方能源部门(石油公司、民用航空油料公司、加油站等)紧急筹集或征用的油料。

(c) 缴获敌方油料：战时从敌方获取的油料。

2) 战时油料质量保障。

战时油料质量保障主要是指为保证战时不同来源的油料(如战略储备油料、社会征集油料和缴获敌方油料)的质量，实施快速检测和判别，确保油料的正确、安全和及时而进行的一系列活动。

战时油料质量保障包括质量检测项目、检测手段、检测标准和检测力量组成等，是一个由战时油料质量保障规范、检测技术方法、检测装备、人员编组等若干相互联系的要素所构成的有机整体，是野战油料保障的重要组成部分，也是充分发挥用油装备战斗力的重要保证。

(2) 战时油料质量保障的含义和特征

纵观近现代的一系列战争，可以看出战时油料质量保障具有以下特点：

1) 油料消耗大，质量检测任务艰巨。

油料在作战物资总消耗中的比例，已由第一次世界大战中的第三位跃居现在的第一位。

从英阿马岛战争、海湾战争、科索沃战争到伊拉克战争，油料都是主要消耗物资。1982 年 4~6 月马岛战争中，英军 74 天消耗了 52 万~60 万吨油料；1991 年 1~2 月海湾战争，美军 42 天消耗油料 408 万吨；2003 年 3~4 月伊拉克战争，美英联军 24 天消耗油料 320 多万吨，占战争物资消耗总量的 65%，其中海、空军每天消耗油料约 12.4 万吨，油料消耗呈几何级数增长。

从我军情况看，抗美援朝时日均耗油量 200 多吨，自卫反击战时在无海、空军参战的情况下日均耗油量 1700 多吨；近年进行的一系列大规模演习，耗油量已达到物资供应总量的 70%。目前海、空军油料消耗占全军油料总消耗量的 70% 以上。在未来高技术局部战争中，海、空军作战将成为常态。海、空军作战油料消耗量大，对质量要求高，战时油料保障难度大。

未来随着高技术武器装备的不断更新和使用，可以预见，战时油料消耗将比以往任何一次战争都大，而要确保武器装备用油不出质量问题，战时油料质量保障责任重大、任务艰巨。

2) 油料品种复杂，化验项目多，质量检测难度大。

目前我军规定正常使用的油料有 300 多种，其中国产燃料油 20 多种，润滑油 150 多种，脂类 90 多种，而且随着武器装备的引进更新，实际工作中的用油品种还要多，这些油料又分地面油料、舰船油料、航空油料及多种专用油料，品种多，检测项目各不相同，检测监控烦琐；同时由于军队油料来源地多，各炼油企业产油质量不同，加上运输、储存等环节影响因素较多，油料质量检测的难度很大。

在武器装备及用油品种如此之多的情况下，油料在及时供应的同时，要保证品种不乱、牌号不错、质量合格，油料质量保障工作量大、难度大。

3）战时油料保障多元化，要求战时油料质量保障手段多样化。

未来的作战模式将是陆、海、空、天、电等多军兵种联合一体，需要根据任务在战役后方开设野战油库、加油站、补给线，提供全时段、全方位、多方向、多渠道、全民动员的多元一体的油料质量保障。国防战备油料、社会征集油料和缴获油料等不同来源油料对质量监控的要求也各不相同。海湾战争中，美军在陆军前沿部署了油料机动实验室，在航空母舰上设置了油料化验室，在机场安装了油料光谱分析仪。由此可见，对作战部队来说，在不同油料保障方式、不同油料保障对象等条件下实施多种手段的战时油料质量保障是必不可少的。

4）战场的复杂性和机动性，要求战时油料质量监控必须高效、灵活。

在战场这种特殊的环境下，时间就是胜利，时间就是生命。后勤保障也必须处于动态之中，部队作战的高强度性与主战场转移的快速性要求油料质量监督保障必须做出同等甚至更快的反应。同时，随着装备对油料依赖性的逐步增强，油料保障设施和装备已成为敌方首要摧毁打击的目标，而其自身防护能力弱，这就要求战场化验更加快速、准确。

1.1.2 战时油料质量保障内容

战时油料质量由战时油料质量保障标准规范，化验人员可以利用一些检测技术和检测装备对野战油料展开化验。野战油料化验是指通过一定的检测仪器和方法对油料的物理和化学性质进行快速的测定，是保障战时油料质量的主要手段。

(1) 战时油料质量保障标准规范

战时油料质量保障受条件限制，检测标准不可能与常规化验相同。按照采用的技术手段和化验方法，战时油料的化验可分为等效化验和替代化验。

1）等效化验。

等效化验指完全按照国家认可的标准及方法进行的化验，或采用的化验方法虽然没有被国家认可，但其化验结果与国家标准方法(GB)、国家军用标准方法(GJB)和石油化工行业标准方法(SH)完全相关，这些化验方法与国家标准试验方法具有完全相同的实验结果。

2）替代化验。

替代化验指允许使用替代试验方法测定战场油料的物理和化学性质，检测装置的可靠性和重复性不低于国家相关标准方法的要求，而且检测仪器被批准用于军队。例如，用近红外分析技术检测军用油料的密度、馏程、闪点等。

(2) 战时油料质量保障化验类型

1）按油料化验时机不同，可分为收发化验、储存化验。

(a) 收发化验：指对接收或即将发出的铁路油槽车、油罐车、油船中的油料进行油料质量分析。进行收发化验的目的在于确定接收油料的某些指定质量指标是否与发运化验单上填写的数据相符；在发运油料时，进行收发化验的目的在于确定油料质量指标是否符合要求。

(b) 储存化验：指油料按照规定储存期限进行的周期性化验。储存化验的目的在于掌握库存油料的质量状况。一般在周期内已经做过储存化验的收发时可以免检。

2）按化验项目不同，可分为基本化验、鉴别化验、污染化验。

(a) 基本化验：指必须进行的化验项目，以保证油料的基本性能或质量。

(b) 鉴别化验：指通过选择有关化验项目来快速判别油料的型号和级别，或测定油料的质量是否随时间或储运过程而变化。

(c) 污染化验：指对怀疑遭到污染的油品的某些性能进行化验。例如可能含有水分、机械杂质等。

(3) 战时油料质量保障技术手段

战时油料质量保障通过油料化验装备发挥作用。为满足战场机动快速的需求，国内外战场油料化验装备大多为野战油料化验箱、野战油料化验车、油料化验方舱等。

1）野战油料化验箱。

野战油料化验箱是在野战条件下检测油料质量和鉴别油料品种的专用化验箱，可在各种活动场所进行规定的燃料质量检验。主要用于旅团及以下部队的日常化验。优点是既可单兵携带、操作，也可大范围配属部队，能直接快速地进行化验。缺点是检验项目有限。

2）野战油料化验车。

野战油料化验车是在野战条件下检测油料质量和鉴别油料品种的专用车辆。

野战油料化验车机动性强，化验项目较全面，可伴随野战油库、野战加油站进行野战油料质量保障。

3）油料化验方舱。

油料化验方舱是新型的油料质量检测保障装备，主要用于交通不便地区的油料质量保障，由直升机空投至指定地域，如海岛、森林等地区，进行油料化验，是以上两种化验装备的良好补充。

1.2 战时油料质量保障要求

战时油料质量保障主要是针对输油管线、软体油罐、油罐车、油桶等储运容器中的油料实施质量检测。

1.2.1 野战油料化验项目

与平时油料化验不同，针对不同来源的油料，化验项目设置不同，这是由野战条件下的实际需求决定的。

(1) 车用燃料污染

战时油料储运中容易发生污染使质量变差。燃料污染物主要有混油、水分、沉渣及酸性物质。另外，缴获的不明燃料可能会被加入酸性物质。

1）混油。通常指燃料在储存和运输过程中意外地将不同类型的燃料混入，或车辆被错加燃料，或是更换储罐时油罐不清洁等造成污染。柴油混入汽油或喷气燃料将导致闪点下降，对安全产生隐患；汽油混入柴油则会降低其抗爆指数，使沉淀物增加，储存安定性变差。

2）水分污染。燃料中的水分可能是溶解水或游离水。溶解水已溶解在燃料中，含量通常不高于100ppm，肉眼看不见，对发动机不构成威胁。但当燃料温度下降时溶解水可变为游离水，游离水以乳化液、悬浮液的细小液滴形态存在，大量的游离水可沉积在储油容器的底部，引起发动机失速、喷油嘴堵塞及其他故障，同时这也是腐蚀的一个诱因。

3）沉渣污染。包括无机物和有机物，如尘埃、粉末、颗粒物、纤维、凝聚物、黏液，这些物质可能比燃料重，也可能比燃料轻；燃料系统机械故障可能会产生金属屑，铁锈通常来源于油箱和管线；玻璃纤维可能来源于过滤器聚结滤芯破损；有机沉渣主要由燃料的变质产物和微生物构成，容易堵塞燃料过滤器；胶质通常是油中的不饱和烃的氧化和聚合产物；微生物包括细菌、霉菌和原生物，会加剧金属表面的腐蚀或堵塞燃料系统。

4）酸性物质的污染。指不明燃料被加入酸性物质，可造成发动机系统的金属腐蚀。

（2）战时油料质量保障项目

高技术局部作战是高消耗战争，油料消耗量大。油料质量好坏直接影响到军事装备的作战效能。战时，部队在机动过程中随时会遇到补充油料的问题。如果将征集或缴获的未知油料送到后方基地油料化验室检测，会影响油料的及时性，出现“有油不敢用”的情况，如果使用了不正确的或是被污染的油料，就会损坏装备，贻误战机。因而对战场上缴获的油料或征集的应急代用油料，做到及时、准确的鉴别和检测至关重要。而实现战场油料化验的机动、适应、高效则应根据装备对油料质量的基本要求来确定检测项目。

传统的实验室化验方法难以满足战时油料分析对时效的要求，为了提高战时油料化验效率，在野战油料化验装备中允许使用替代方法测定油品的物理性质，但试验仪器的可靠性、再现性应符合军队装备的要求，或优于国家和行业标准，或经过总部机关定型批准。战时油料质量检测的替代试验方法包括等效试验、预测性检测。

1）等效试验方法：指测定结果与 GB、SH、YLB 方法完全一致，但未被国家或行业主管部门批准为标准的方法。

2）预测性检测：指使用现代分析仪器或分析技术对油品的组成进行分析，从而预测其油品的性质和质量。

我军在战时油料化验方面还没有相关的规定，为了提高战时油料质量保障效率，规范战时油料化验程序，参照美军做法，可分为一类化验、二类化验和三类化验。

一类化验：分析油料的所有检测项目，是对接收油料的整体质量进行的化验，化验仪器和方法符合国家和军队等相关标准。

二类化验：指在战时条件下，由于储存、运输和使用环境等因素会对油品的某些性能产生影响，需要对可能发生变化的项目进行质量检验。例如，检测污染、混油、闪点、辛烷值、十六烷值等。

三类化验：是验证油品是否合格的基本检测，包括密度、颜色、外观（目测）等。

表 1-1、表 1-2 是根据装备质量需求、战时油料化验的特殊性，列出的战时油料检测项目和相应的检测要求。

表 1-1　野战油料化验项目和期限表(1)

序号	油料品种	航空活塞式发动机燃料			车用汽油			喷气燃料		
	化验类别	接收	入库	储存	接收	入库	储存	接收	入库	储存
	化验期限(月)			3			3			3
	化验项目									
1	外观、水分、杂质	√	√	√	√	√	√	√	√	√
2	密度	√①	√		√①	√		√①	√	
3	馏程、蒸馏		√						√	√
4	闪点(闭口)								√	√
5	凝点、浊点、冷滤点									
说明	①检测的标准密度与来油化验单标准密度差值超过 3kg/m³ 时，按入库化验项目进行检测。									

表 1-2　野战油料化验项目和期限表(2)

序号	油料品种	车用柴油			军用柴油			军舰用燃料油		
	化验类别	接收	入库	储存	接收	入库	储存	接收	入库	储存
	化验期限(月)			3			3			3
	化验项目									
1	外观、水分、杂质	√	√	√	√	√	√	√	√	√
2	密度	√①	√		√①	√		√①	√	
3	馏程、蒸馏		√	√		√	√			
4	闪点(闭口)		√	√		√	√			
5	凝点、浊点、冷滤点		√	√		√	√			
说明	①检测的标准密度与来油化验单标准密度差值超过 3kg/m³ 时，按入库化验项目进行检测。									

1.2.2　野战油料化验指标

平时化验中，因为要考虑油料储存期限、油料领用时间等，其化验指标要比装备实际需要指标更严格，而在野战条件下，为了达到作战目的，可适当放宽指标限制。表 1-3～表 1-6 是几种常用油料野战化验指标。

表 1-3　燃料油野战化验指标(1)

项　目	航空活塞式发动机燃料		车用汽油	喷气燃料
	飞机用	其他机械用		
1. 辛烷值	−1	−2	−4	
2. 四乙基铅	+0.2	不要求	不要求	
3. 馏程/℃				
馏出 10%	+2	+4	不要求	
馏出 50%	+2	+4	+4	
馏出 90%	+1	+3	+3	
终馏点			+10	
4. 实际胶质(胶质含量)/(mg/100mL)		+5	+20	
5. 酸度/(mgKOH/100mL)		+0.3	+0.5	
6. 闪点/℃				
7. 银片腐蚀				
说明	1. "+"及"−"，表示允许超过或者降低产品标准(不包括附注)的数值； 2. 使用溶剂洗胶质达到 25mg/100mL 的车用汽油时，应当通知用油单位加强对汽油滤清器、汽油泵及进气管等的维护保养工作； 3. 战时或者应急条件下，经现场指挥员批准，加注的喷气燃料银片腐蚀项目检测结果可放宽至 2 级。			

表 1-4　燃料油野战化验指标(2)

项　目	车用柴油		军用柴油	
	坦克用 舰艇用	其他	舰艇用	其他
1. 辛烷值				
2. 四乙基铅				
3. 馏程/℃				
馏出 10%	不低于 200			
馏出 50%	+5	+5		
馏出 90%	+10	+10		
终馏点				

续表

项　目	车用柴油		军用柴油	
	坦克用 舰艇用	其他	舰艇用	其他
4. 实际胶质(胶质含量)/(mg/100mL)			+20	+20
5. 酸度/(mgKOH/100mL)	+3	+3		
6. 闪点/℃	-10	-20	-3	
7. 银片腐蚀				
说明	1. “+”及“-”，表示允许超过或者降低产品标准(不包括附注)的数值； 2. 车用柴油闪点使用指标不适用于舰艇。			

表 1-5　润滑油、润滑脂野战化验指标(1)

项目	20 号航空润滑油		8 号航空润滑油	汽油机润滑油	柴油机润滑油
	飞机用	其他机械用			
1. 运动黏度/(mm^2/s)					
100℃	-1	-1		±1	±1
50℃			-0. 3		
2. 残炭/%	+0. 1	+0. 1		+0. 15	
3. 酸值/(mgKOH/g)					
有添加剂的					+0. 1
无添加剂的	+0. 05	+0. 05	+0. 01	+0. 1	
4. 灰分/%					
有添加剂的					
无添加剂的	+0. 002	+0. 003			
5. 闭口闪点/℃	-20	不低于 200	-10		
6. 开口闪点/℃				不低于 180	不低于 180
7. 滴点/℃					
8. 锥入度/(1/10mm)					
9. 游离酸					
10. 分油量					
11. 腐蚀(铜片)					
说明	“+”及“-”，表示允许超过或者降低产品标准(不包括附注)的数值。				

表 1-6　润滑油、润滑脂野战化验指标(2)

项目	汽轮机油	机械油	齿轮油	润滑脂
1. 运动黏度/(mm^2/s)				
100℃			±1	
50℃		±1		
2. 残炭/%		不要求		
3. 酸值/(mgKOH/g)				
有添加剂的				
无添加剂的	+0. 02	+0. 1		
4. 灰分/%				
有添加剂的				
无添加剂的				
5. 闭口闪点/℃				
6. 开口闪点/℃		不要求	不要求	
7. 滴点/℃				-5
8. 锥入度/(1/10mm)				±20
9. 游离酸				不要求
10. 分油量				不要求
11. 腐蚀(铜片)				不要求
说明	1. “+”及“-”，表示允许超过或者降低产品标准(不包括附注)的数值； 2. 4 号高温润滑脂的滴点，在使用时允许比原标准低 30℃；钠基润滑脂，在配制润滑油和润滑脂混合油时允许滴点低于产品标准 30℃； 3. 润滑脂如有少量游离有机酸，做腐蚀试验时，铜片颜色发暗，对钢片、铝片等无腐蚀，仍可使用于无铜件的部位。如润滑脂有分油现象，将分油部分去掉后滴点、锥入度等指标合格，仍可使用。			

表 1-7 列出了战时油料化验最低要求。

表 1-7　战时油料化验最低要求

油料来源	化验要求	备注
战备油料	三类化验	野战油料化验箱、野战油料化验包、便携式油料质量分析仪
征集油料	二类化验	野战油料化验箱、野战油料化验车、便携式油料质量分析仪
缴获油料	一类化验	油料化验室、野战油料化验车

1.3 野战油料质量管理

为了规范野战油库、加油站和野战输油管线油料质量保障工作，确保油料质量合格，依据《军队油料质量计量管理规定》《军队油料技术管理规则》，总部制定《野战油库、加油站和野战输油管线油料质量保障暂行规定》，作为野战油料质量管理工作的具体规范。

1.3.1 装备和器材

1）野战条件下金属油罐（桶）、软体油罐等储油容器应当清洁完好，安放合理，便于排污，在醒目位置标识所储油料品种、牌号。喷气燃料储油罐（囊）及连接管路应当专用。

2）运加油车等油料运输加注装备的容器、进出油口、管路系统等应当保持清洁完好。

3）野战条件下收发、输送和加注喷气燃料应当设置过滤分离器，使用前检查是否完好，使用过程中定期检查、清洗，保持清洁完好。

4）野战油料质量监测车、化验箱等装备器材应当妥善保管，定期检查维护，保持良好技术状况。

5）输油管线铺设过程中，应当保持管道内壁清洁完好。铺设完成后，应当进行吹扫、冲洗和试压，排出管线内水分杂质。过滤（分离）器滤网（芯）应当在冲洗试压后安装。

6）野战输油管线终端应当设有专门存放混水油料的油罐（囊），输送两种以上油料时应当设置存放混合油料的油罐（囊）。野战输油管线首末端应当设置混油浓度监测仪或者在线密度计等监测装置。

1.3.2 野战油料接收质量管理

油料接收应根据接收计划，制定作业方案，收油前完成设施检查，对储油容器以及配套使用的油泵、阀门、过滤器、卸油管、野战收发油装置等设备进行检查，确保其清洁完好。

根据《军队油料质量计量管理规定》，战时对接收油料质量管理的要求如下：

1）接收油料前，野战油库、加油站应当对储油容器以及配套器材进行检查，确保其清洁完好。

2）接收散装油料时，野战油库、加油站应当核对收油证件、化验单、车号等，逐车(船)检查铅封标记、油料外观和油罐(舱)底部油料清洁情况。野战油库应当按照《野战油料化验项目和期限表》进行接收化验。证件不符或者证件不全，以及化验检查结果不符合使用指标时，及时报告上级油料业务部门，得到批准后，方可接收。

接收整装油料时，野战油库、加油站应当核对和检查收油证件、化验单(合格证)及包装标志，按照品种、牌号和批号分类堆放，做好防护措施。

3）收油结束后，野战油库应当逐罐(囊)检查、排放底部水分杂质，及时取样进行入库化验，并记录检查化验情况。化验结果不符合使用指标时，及时报告上级油料业务部门。

具体操作时应注意：

（1）油罐车油料接收

接收油罐车油料时，应当核对收油证件、化验单、车号等，逐车检查铅封标记、油料外观和底部油料清洁情况，并检测密度，确认无误后，即可收油。在水杂较多的情况下，经沉淀排出水杂后方可收油。接收喷气燃料时，应当待油车停稳并静置至少 10min 后再进行上述检查。对于喷气燃料，检测的标准密度与来油化验单标准密度差值超过 $3kg/m^3$ 或者无来油化验单时，应当立即报告上级油料业务部门；汽油增测馏程，柴油增测馏程、闪点、凝点，化验不合格或者存在疑问的，报告上级油料业务部门。未得到明确答复时，暂不接收。检查化验情况填写《油料质量检查化验登记》。

野战加油站接收油料时，应当核对油名、牌号，检查油料外观和底部油料清洁情况，确认无误，方可接收。

（2）接收野战输油管线输送的油料

接收野战输油管线输送的油料时，按下列规定执行：

1）初次接收油料时，油头应当专罐(囊)接收。油头到达后，收油单位和输油单位应当通过在线监测装置或取样检测密度，检查油料外观，监控油头混水、混油情况，确认油料符合要求后，方可换罐接收。固定油库应当在管线终端取样口取样，按接收化验项目进行化验，有疑问时及时上报。

2）换输油料品种时，应当跟踪掌握，及时切割混油段，混油段油料单罐(囊)存放。

3）连续输油期间，每隔 1h 从管线取样检测一次密度，并检查油料外观；间歇输油期间，开始时从管线取样检测一次密度，并检查油料外观，以后每隔 1h 检查一次，出现异常，及时处理。

（3）接收桶装油料

接收桶装油料时，应当逐桶检查油桶外观、桶面标记，并核对油料名称、牌号，分类存放。油桶有渗漏时及时倒桶。桶面标记不清的，及时核查。检查情况填入《油料质量检查化验登记》。

（4）混油处理

对单独存放的混合油料，应当采取掺合方法处理，掺合前先取样化验，根据质量情况确定掺合比例，掺入汽油或柴油中(不得掺入航空油料中)尽快发出使用，掺合后的油料质量应当符合使用指标要求。混水油料经过静置沉淀排出水分杂质，按接收化验项目化验合格后倒入储存罐。

收油结束后，逐罐(囊)检查、排放底部油料水分杂质，取样检测汽油的密度、馏程，柴油的密度、馏程、闪点，喷气燃料的密度、馏程、闪点、铜片腐蚀。检查化验情况填入《油料质量检查化验登记》。油料质量不合格时，及时报告上级油料业务部门。

风沙雨雪天气接收油料时，应当采取防护措施，防止水分杂质进入油料。接收油料完毕，应当放空输油软管内的存油，管口及接口用清洁的堵头和罩套封闭。

1.3.3 储存油料质量管理

根据《军队油料质量计量管理规定》，对野战储存油料质量管理的要求如下：

1）只有一条收发管线的罐(囊)区或者罐(囊)组，只能储存一种油料。油料储存期间，应当采取措施防止油料变质，避免雨水、杂质等侵入。

2）散装油料，每周逐罐(囊)检查一次油料外观，如有水分杂质，应当及时排放；整装油料，每周抽查包装标志、密封程度、化验单和质保期等，发现问题，及时处理。检查处理情况应当记录备查。

3）油料储存期间，应当定期进行储存化验，发现油料质量不符合使用指标，及时报告上级油料业务部门。

1.3.4 野战油料发出质量管理

野战油料发出应根据发出计划，制定作业方案，发出前完成设施检查。

根据军队油料质量管理相关规定，在战时对发出油料质量管理的要求如下。

1）用车(船)发油前，发油单位应当检查发油设施设备，确保清洁完好；逐个检查装油容器内部清洁情况，核对油料名称、牌号和质量状况，检查油料外观；按批次留样，保存至发油任务结束后10天。

2）装油结束后，发油单位应当对装油容器实施铅封，并附油料化验单随车（船）发出。

具体操作时应注意：

（a）野战油库发油前检查。

野战油库发出油料必须经过严格检查，防止错发或者将不清洁、质量不合格的油料发出。发出油料使用的设备、管线必须清洁完好，设备或管线内存有不同品种的油料时，应当事先排出或者清洗。发出油料时，应当逐个检查装油容器内部清洁情况，确认无水分、杂质、油垢和锈蚀后，方可装油。装油容器标记、标牌应当及时更新。装油结束，检查油料外观和底部清洁情况，确认合格后铅封，签发油料化验单随车发出。

（b）野战输油管线发油前检查。

用野战输油管线输送油料的，发油单位在发油前应当按规定（固定油库执行《军队油料质量管理细则》）对拟发油料进行检查化验，质量合格的，签发油料化验单，交输油单位和收油单位。输油单位核对油料化验单，与发油单位共同检查拟发油料外观及底部清洁情况，填写《野战输油管线输送油料质量检查登记》，共同签字认可。按批次留存油样备查，油样由输油单位施封，发油单位保存至输油任务结束后6个月。

（c）其他注意事项。

① 使用同一野战输油管线输送两种以上油料时，应当按照密度相近、紧邻排列的顺序输送。

② 野战输油管线铺设展开前，应当对放空罐、油泵和管子及管件等进行内部清洁保养。

③ 管线铺设过程中，给承口涂抹润滑油时，应当少量均匀，避免多余润滑油进入管子内壁。连接管线分支部位时，闸阀应当紧靠分支连接。铺设作业间歇，穿越涵洞、水域等复杂地形和分段铺设时，管线端头应当加装堵盖，防止异物进入。

④ 管线铺设完成后应当进行吹扫和试压。用水冲洗试压时，水源应当清洁，冲洗试压后应当排出管内存水。过滤（分离）器滤网（芯）应当在冲洗试压后安装。

⑤ 油料输送过程中，应当保持油泵、管线、放空罐和过滤器清洁完好，防止水分、杂质和不同油料混入。

⑥ 换输油料品种时，应当跟踪油头到达位置，在管线内存有两种或两种以上油品时，非紧急情况不得停输。

⑦ 输油结束，采用水顶方式排空管线时，输油单位应当跟踪监控混水油料位置，及时通知收油单位换罐接收，避免大量水分进入储油罐。管线撤收时，应当排空管线及放空罐内存油，分类回收。

1.3.5 野战输送油料

1）使用野战输油管线发油时，发油单位应当按照接收化验项目对拟发油料进行化验，签发油料化验单，分别交输油单位和收油单位；输油单位与发油单位共同检查拟发油料外观及底部清洁情况，记录并签字认可。

2）每次开设野战油库，任务部队应当检查清洗过滤(分离)器滤网(芯)，使用中每周至少检查清洗一次，如有破损及时更换。野战输油管线每个泵站和计量站进口端应当设置过滤器，输送油料过程中，输油单位每个工作日至少检查清洁过滤器滤网一次。

3）油料输送过程中，输油单位应当保持油泵、阀门、管线、放空罐和过滤器清洁完好，防止水分杂质和不同油料混入。使用同一野战输油管线输送两种以上油料时，应当合理安排发油顺序，尽量减少混油量。输油单位应当跟踪混油混水段，采取有效措施，减少混油混水量，混油混水段应当专罐接收。

1.3.6 野战加注和回收油料质量管理

野战油料加注是油料使用前的最后一道关卡，需要更严格的加注质量管理。原则是合理安排发油顺序，并尽量减少循环次数。为装备加注的油料，应当符合装备使用要求。加注应急代用油料，应当执行应急代用油料有关规定。为地面装备加注油料前，应当核对油名、牌号，检查加油工具清洁情况和油料外观，目视无水分杂质。加注过程中应当防止雨水、杂质等落入油中。紧急情况下，对于品种不清楚的油料，为地面装备加注前，可采取检测密度或者看、摸、嗅等手段，判别油料品种后方可加油。航空和舰艇油料加注参照相关规定执行。

1）加注油料前，任务部队应当核对油料名称、牌号，检查加油工具清洁情况和油料外观。加注过程中应当防止水分杂质等进入油料。

2）野战油库、加油站和野战输油管线撤收时，应当排空并回收管线和储油容器中的存油，按照品种、牌号、质量状况分类存放。

1.3.7 野战不明油料和动员油料

1）对缴获的和来源不明的油料，通常采取快速方法进行检测，确认油料品种且符合装备使用要求后方可使用；紧急情况下，可以采取看、摸、嗅等方法，判别油料品种后直接使用。

2）动员地方油料，可以依托专业对口的地方力量参与野战油料质量和计量保障，质量和计量管理按照军用油料有关规定执行。

1.3.8 境外油料质量和计量保障

1）委托代理机构组织境外油料保障时，军队油料质量管理部门应当根据境外任务部队油料保障需求，选择符合油料质量技术要求的油源，组织或者委托有资质的检测机构对补给油料进行质量检测，无法进行质量检测时，应当审核油料出厂或者入库化验报告，并由油料业务部门进行油料质量确认。

境外油料补给前，任务部队应当现场查验油料质量和计量相关设施设备，明确油料数质量交接程序；核对油料质量证明文件，取样检查油料外观和水分杂质，必要时进行化验复核，并留样备查。确认无误后，方可补给。补给后，任务部队应当测量计算加油数量，发现问题，及时报告上级油料业务部门。

2）组织境外油料前送保障时，任务部队可以参照野战油料前送保障要求执行。

第二章 野战油料质量检测装备

石油产品和石油产品试验方法都有国家或行业的统一标准，部队在平时的化验中必须严格遵守。但标准试验方法必须在化验室内进行，要用各种专门的仪器，要有自来水、电源等，而且化验一个项目通常需要较长的时间，如做一次实际胶质化验至少半天，这些要求在战时条件下，就很难满足。在野战情况下，需要有适应战场环境的专用化验装备，部队打到哪里，化验工作就开展到哪里。目前装备部队的野战油料检测装备有野战油料质量监测车、便携式油料质量分析仪、油料化验箱等。

2.1 野战油料化验装备发展简介

我军野战油料化验装备从早期的 A 型油料化验箱开始，发展到现在的野战油料化验箱、新型野战油料质量监测车等装备，经历了一个从无到有、不断完善、不断壮大的过程。监控技术现代化、监控手段快速化、监控装备系列化，基本满足了战场油料质量技术保障的要求。

2.1.1 野战油料化验箱

(1) A 型油料化验箱

我军最早仿苏联制造出 A 型油料化验箱，该箱体积大，重量为 11kg，可化验 12 个项目，转移时必须用马车、汽车或由 4 个人抬，因为过于笨重，早已被淘汰。1969 年某军区研究所研制出 A 型油料化验箱改进型，该箱重量只有 8kg，体积也小，也能化验 12 个项目。与此同时，空军还研制出适合空军用的化验箱，该箱重量为 7kg，可化验 10 个项目。

(2) B 型油料化验箱

我军油料化验室吸取以上化验箱的优点并加以改进，研制出 B-1 型油料化验箱，该箱重 11kg，1975 年开始装备部队使用。这是一种小巧、轻便且能化验 16 个项目的化验箱，在野战条件下具有一定的优越性，可以得到相对准确的油料化验结果，经过部队几年的检验和对越自卫反击的实战应用，基本可以满足平时及野战条件下的使用要求。但也存在一些问题，一是木壳箱体不够牢固；二是体积大，不易携带；三是玻璃仪器易碎及个别项目设置不合理。图 2-1 是 B-1 型油料化验箱的内部结构图。

20 世纪 80 年代初，在 B-1 型油料化验箱的基础上研制出 B-2 型油料化验箱，并于 1985 年装备部队使用。该化验箱主要用于陆军在野战条件下检查油料质量，鉴别油料类别、牌号，主要装备在陆军各类师、团级部队，战时与化验车配合可形成较完整的油料化验体系。该化验箱可开展 15 个化验项目(取样、密度、防冻液浓度和冰点、馏程、实际胶质、铜片腐蚀试验、酸度酸值、水溶性酸碱、水和机械杂质、运动黏度、闭口杯闪点、开口杯闪点、滴点、游离碱和游离有机酸、车用油料简易鉴别)，能在无电源、无自来水的野战条件下检测鉴别常用油料的质量和类别。

这些化验箱都具有体积小、重量轻、展开快、操作简单、能手提肩背、携带方便特点，但是在运输和使用过程中，仪器容易损坏(化验箱体积小、紧凑是其优点，但仪器放置位置不当，稍有疏忽就会损坏，因此收放时要特别小心)。而且不少仪器并非通用件，损坏后便无法补充。因所带蒸馏水和洗涤剂有限，仪器使用后洗涤困难，且缺乏对航空燃料的检测能力。图 2-2 是 B-2 型油料化验箱的内部结构图。

图 2-1　B-1 型油料化验箱

图 2-2　B-2 型油料化验箱

（3）某型油料化验箱

目前我军装备部队使用的是 1998 年研制的某型油料化验箱。某型油料化验箱约重 12kg，是为保证车用油料质量而研制的小型化验装备，是在消化吸收国内外便携式石油产品分析仪器技术和改进的 B-2 型油料化验箱的基础上，研制的适合我军野战条件下快速准确检测，以车用燃料为主、润滑油和防冻液为辅的油料化验装备。该化验箱可开展 9 项化验：取样、外观(目测)、密度、水溶性酸或碱、实际胶质、黏度、凝点(倾点)、冰点、pH 值的测定。箱内配置的各种检测仪器应用了微电子技术，实现了小型、便携、自动、准确，减少了人工计算、查对数据的时间，提高了检测效率。

（4）海空军油料化验箱

随着舰艇和飞机装备的不断发展，对用油的要求也相应提高，为适应未来作战要求，海军和空军分别研制出 E 型舰艇油料化验箱和 F 型航空油料化验箱。

E 型舰艇油料化验箱由海军技术部门研制，能快速准确分析舰艇燃料、润滑油质量，集自动化、智能化、信息化于一身，可对战时海军舰艇实施保障。该化验箱的研制成功填补了国内舰艇、船舶油料快速检测设备的空白，总体性能达到了国内外同类装备的先进水平，对提高我海军舰艇在用油实时质量检测水平、避免舰艇装备因油料变质而引起的故障和损坏、确保舰艇的战斗力具有十分重要的作用。已装备海军部队，并在护航出访等任务中保障油料质量。

F 型航空油料化验箱主要用于应急条件下对喷气燃料、航空润滑油、航空液压油和航空冷却液的主要性能指标进行快速检测，提高空军油料野战综合保障能力。该装备采用现代仪器分析和移动终端技术，实现了航空油料检测仪器的小型化、自动化、快速化和检测样品的微量化。

2.1.2 油料质量监测车

（1）C 型油料化验车

20 世纪 80 年代初，我军除三级固定化验室外，仅有一种 B 型油料化验箱。由于固定化验室不能随部队移动，B 型油料化验箱化验能力有限，不能及时对前方用油进行品种、牌号的鉴别，污染程度的检查和较全面的质量评定。为了增强我军在野战条件下的油料化验能力，搞好战时油料质量保障，需要研制一种机动性强，能随部队移动，设备展开、收拢快，能较全面准确地评定油料质量的野战油料化验车。为此，我军科研部门、军队院校、企业等于 1998 年 10 月成功研制出 C 型油料化验车(见图 2-3)。

我军C型油料化验车，由EQ245越野汽车底盘改装成客车型，车内有31个油料分析化验项目的专用标准仪器，化验功能相当于三级油料化验室，配有发电机、暖风机、空调和“三防”设备。但存在车体过大、机动性差、难以到达战区进行一线作业、常规化验仪器多、化验时间长、自动化程度低等问题。

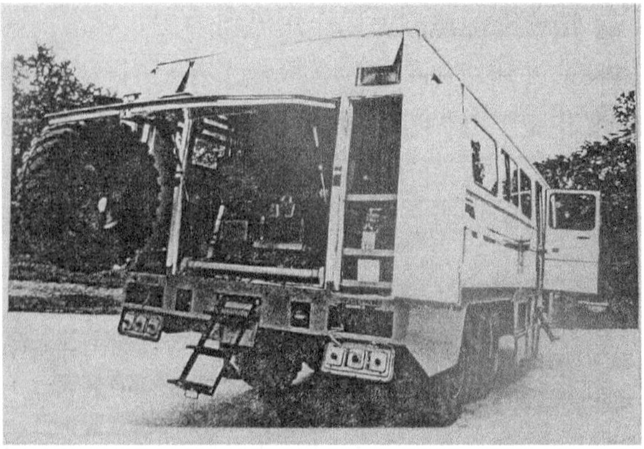

图2-3　C型油料化验车

（2）野战油料质量监测车

C型油料化验车配备的化验仪器基本与实验室相同，自动化程度低，化验时间长，机动性差(40km/h)，难以适应现代高技术战争的需求。为提高现代高技术局部战争条件下后勤油料技术保障的快速反应能力，迫切需要研制出新一代具有快速机动、高效作业特性的油料质量监测车。我军科研部门于2004年11月完成了新型野战油料质量监测车的研制及设计定型工作，2006年该车配发部队使用。

野战油料质量监测车又称“G型油料质量监测车”，由NJ659基型车、油料质量检测系统、油料质量信息专家管理系统及辅助设备等组成。主要解决第一代油料质量监测车机动性差、化验时间长的问题，战时用于机动、高效、准确地鉴别和验收征集、缴获油料的质量，平时可用于监测战备油料质量。该车采用现代仪器分析技术、计算机技术，实现了燃料质量检测的通用化，燃料检测功能超过外军同类装备水平。设计的油料质量检测系统结合现代光谱分析仪器和小型专用化验仪器，替代实验室的传统化学分析方法，可按不同保障需求组合成独立的陆、海、空检测单元，检测效率高，实现了油料的无损检验，无废液污染。配有的油料质量信息管理系统，具有数据采集、处理、储存、报告、咨询等功能，可机动、快速、准确地完成陆、海、空燃料的质量分析。新型油料质量监测车的出现为我军战时油料质量保障管理工作提供了强有力的技术保障。

2.2　D 型地面油料化验箱

D 型地面油料化验箱是为地面部队战时能快速、准确、操作简便地鉴别和检测油料品种和质量而研究设计的。由总后油料研究所于 1998 年研制成功并装备部队使用，它是一个以检测燃料油为主，也可检测润滑油的野战油料化验箱，见图 2-4、图 2-5。

图 2-4　D 型地面油料化验箱外观图

图 2-5　D 型地面油料化验箱内部结构图

2.2.1　用途及适用范围

D 型地面油料化验箱可以在野战条件下快速鉴别燃料油种类，准确、简易地检测车辆用油质量，平时也可用于监测战备油料质量。可在无水、无市电、-20～40℃的野外条件下实施作业，战时可伴随部队指挥车实施检测，也可单兵手提化验箱前往前方地域，进行现场检测。

2.2.2　结构及功能

D 型地面油料化验箱的整套装备为一个箱式包装，分上下两层摆放检测仪器。该化验箱装备有数字温度计、数字密度计、石油产品低温性能测定仪、笔式酸度计、润滑油比较黏度计、燃料取样器、润滑油取样器、实际胶质测定仪、柴油比较黏度计、冰点测定仪、玻璃锥形瓶、玻璃量筒、塑料烧杯等，见图 2-6。

基本功能包括以下几项。

1）检测品种：汽油、喷气燃料、柴油、内燃机油和冷却液等主要地面装备用油。

2）检测项目：密度、水溶性酸或碱、实际胶质、凝点、黏度、冰点和pH值。

3）箱体尺寸：600×445×200(mm)。

4）箱体质量：不大于15kg。

5）展开时间：≤10min。

6）撤收时间：≤10min。

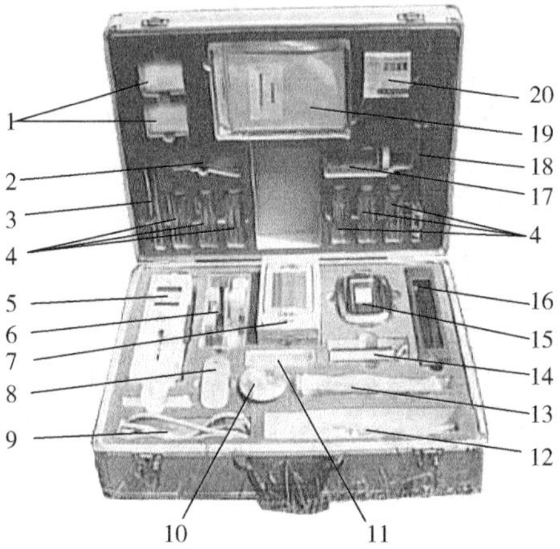

图2-6　D型地面油料化验箱内部结构图

1—塑料烧杯；2—玻璃锥形瓶；3—玻璃量筒；4—试剂瓶；5—数字密度计；6—笔式酸度计；7—石油产品低温性能测定仪；8—注射器盒；9—润滑油取样器；10—实际胶质测定仪；11—柴油比较黏度计；12—仪器电源线；13—冰点测定仪；14—燃料取样器；15—工具盒；16—润滑油比较黏度计；17—取样瓶；18—数字温度计；19—使用说明书；20—滤纸

2.2.3　特点

D型地面油料化验箱综合使用性能良好，能满足战时快速鉴别燃料(车用汽油、柴油、喷气燃料)种类、检测燃料质量的需要。其特点为：

1）该箱布局合理，仪器自动化程度高；

2）体积小、重量轻，操作简便，便于迅速展开、作业、撤收；

3）检测结果准确直观，综合性能与外军同类装备相比居领先地位。

2.3　E型舰艇油料化验箱

E型舰艇油料化验箱是由海军装备技术研究所研制，并装备海军部队使用。

2.3.1 用途及适用范围

E 型舰艇油料化验箱主要用于检测舰船滑润油质量，是一种便携式的油料快速检测装备，主要编配于驱逐舰、综合补给舰等大型舰艇上，用于舰艇主要润滑油的快速质量检测，外形如图 2-7 所示。

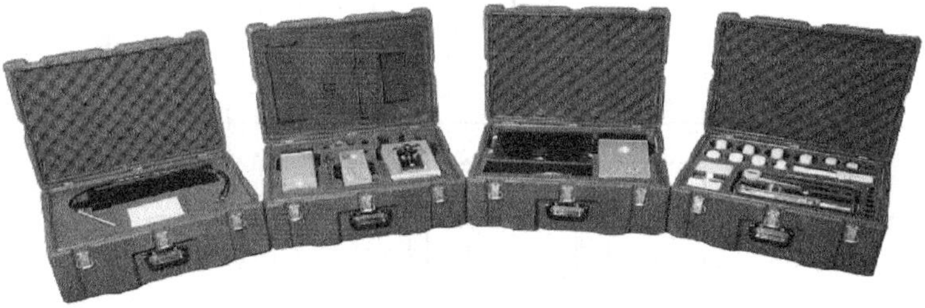

图 2-7 E 型舰艇油料化验箱(含燃料油检测单元)

2.3.2 功能

E 型舰艇油料化验箱的整套装备为箱式包装，三箱为一组(燃料油检测单元单列)。检测仪器由黏度测定仪、闪点测定仪、水分测定仪、酸碱值测定仪、不溶物测定仪及配件组成，分别装在 1 号、2 号和 3 号箱内。各检测仪器具有独立测试、数据存储功能，也可组合，由计算机控制进行测试操作及数据传输。

基本功能包括以下几项。

1）检测品种：柴油机油、液压油、汽轮机油等舰艇用主要润滑油。

2）检测项目：运动黏度、水分、酸值、总碱值、闪点、不溶物。

3）箱体尺寸：单箱最大尺寸为 620×460×260(mm)。

4）箱体质量：单箱最大质量为 18kg。

5）展开时间：≤10min。

6）撤收时间：≤10min。

2.3.3 结构布局

(1) 1 号箱的构成

1 号箱内装有 1 台闪点测定仪、1 台黏度测定仪、1 台水分测定仪、电源及信号线、黏度测定仪阀门和 1 台电源分配器。1 号箱的结构与布局见图 2-8。

(2) 2 号箱的构成

2 号箱内装有 1 台酸碱值测定仪、1 台不溶物测定仪、1 台笔记本电脑、1 台数据接口盒和电源线、电源适配器、信号线、酸碱值测定仪用电极、酸碱值样品杯、酸碱值搅拌子等。图 2-9 为 2 号箱的结构与布局。

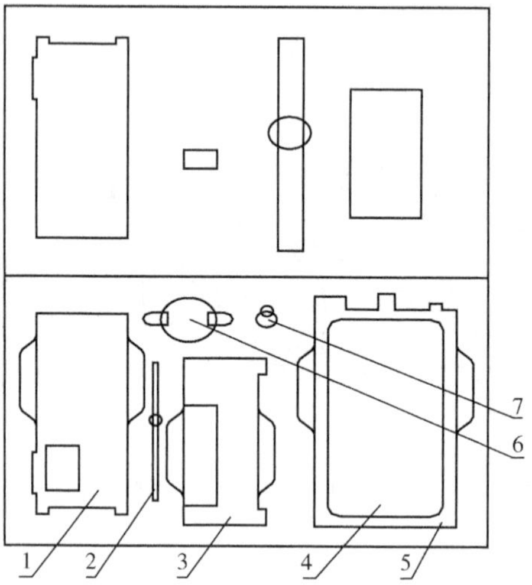

图 2-8　1 号箱(黏度、闪点、水分测定仪)结构布局图

1—黏度测定仪；2—黏度清洗用毛刷；3—电源分配器；4—电源及信号线；5—闪点测定仪；6—水分测定仪；7—黏度测定仪阀门

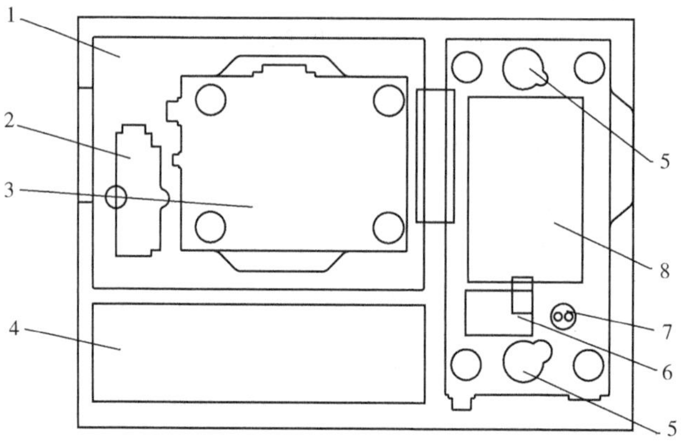

图 2-9　2 号箱结构与布局

1—笔记本电脑；2—数据接口盒；3—不溶物测定仪；4—电源线、电源适配器、信号线；5—酸碱值样品杯；6—酸碱值测定仪用电极；7—酸碱值搅拌子；8—酸碱值测定仪

（3）3 号箱的构成

3 号箱内装有取样器、测试试剂和其他配件，配件清单见表 2-1，结构与布局见图 2-10。

表 2-1　3 号箱配件清单

序号	名　称	规格	单位	数量
1	试剂 A：稀释剂	500mL/瓶	瓶	1
2	试剂 B：CaH_2试剂	2g/瓶	瓶	50
3	试剂 C：乙醇(分析纯，95%)	500mL/瓶	瓶	1
4	试剂 D：盐酸标准溶液	125mL/瓶	瓶	1
5	试剂 E：酸值、碱值测定液	500mL/瓶	瓶	2
6	试剂 F：碱值反应液	125mL/瓶	瓶	1
7	取样器		个	1
8	塑料管		根	1
9	取样瓶	125mL	个	3
10	塑料注射器	5mL	个	10
11	纸巾		卷	1
12	黏度玻璃毛细管		支	3
13	黏度清洗用毛刷		个	1
14	橡胶管	300mm	根	1
15	闪点油样杯		个	1
16	闪点备用点火头		个	1
17	镊子		个	1
18	棉签		包	1
19	剪刀		把	1
20	酸碱值微量注射器	100μL	个	2
21	酸碱值微量注射器	1mL	个	2
22	酸碱值注射器	5mL	个	4
23	酸碱值试管	10mL	个	10
24	橡皮		块	5
25	麂皮		块	1
26	不溶物玻璃样品皿		对	10
27	漏斗		个	1
28	滤纸		盒	2
29	取样塑料管		支	5
30	塑料手套		包	1

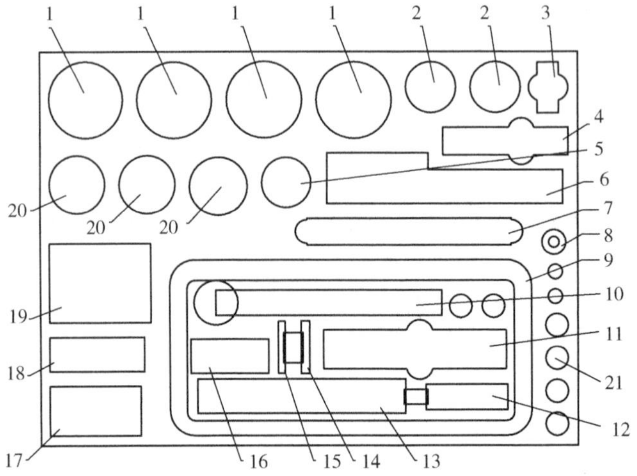

图 2-10　3 号箱结构与布局

1—500mL 容量瓶；2—125mL 容量瓶；3—1mL 酸碱值微量注射器；
4—5mL 酸碱值注射器；5—漏斗；6—临时空间；7—10mL 酸碱值试管；
8—镊子；9—玻璃毛细管、橡胶管和塑料管；10—取样器；11—水分测定仪用固体试剂；
12—棉签；13—100μL 酸碱值微量注射器；14—剪刀；15—注射器用取样针头；
16—不溶物玻璃样品皿；17—滤纸；18—5mL 塑料注射器；19—纸巾；
20—125mL 取样瓶；21—闪点油样杯

2.3.4　特点

E 型舰艇油料化验箱具有以下主要特点：

1）测试油料品种及项目多，可对润滑油的 6 个检测项目进行检测。

2）具有相互独立、任意组合、可总线控制与管理的优点，易于展开、操作和撤收。

3）检测仪器自动化程度高、小型化、样品微量化、检测快速。

2.4　F 型航空油料化验箱

F 型航空油料化验箱是由空军油料研究所研制，并装备空军部队使用。

2.4.1　用途及适用范围

F 型航空油料化验箱用于部队战时应急情况下快速检测、鉴别航空油料质量。能检测喷气燃料的馏程、闪点、密度、运动黏度、冰点，航空润滑油与液压油的运动黏度、闪点、酸值、密度，航空冷却液的冰点、pH 值等。装备如图 2-11 所示。

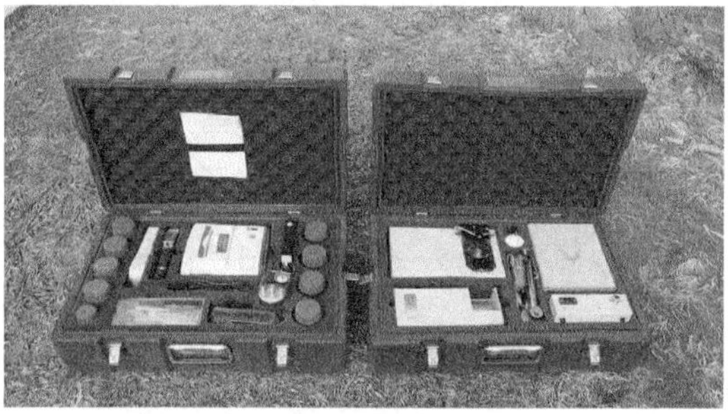

图 2-11　F 型航空油料化验箱

2.4.2　功能

基本功能包括以下几项。

1）检测品种：喷气燃料、航空润滑油、液压油和冷却液。

2）检测项目：水分杂质(目测)、密度(20℃)、运动黏度(20℃)、馏程、闪点(开、闭口)、酸值、冰点和 pH 值。

3）箱体尺寸：600×400×200(mm)。

4）箱体质量：单箱最大质量为 20kg。

5）展开时间：≤10min。

6）撤收时间：≤10min。

2.4.3　结构布局

F 型航空油料化验箱分为 F-1 型和 F-2 型，F-1 型化验箱用于非严寒地区，F-2 型化验箱用于严寒地区。F-1 型、F-2 型化验箱均为两箱一组，

F-1 型化验箱内装有喷气燃料检测仪、密度测定仪、冷却液冰点测定仪、pH 计等检测仪器，以及燃油取样器、酸值测定工作液、酸值测定标准液、移动控制终端等(见图 2-12 和图 2-13)。

F-1 型化验箱能够检测喷气燃料的密度(20℃)、运动黏度(20℃)、馏程(初馏点、10%、50%、90%、终馏点)、闪点(闭口)、冰点、水分杂质(目测)，以及航空润滑油和航空液压油的运动黏度、闪点(开、闭口)、酸值、密度，航空冷却液的冰点和 pH 值。

F-2 型化验箱由黏度测定仪、闪点测定仪、酸值测定仪、冷却液冰点测定仪和移动控制终端等组成(见图 2-14 和图 2-15)。

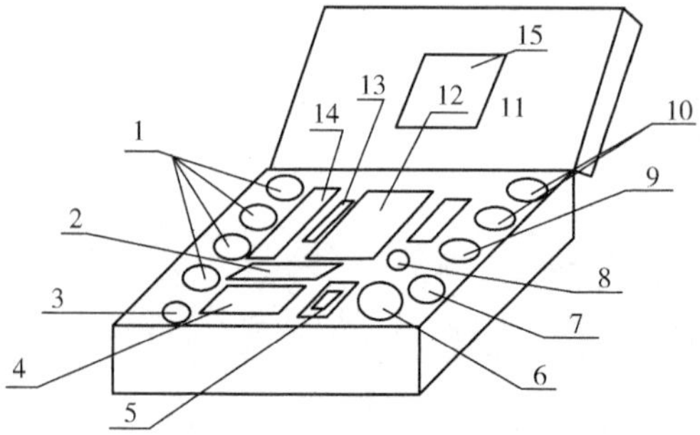

图 2-12　F-1 型化验箱 1 号箱结构与布局

1—试剂瓶；2—耗材；3—酸值测定工作液；4—附件盒；5—移动控制终端及数据线；6—燃油取样器；7—洗涤溶剂；8—防爆手电筒；9—废液瓶；10—酸值测定标准液；11—密度测定仪；12—喷气燃料检测仪；13—冷却液冰点测定仪；14—pH 计及电极；15—说明书

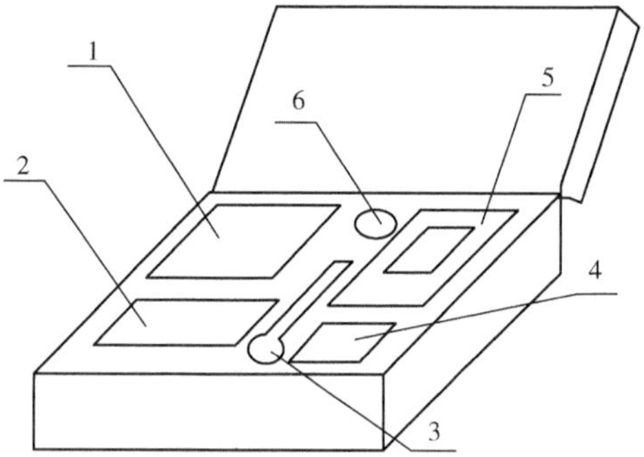

图 2-13　F-1 型化验箱 2 号箱结构与布局

1—闪点测定仪；2—黏度测定仪；3—润滑油取样器；4—电源转换器及电源线；5—酸值测定仪及电源线；6—酸值电极

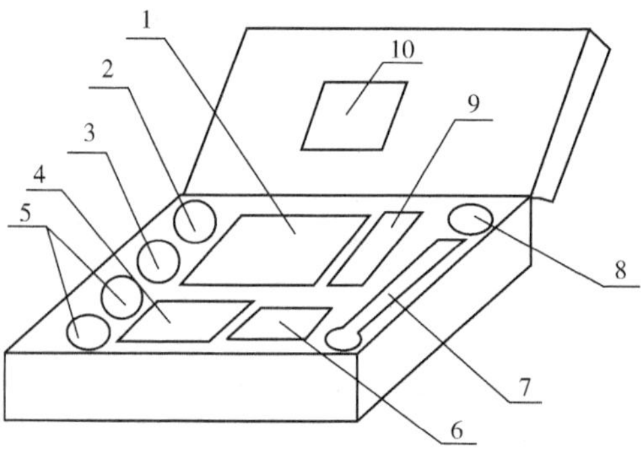

图 2-14　F-2 型化验箱 1 号箱结构与布局

1—闪点测定仪；2—洗涤溶剂；3—废液瓶；4—电源转换器及电源线；5—试剂瓶；6—移动控制终端及数据线；7—润滑油取样器；8—燃油取样器；9—耗材；10—说明书

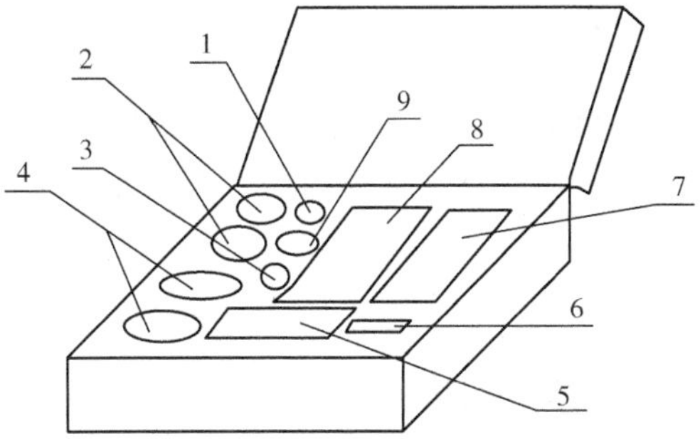

图 2-15　F-2 型化验箱 2 号箱结构与布局

1—酸值电极；2—试剂瓶；3—防爆手电筒；4—酸值测定标准液；5—附件盒；6—冷却液冰点测定仪；7—黏度测定仪；8—酸值测定仪；9—酸值测定工作液

2.4.4　特点

(1) 技术先进、操作方便

该装备采用了现代分析技术、仪器快速分析技术和掌上电脑控制技术；所采用的仪器小型化、自动化、快速化，检测样品微量化；所采用的仪器附件功能齐全，检测指标重复性好，仪器可靠性高，操作界面简单，易于外场使用。

(2) 机动性强、适应性好

化验箱运用国内外先进技术，仪器设备选型设计先进，箱体内部设计合理，可采用 220V 交流电源或 12V 车载电源供电，展开、撤收方便，机动性强，野外作业可靠性好，可以兼顾多种外场环境。

(3) 性能稳定、人机工程良好

该装备箱体轻便、牢固，抗震、密封性能好，箱表面平整，可作为仪器操作平台。检测仪器性能稳定，检测误差符合行业标准。

2.5　G 型油料质量监测车

G 型油料质量监测车(图 2-16)，能检测汽油、柴油、喷气燃料等 22 项性能指标。主要装备对象是战区的一级、二级油料监督处(室)、战时应急油料技术保障分队、野战油库。

2.5.1 功能与特点

（1）良好的独立性和机动性

考虑到平时和战时需要快速分析油料质量，G 型油料质量监测车选用轻型客车改装，保持了原车的加速性能、动力性能和舒适性能，并配有独立的供电系统、排风系统，可实现独立作业，具有良好的机动性。

（2）检测自动化、智能化程度高

G 型油料质量监测车采用计算机自动控制和分析技术，油品检测能够实现自动采集、分析、汇总、储存、查询、传输；快速查询油料使用常识和质量信息，及时进行战场油料质量检测、管理咨询。

（3）先进的快速分析检测技术，提高了外场油料保障效率

G 型油料质量监测车摒弃了传统的分析技术，采用先进的现代分析技术和小型仪器快速检测技术，能够在野战条件下(无水、无电、环境温度-41～46℃)快速、准确鉴别石油燃料种类，检测油料质量，具有展开、撤收快，作业时间短，样品用量少，检测仪器自动化、通用化、组合化，无废液污染等优点。

（4）检测检项目多

G 型油料质量监测车能够检测油料质量的 22 项性能指标，即车用汽油的外观(目测水分和机械杂质)、水溶性酸或碱、实际胶质、密度、烯烃含量、芳烃含量、馏程、辛烷值(RON、MON)、抗爆指数；军用柴油的外观(目测水分和机械杂质)、密度、馏程、水溶性酸或碱、十六烷值、闪点、凝点、冷滤点、实际胶质、运动黏度；舰艇燃料油的外观(目测水分和机械杂质)、水溶性酸或碱、闪点；喷气燃料的外观(目测水分和机械杂质)、冰点、馏程、闪点、电导率、水溶性酸或碱、银片腐蚀、密度、非溶解水；润滑油的黏度；防冻液的冰点、pH 值；制动液的沸点。

2.5.2 结构布局

G 型油料质量监测车由 NJ6596SFF(A40.10)基型车、油料质量检测系统、油料信息管理系统、辅助设备四个部分组成。G 型油料质量监测车外形及内部结构见图 2-16 和图 2-17。

（1）车体

G 型油料质量监测车由 NJ6596SFF(A40.10)基型车改装，分为驾驶室和工作间，总体结构图如图 2-18 所示，工作台及仪器组成见图 2-19～图 2-21。

图 2-16　G 型油料质量监测车外形图

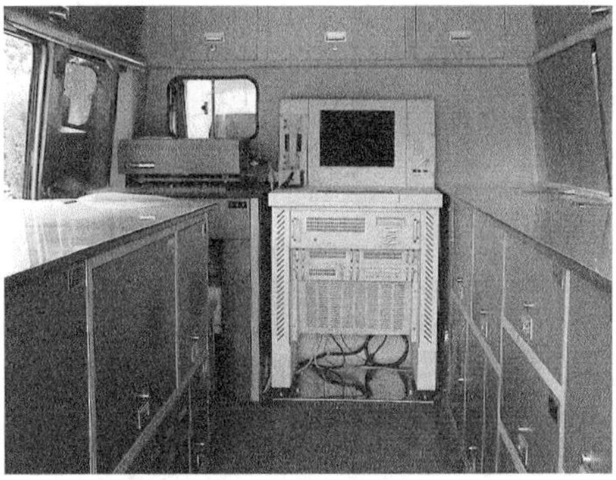

图 2-17　G 型油料质量监测车内部结构图

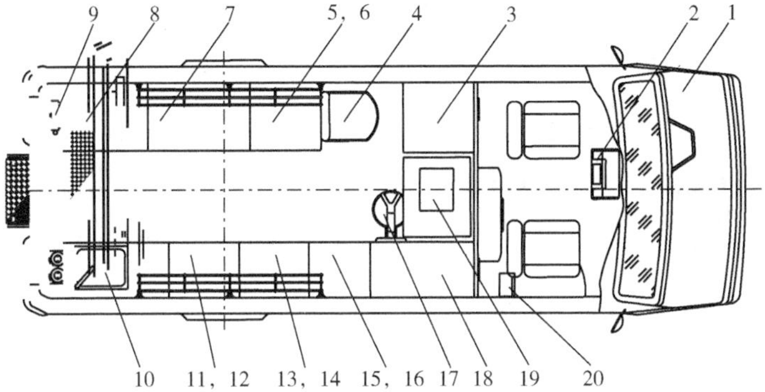

图 2-18　G 型油料质量监测车总体结构图

1—底盘；2—GPS 显示器；3—仪器夹具；4—座椅；5—工具箱；6—取样箱；7—化验箱；8—发电机；9—自卸装置控制机构；10—水槽；11—微型闪点测定仪；12—冷滤点快速测定仪；13—燃料水分污染检测箱；14—油料质量分析仪；15—银片腐蚀快速测定仪；16—试剂箱；17—活动椅；18—稳压电源；19—计算机；20—武器架

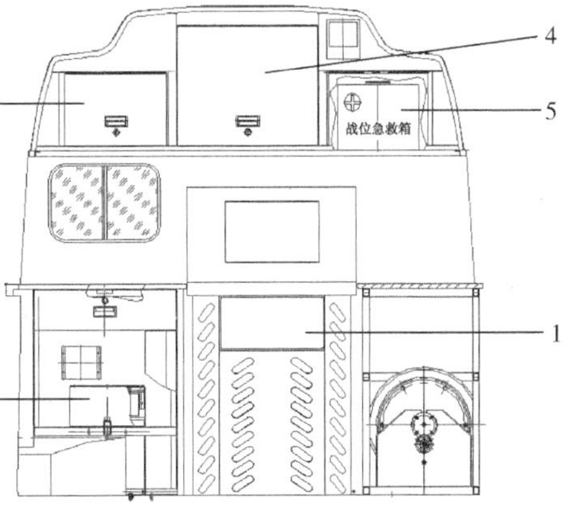

图 2-19　正面工作台及仪器组成

1—计算机工作台；2—逆变电源；3—应急灯；4—文件柜；5—战位急救箱

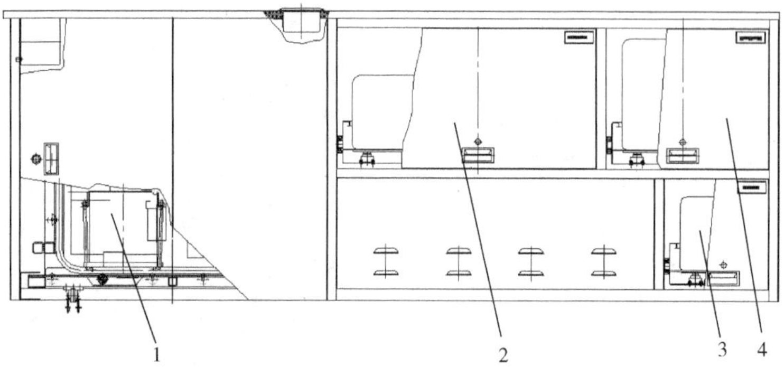

图 2-20 左侧工作台及仪器组成

1—柴油发电机；2—某型油料化验箱；3—采样箱；4—备用工具箱

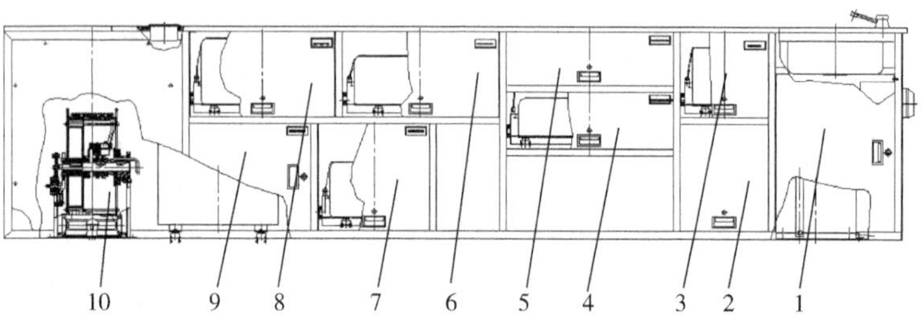

图 2-21 右侧工作台及仪器组成

1—水箱；2—微型闪点测定仪；3—冷滤点快速测定仪；4—沸点测定仪+油料电导仪；5—燃料水分污染检测箱；6—便携式油料质量分析仪；7—银片腐蚀快速测定仪；8—取样箱；9—稳压电源；10—电源电缆卷盘

南京依维柯 NJ6596SFF(A40.10)基型车的性能参数见表 2-2。

表 2-2 NJ6596SFF(A40.10)基型车主要性能参数

项目	主要性能参数
发动机型号	SOFIM8140.27S，4 缸，涡轮增压，直喷式
驱动型式	4×2
最高车速/(km/h)	110
最小转弯直径/m	12.1
最大爬坡度/%	33
油耗/(L/100km)	10
接近角/(°)	22.5
离去角/(°)	10.5
驾驶室样式	短头型、双人副驾驶座
驾驶室定员/人	2

续表

项目	主要性能参数
长×宽×高/mm	5980×2000×2752
轴距/mm	3310
轮距(前/后)/mm	1683/1540
前悬/后悬/mm	960/1710
最小离地距离/mm	222
车厢内部尺寸/mm	3600×1820×1785
整车整备质量/kg	2850
总质量/kg	4000
前后轴载质量(满载)/kg	1590/2430
前后轴允许装载最大质量/kg	1650/3100
最大装载质量(公路)/kg	1350

(2) 油料质量检测系统

油料质量检测系统由一台车载计算机综合工作台和便携式油料质量分析仪、微型闪点测定仪、冷滤点快速测定仪、银片腐蚀快速测定仪、油料电导仪、燃料水分污染检测箱、某型油料化验箱、便携式制动液沸点仪、化学试剂箱及取样箱共 11 台(套)仪器、设备组成。战时可按保障任务需求，组合成独立的地面车辆油料、舰艇燃料、航空燃料三个检测单元，实现油料质量的 22 项指标检测。地面车辆油料检测单元检测时间不超过 120min；舰艇燃料检测单元检测时间不超过 70min；航空燃料检测单元检测时间不超过 90min。

(3) 油料质量信息管理系统

该系统包括油料质量管理、油料使用咨询和 GPS 战场定位三个子系统。

油料质量管理系统具有计算机自动采集测量数据，手工录入测量数据，汇集检测数据，数据查询、统计、打印、维护、发送等功能，可以使油料化验员更加方便、及时、准确地进行油料化验，并获得检测结果，及时上报油料处理意见，降低了人工化验和训练的强度。

油料使用咨询系统具有向用户提供油料质量监测车操作、油料使用知识的咨询和帮助的功能。包括油料质量监测车概况、操作规范、油料使用常识及军用油品分类管理等，便于快速查询油料标准，掌握油料使用知识，实时进行装备培训。

GPS 战场定位系统具有集结前的定位导航、地图信息处理等功能。

(4) 辅助设备

辅助设备有发电机及自卸装置、供水系统、防爆应急灯、战位急救箱、土木工具、武器架、灭火器、温/湿度表、释放静电卷盘等。

2.6 H 型地面油料化验箱

H 型地面油料化验箱满足军后需能〔2021〕4 号文件，关于《军队油料质量计量管理规定》中战时油料质量要求和检测指标，采用先进检测原理与技术，对燃料油检测项目进行合理集成而研发。

2.6.1 用途及适用范围

H 型地面油料化验箱适用于野战条件下快速鉴别燃料油种类，准确、简易地检测燃料油质量，以及平时监测战备油料质量。可在无水、无电的野外条件下实施作业，战时可伴随部队指挥车实施检测，也可单兵携带化验箱，前往配置地域，进行现场检测。

2.6.2 功能

主要功能有以下几项。

1）油品取样。

2）汽油、柴油、喷气燃料微量馏程、密度、闭口闪点(计算法)、十六烷值(计算法)、微量浊(凝)点、电导率等指标的快速测试。

3）数据储存、传输、查询、分析、预警和输出。

4）对微量馏程、密度、微量浊(凝)点和电导率既能独立检测也能一体化检测。

2.6.3 结构布局

H 型地面油料化验箱结构如图 2-22～图 2-24 所示。各部件名称及功能见表 2-3。

表 2-3 H 型地面油料化验箱各部件名称及功能

编号	名称	功能
1	主控和信息处理单元	数据存储、模块控制等
2	USB 通信端口	传输数据、连接鼠标键盘、照明灯等
3	支撑孔	用于限位支撑杆，保持箱体开启状态(防风)
4	主控和信息处理单元开关	接通或者切断主控和信息处理单元电源
5	储物格 1	存放注射器、吸油纸、工具袋、照明灯等物件

续表

编号	名称	功能
6	取样单元	从油罐或油囊抽取待测样品
7	馏程模块	馏程测定
8	坠块	控制取样的深度
9	废液瓶	收集废液
10	清洗试剂瓶	存放清洗试剂
11	电导率模块的电极和样品杯	测量样品的电导率
12	电导率模块样品杯放置位	放置电导率模块样品杯
13	电导率模块显示屏和按键	操作和查看电导率模块
14	密度模块	测量样品的密度
15	储物格 2	存放交流电源线和车载电源线
16	浊点模块	测量样品的浊点
17	支撑杆	支撑上面板
18	风扇通风口	为箱体内各模块散热通风
19	储物格 3	存放说明书、取样管、洗耳球等
20	保险丝	保护箱体内电路
21	电源主开关	接通或者切断化验箱各模块电源

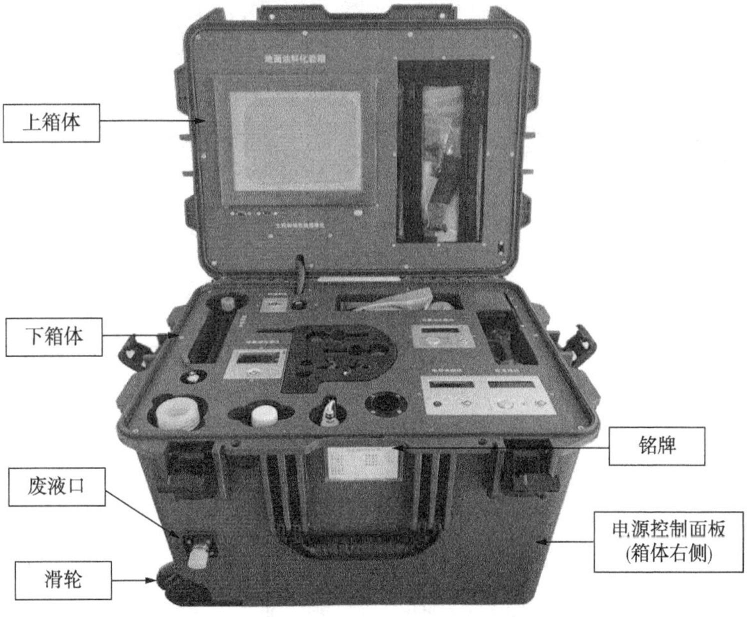

图 2–22　H 型地面油料化验箱箱体展开图

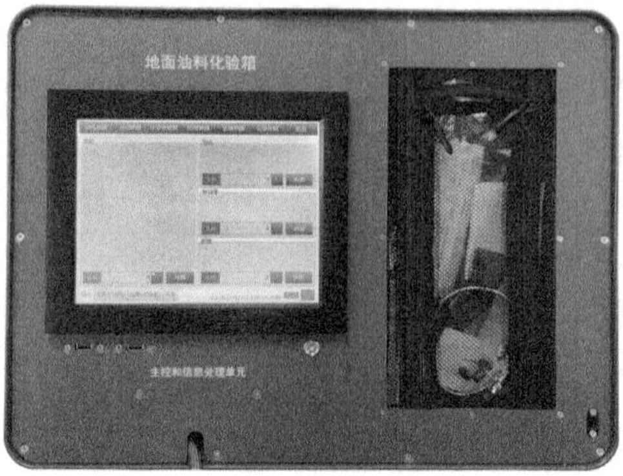

图 2-23　H 型地面油料化验箱上面板

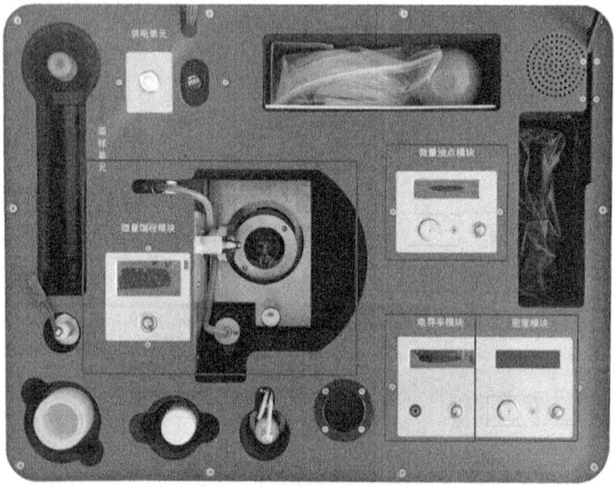

图 2-24　H 型地面油料化验箱下面板

2.6.4　特点

H 型地面油料化验箱作为目前野战油料质量保障的主要技术手段之一，主要用于野战条件下对油料快速化验，相比现役的某型油料化验箱，实现了全方位升级改型，具有 5 个突出特点：

一是便于野战操作。采用箱组一体化和化验单元模块化设计，包装箱即为操作平台，野外无须展开仪器模块，更便于野外条件下操作。

二是项目全面覆盖，可以检测地面、舰艇、航空装备所使用的汽油、柴油和喷气燃料等燃料油的馏程、密度、闪点、电导率、十六烷值、浊点等核心质量指标。

三是国产自主可控。检测技术突破了国外公司制约，具有完全自主知识产权，实现了微量馏程等 4 项核心技术和检测仪器的国产化替代和改进。

四是提升化验效率。采用“一键式”操作，实现“专家式”评价，全部项目检测时间由 45min 缩短至 15min 以内，准确度与实验室仪器设备相当。

五是环境适应性强。能适应高原 4500m、高寒 -35℃、高盐雾、高湿等自然环境，具有可靠的抗冲击、抗振动、三防和电磁兼容性能。

第三章 野战油料质量检测方法

常规油料化验都是按国家和行业统一试验方法标准进行，但野战油料质量检测方法必须适应野战缺水、缺电等情况，要求能用简单、快速的方法鉴别出油料的品种、牌号和测定出常用的理化指标。因此相应的仪器也必须快速、准确、使用方便，便于携带转移，确保部队开到哪里，化验工作就可以开展到哪里。

3.1 密度检测

目前，我军野战油料密度检测仪器有某新型油料质量监测车中的便携式油料质量分析仪、某型油料化验箱以及某新型油料化验箱。地面和航空油料化验箱均装配了数字式密度检测仪，可快捷检测燃料油和航空润滑油、液压油的密度。

3.1.1 便携式油料质量分析仪密度检测

该仪器能够一次进样、3min 快速检测军用燃料的辛烷值(RON、MON)、抗爆指数、密度、馏程、烯烃含量、芳烃含量、十六烷值、黏度、冰点、凝点、闪点，并能快速判断燃料种类。

图 3-1 便携式油料质量分析仪

便携式油料质量分析仪作为油料质量监测车检测系统的主体分析仪器，可与其他专用小型仪器组合成燃料检测单元(见图 3-1)。

(1) 检测原理

1) 结构。

便携式油料质量分析仪属近红外光谱仪，由光学系统、机械系统、检测系统、电子控制系统、软件系统五部分组成。仪器的光学系统见图 3-2。仪器结构见图 3-3。

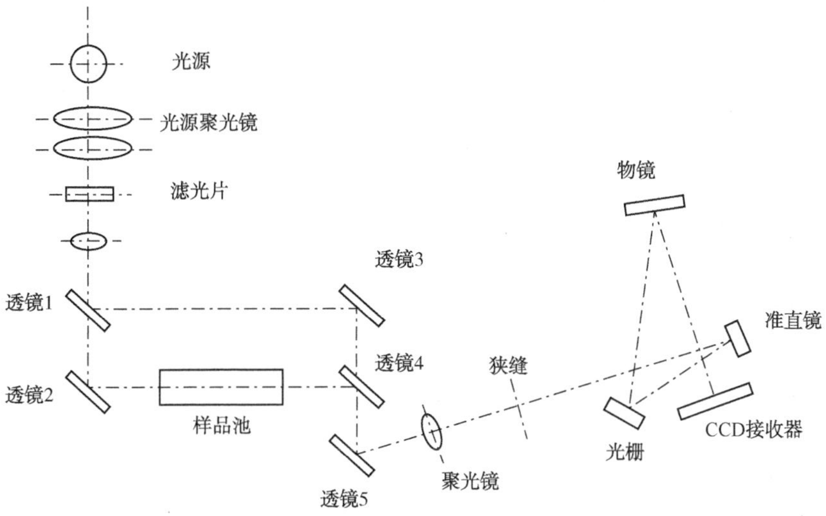

图 3-2　便携式油料质量分析仪光学系统示意图

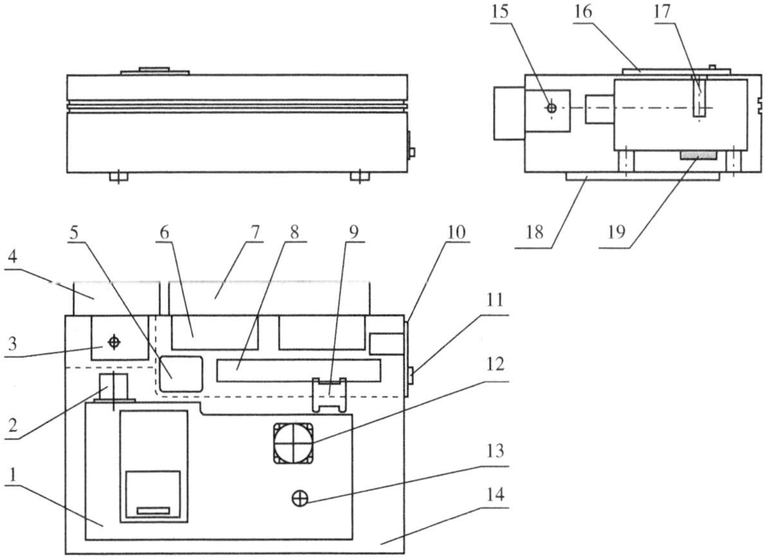

图 3-3　便携式油料质量分析仪结构示意图

1—单色器组；2—透镜组；3—光源室；4—光源散热器；5—变压器；6—开关电源；7—开关电源散热器；8—线路板组；9—过线盒；10—电源开关板；11—电源开关；12—腔内排热风扇；13—温度检测器；14—外壳；15—光源；16—拉盖；17—样品池；18—地脚；19—样品池散热器

2）性能参数。

光谱范围：700~1100nm。

光谱分辨率：0.5nm。

光谱带宽：小于 1.5nm。

杂散光：小于 0.05%T。

波长重复性：小于 0.03nm。

工作范围：0~110%T。

检测器：CCD/2048 pixels。

光栅：600 线/mm，双光束。

光源：12V/50W 溴钨灯。

环境温度：5~40℃。

环境湿度：≤80%。

测量模式：透射的石英玻璃比色皿检测池。

电压：220VAC。

外形尺寸和重量：400×300×180（mm），不大于 18kg。

3）工作原理。

便携式油料质量分析仪系统工作原理见图 3-4。

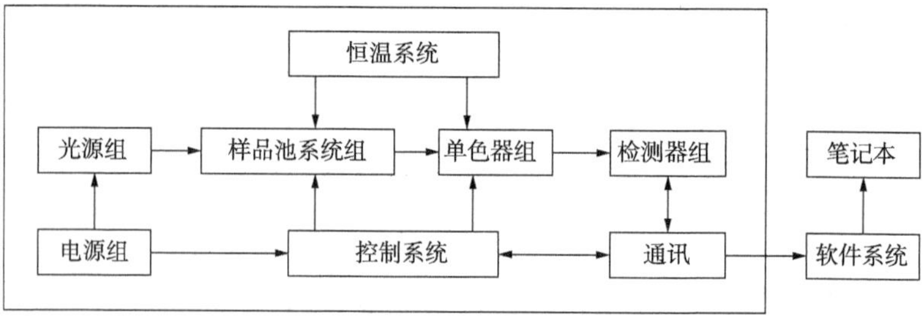

图 3-4　便携式油料质量分析仪系统工作原理设计方框图

仪器工作原理：从溴钨灯发出的光，经过光源聚光镜和滤光片变为平行光，被透镜 1 改变方向后，通过透镜 2 汇聚到样品池中心，透镜 5 将光束汇聚到狭缝后达到准直镜，变为平行光，经光栅色散为各波长的光，不同波长的光经球面物镜汇聚到线型 CCD 接收器焦面上，CCD 的不同像元对应不同波长，经驱动电路，将各波长的光电转换，通过电荷耦合方式输出，经过放大处理得到光谱响应信号，即采集到不同样品的谱图。用数学方法通过对样品的组成或性质和光谱进行关联，建立两者之间的函数关系（定量或定性关系），再通过校正模型即可预测分析样品的组成和性质数据。

（2）检测方法及步骤

1）准备工作。

（a）启动车载式计算机综合工作台。选择供电方式（220V 或 12V），接通计算机综合工作台电源，打开计算机的外接电源开关和计算机的启动开关，启动计算机。

（b）从右侧工作台抽屉中取出便携式油料质量分析仪，安放在前方工作台专用的防震架上并锁定。

（c）分别接通便携式油料质量分析仪和车载式综合工作台之间的通信、控制电缆；打开分析仪和计算机电源，仪器进入预热状态。

（d）点击计算机桌面快捷图标"油料质量监测车信息管理系统"，依次进入"油料质量管理系统"→"数据采集"→"自动测量数据"→"便携式油料质量分析仪"，进入便携式油料质量分析仪测量系统。

（e）仪器预热时间为 20～30min。预热结束，仪器温度和样品池温度指示灯由红色变为绿色，此时仪器即进入自动检测程序，仪器自检时应确保样品池中没有比色皿。自检完成后，自动进入测量界面。

（f）便携式油料质量分析仪预热过程中，可以进行其他性质测量。

2）检测。

分析仪达到稳定状态后，按以下步骤检测样品：

（a）装样。取 5cm 石英玻璃比色皿，用玻璃吸管吸取石油醚冲洗比色皿 2 次，再用被测油样冲洗比色皿 2 次后，装入三分之二体积的被测油样，用干净滤纸吸去比色皿外壁的油样，用镜头纸擦拭比色皿两侧石英玻璃，将装好的被测油样比色皿放入分析仪样品池支架上，关上样品池盖，稳定 2～3min。

（b）检测。分为平时测量和战时测量两种模式。系统默认的检测模式为平时测量，可选 90 号汽油、0 号轻柴、-10 号轻柴、-35 号轻柴、-10 号军柴、-35 号军柴和 3 号喷气燃料模型进行检测。在"样品编号"和"操作员"框中输入相应信息，点击左侧控制栏中的"开始测量"按钮，仪器按照预先设定的参数开始扫谱。如果扫谱次数设置为手动，扫谱完毕后系统不予提示；如果扫谱次数设置为自动，扫谱稳定后系统提示"已稳定，请选择校正模型进行计算"，选择该样品所属的模型类型，系统自动给出检测结果报告。

点击"战时测量"按钮，模型选择区变为灰色不可选。输入相应的"样品编号"和"操作员"，点击"开始测量"，系统按照预先设定的参数进行扫谱。扫谱完毕后，系统自动判断油品种类并按照相应的校正模型进行计算，直接显示检测报告。

测量过程中，想要终止检测，直接点击“停止测量”按钮即可。

3）清洗。

完成检测后，从样品池中取出比色皿，将试样倒入废液瓶内，用石油醚、无水乙醇清洗比色皿，控干后放入盒内备用。

4）查询。

点击菜单“查询功能”，进入数据查询窗口。系统提供了按日期时间、按样品编号和按样品类别三种查询方式，选中并输入查询条件，点击“数据查询”，则显示符合条件样品的谱图信息和检测结果。

在检测结果中选中任意一个样品，还可以对该样品记录进行删除、打印、发送等操作。

5）打印和发送。

（a）打印：点击“打印结果”按钮，打印当前样品检测报告。

（b）发送：点击“发送结果”按钮，把当前检测报告发送到油料质量监测车信息管理系统的数据库中，进行数据汇总。

（3）维护保养

1）将便携式油料质量分析仪搬入室内保管时，应使用其他计算机安装随机带的操作软件后，进行维护操作。

2）严格按照要求用稳压电源给仪器供电，防止电源电压过高或过低给仪器造成损坏。

3）检查仪器，长期闲置不用的仪器应通电除湿防潮，如果仪器工作环境湿度过大，应定期检查样品池内是否积水。为了保障仪器寿命，仪器工作和储存环境的湿度应小于80%。

4）要特别注意样品池的使用、清洁和保存。使用样品池时，两侧石英玻璃应使用镜头纸擦拭；放入样品池架进行测试时，应注意正反顺序；使用完毕后，将样品池洗净放入专用盒内保存。

5）展开或撤收该仪器时，应轻拿轻放，避免剧烈碰撞，损坏光学仪器部件。

（4）常见故障分析

便携式油料质量分析仪常见故障及分析见表3-1。

表3-1　便携式油料质量分析仪常见故障及分析

故障现象	故障原因分析	故障排除
光源灯不亮	运输过程中发生损坏或超过工作寿命	按《NIR-3000Zh 油料质量分析仪说明书》的5.4.1节步骤执行

续表

故障现象	故障原因分析	故障排除
光开关故障	安装仪器后，仪器测量软件发出信息提示，一般发生在运输过程后	与厂家联系维修
CCD 检测器故障	一般测量软件发出信息提示	与厂家联系更换或调试

3.1.2　D 型地面油料化验箱密度检测

D 型地面油料化验箱内的 DDM-1 数字密度计也是检测野战油料密度的主要设备，其测量精度为≯±0.001g/cm³，测量范围为 0.000～1.999g/cm³。适用于野外检测石油液体燃料(车用汽油、柴油)0～40℃时的视密度。

(1) 检测原理

本仪器采用的是振动管法测量液体密度。

利用基于电磁引发的 U 形玻璃测量管的振动频率，即利用一块磁铁固定在 U 形玻璃管上，由振荡器使其产生振动，玻璃管的振动周期将被振动传感器测量得到。每个 U 形玻璃管都有其特征频率或按固有频率振动。当玻璃管内充满物体后其频率会发生变化，不同的物质频率变化会有所不同，其频率为管内填充物质质量的函数。当物质的质量增加，其频率会降低。通过测量被测物质与标准物质之间振荡频率的差值可以计算出被测物质的密度值。

(2) 检测方法及步骤

1) 将数字密度计(图 3-5)下部的左侧油样吸入嘴套上胶管，右侧虹吸装置上的胶管套入右侧油样吸入嘴。黏稠试样不需套入吸管，可用注射器直接注入左侧油样吸入嘴。

2) 按下数字密度计开关约 5s，仪器显示测量温度。

3) 加注样品。燃料试样可直接吸入。吸入试样时，左手握住数字密度计，用手指挤压右侧橡胶吸球的下半部分，把吸管浸入烧杯试样中(吸管长度不应超过 30cm)，立即放松吸球，使油样进入数字密度计测量池(U 形玻璃管)中。如有气泡进入测量池，可用手指压推吸球的上部分，使样品倒回，将气泡排出测

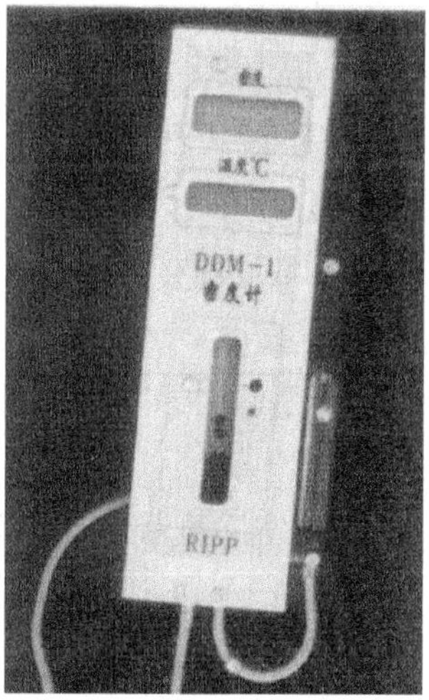

图 3-5　数字密度计

量池。重新进行加注操作(注意：勿让试样进入橡胶吸球)。

4）加入试样后，平衡 2~3min(如测量池与试样温差大于 5℃时，试样需放置 5~10min)，测量密度值，记录温度、密度读数。

5）测量完毕，应将测量池内的试样排空，吸入石油醚或洗涤汽油清洗 1~2 次，直到密度显示为 0.001。将数字密度计下部两个吸入嘴上的胶管拔下，备用。

(3) 注意事项

1）本方法是测定试样在 t℃下的视密度，主要用于现场快速鉴别石油液体燃料的种类，不用于油品的计量。因此，不必换算为 20℃的密度，可用下式计算：

$$\rho t=\rho 20-\gamma(t-20)$$

式中，γ 为石油温度系数；ρ 为石油液体燃料的视密度。

2）清洗测量池。每次测量后，必须用石油醚或洗涤汽油清洗 1~2 次。长时间不用时，也应定期进行清洗。虹吸装置的玻璃管也应同样清洗。先拔下右侧油样吸入嘴上的胶管，用橡胶吸球吹干净测量池内的液体，再拔下左侧油样吸入嘴上的胶管。

3）更换电池。电压监视器显示红灯时，需更换新的 9V 电池。用小螺丝刀松动电池盒底盖取出电池(积层电池放电连续时间约 14h，测量完毕应关闭电源开关)。

4）校正。如果试样的密度与测量值有偏差，可用蒸馏水校正。用蒸馏水校正时，可查阅“水的密度表”。校正时用小螺丝刀校准测量池旁边的校正螺钉(向右旋转，校正为 0.001)。

5）数字密度计的测量池属玻璃仪器，需小心操作，避免摔落或撞击损坏。

(4) 故障和原因

1）密度显示值低于正确值。

测量池内有气泡，需重新排液，加注样品。

2）密度显示值高于正确值，温度显示正确。

测量池内原有样品没清洗干净，需重新用石油醚清洗 1~2 次，吹干，加注样品。

3）密度显示值误差很大，温度显示正确。

测量池内有沉淀物，需用乙醇溶液仔细清洗，吹干，校正，使密度显示值为 0.001(空管)。

4）密度和温度显示都是空白，电池指示红灯亮，需更换电池。

5）密度和温度显示都是空白，电池指示红灯不亮，请找维修服务部。

3.1.3 F型航空油料化验箱密度检测

F型航空油料化验箱内的密度测定仪是检测野战航空油料密度的主要设备，其测量准确度为0.0001g/cm³，测试范围为0.0000~2.0000g/cm³。

适用于战时应急条件下航空润滑油、液压油密度的快速检测。见图3-6。

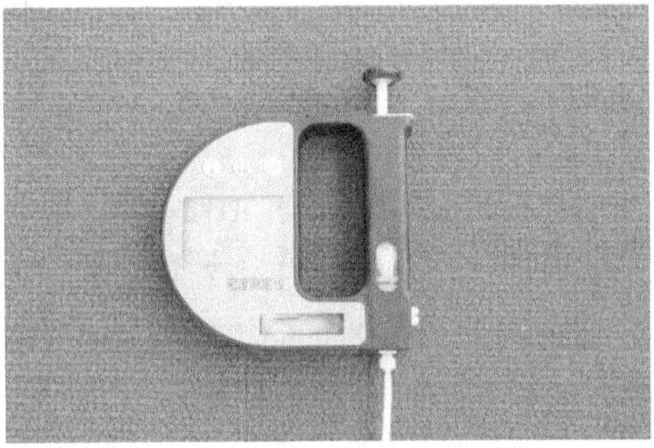

图3-6 密度测定仪外形图

(1) 检测原理

检测原理与DDM-1型数字密度计相同，但其精度和准确度高于DDM-1型数字密度计。

(2) 检测方法及步骤

1) 开机。

按住“开/关”键至少2s，然后仪器自检，“℃”(或“℉”)闪烁，此时仪器可以进行测量。

2) 数据存储与删除。

(a) 手动存储。

长时间按住仪器背面的“store”键，即可存储当前测量值，同时显示“HOLD”。数据编号从1开始，并且每存1个，编号自动加1，总共可以存储1024个数据。

(b) 自动存储。

轻按1下“store”键，自动测量即开始，同时显示“AUTO”。此时仪器检查其温度的稳定性，如果温度在10个测量周期内的变化在0.2以内，则仪器自动存储该测量值，同时也记录数据编号。一个自动存储过程最少需要15s。

(c) 调用存储数据。

轻按“开/关”键，将显示最后1个存储数据10s，如果在10s内再次按“显示/

删除”，则将顺序显示所有已存储的数据，如果在这 10s 内不按键，将回到当前测量状态。

（d）删除数据。

按住“删除”键不松，“Memory”闪烁 4 次后，最后存储的一个数据被删除，同时按住“删除”和“打印”，直到显示从 9 开始倒计时，到 0 后，听到鸣叫音，所有已存储的数据被删除。如果在到 0 之前松开键，则不会删除任何数据。

3）关机。

按住“开/关”键不松，直到显示“OFF”，然后松开，如果 15min 内不按任何键，仪器将自动关机。

3.1.4　H 型地面油料化验箱密度检测

H 型地面油料化验箱浊点模块工作时升温降温过程会对密度模块产生一些影响，因此应当在浊点模块未工作时使用密度模块。

密度模块测试方法为 U 形振动管法，最终显示结果为折算到 20℃ 条件下的数据。

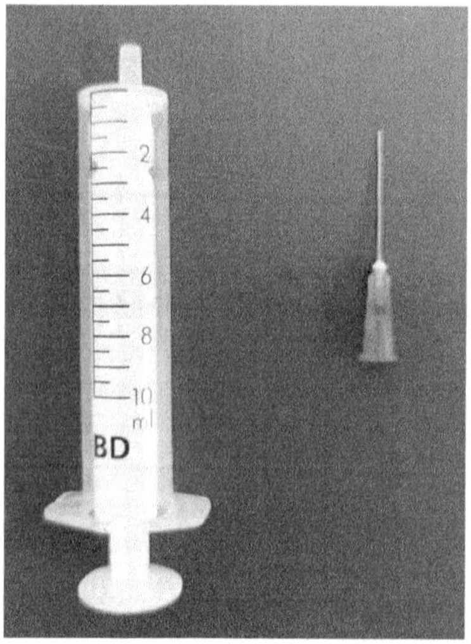

图 3-7　注射器和针头

（1）试验准备

1）使用密度模块前应当准备好样品和干净的注射器（带针头，量程 10mL）（见图 3-7）。

2）用样品润洗注射器和针头：抽取 3~5mL 样品（可以不带针头），将注射器推杆拉到 10mL 刻度线以外，装上针头，将样品推出，润洗 2~3 次。

（2）开始试验

1）抽取样品，排出注射器和针头内气泡，并确保注射器内样品不少于 3mL。

2）进样量为 3mL，建议采用差量法进样。如取 5mL 剩下 2mL，这样可以更有效地避免带入气泡。

3）冲洗管路时，使用下一待测样品冲洗管路中残留的上一样品，以避免样品间的交叉污染，此过程只需在更换样品时进行，如果连续测试同一样品，不需要冲洗管路。

冲洗管路所需要的样品量为 5mL，因此为了操作简便，更换测试样品时，可以直接注入 8mL 样品，其中 5mL 用于冲洗管路，另外 3mL 用于测试。

4）将注射器针头插入密度模块进样口，缓慢且匀速注入样品，3mL 样品应不少于 10s 注射完成(尽量保持匀速)。

注意：多次进样后注射器针头可能堵塞，如果注射器推不动，请清理针头或更换针头。

进样速度过快有可能导致气泡进入密度 U 形振动管，影响结果的准确性(图 3-8)。

5）样品测试控制可以用软件操作也可以用按键操作。

在软件界面操作时，先在密度模块区域输入样品名称，然后点击开始(见图 3-9)。

用按键操作时，短按按键开始测试，测试过程中长按按键可以停止测试(见图 3-10)。

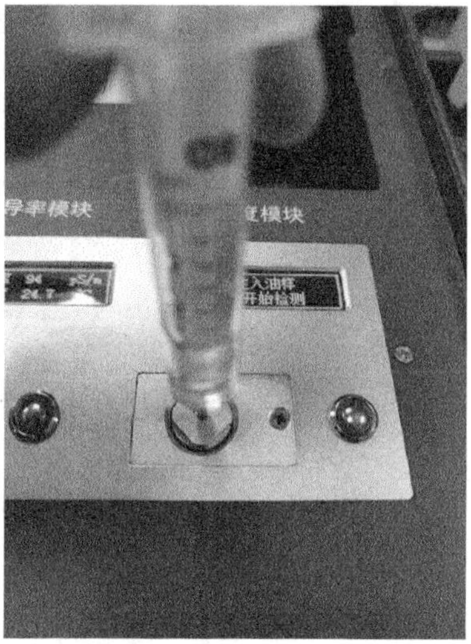

图 3-8　密度模块进样

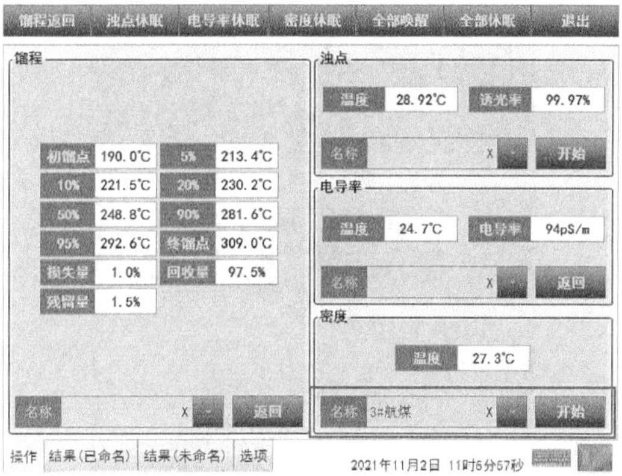

图 3-9　软件界面

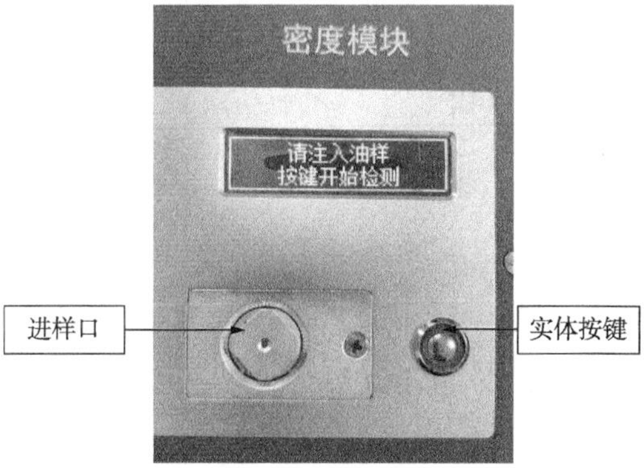

图 3-10　密度模块

6）结果查看。样品测试完成后，结果会在密度模块显示屏和软件上同时显示（见图 3-11、图 3-12）。

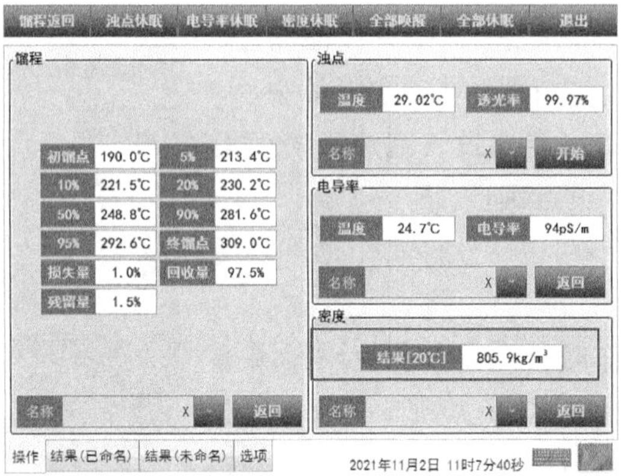

图 3-11　软件界面

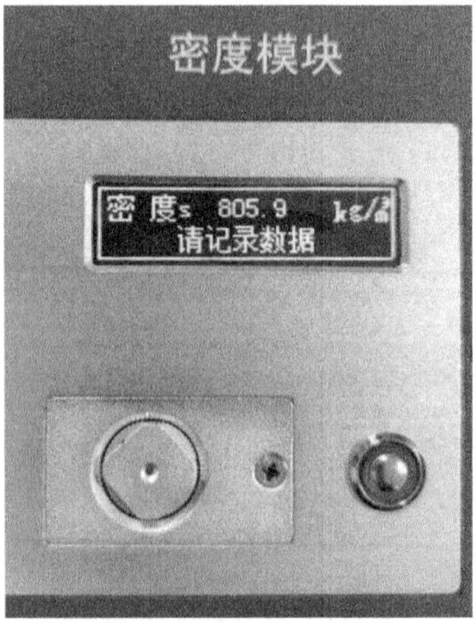

图 3-12　密度测试结果

（3）维护整理

1）测试完成后，可测试下一样品，下一样品取样前应当对注射器和针头进行清洗。如果所有样品均测定完成，则可按照以下步骤对密度模块管路进行清洁。

2）测试完成后，取 10mL 空气从进样口缓慢注入，将管路中的样品排出。

3）定期检查进样垫和过滤网。

3.2 黏度检测方法

野战油料黏度检测方法主要有：D 型油料化验箱柴油混油黏度比较检测法和润滑油黏度比较检测法、E 型油料化验箱润滑油黏度测定法以及 F 型油料化验箱润滑油运动黏度测定法。

3.2.1 D 型油料化验箱柴油混油黏度检测

柴油混油黏度比较检测法适用于野外条件下(25℃或 40℃水浴)，比较黏度管内气泡上升速度，快速检测柴油的混油程度。具体检测步骤如下：

(1) 将三管气泡比较黏度计(图 3-13)从水浴盒中取出，从黏度计架中取下中间测试黏度管，用玻璃滴管吸取被测柴油冲洗 1~2 次。

(2) 用玻璃滴管吸入被测试样，装入测试黏度管中，装满至刻线(以弯月面下沿为准)，应避免管内液体中有气泡存在，将装好试样的测试黏度管放入黏度计架时，应先将顶部开口端插入，然后推入平底一端。

(3) 取 25℃或 40℃的水，倒入水浴盒中，再放入黏度计，盒中水面最好浸过测试黏度管中的液体线，静置 3~5min。

(4) 拿出水浴盒中的黏度计，快速倒转 180°。重复 2 次，观察测试黏度管中的气泡上升速度。气泡上升速度在两个参比油管气泡之间，该油“合格”；气泡上升速度超出两个参比油管的气泡，该油“不合格”。记录测定结果。

(5) 倒出试油后，用石油醚清洗测试黏度管 1~2 次。将清洗后的测试黏度管放入黏度计架中。将水浴盒内的水倒掉，装入黏度计，备用。

图 3-13　柴油黏度计

3.2.2 D型油料化验箱润滑油黏度检测

润滑油黏度比较检测法适用于37.8℃温度时(接近人体温度)快速检测润滑油的黏度。

(1) 打开双管黏度计(图3-14)保护盒盖子，取出黏度计，检查测试玻璃管中的活塞拉杆推拉是否正常。

(2) 清洗黏度计测试玻璃管。取一个烧杯，将被测的油样倒入烧杯中，将测试玻璃管管嘴浸入被测油中，慢慢拉动活塞拉杆，使玻璃管中吸入约一半的试油。将活塞拉杆拉到底，再推向前，来回重复2~3次，弃掉管中的清洗油。按上述要求重复操作1~2次。

(3) 吸装试样。将测试玻璃管管嘴浸入试油中，慢慢拉动活塞拉杆，使黏度计测试玻璃管中充满试油。若发现测试玻璃管的油中有气泡存在，应将测试玻璃管管嘴朝上，待气泡上升到管嘴处时，慢慢地推动活塞拉杆，将气泡排出，重新吸取油样，直到无气泡为止。

注意：吸油时，活塞拉杆一定要拉到底。管嘴朝上时，使两管中的钢球在同一水平位置。

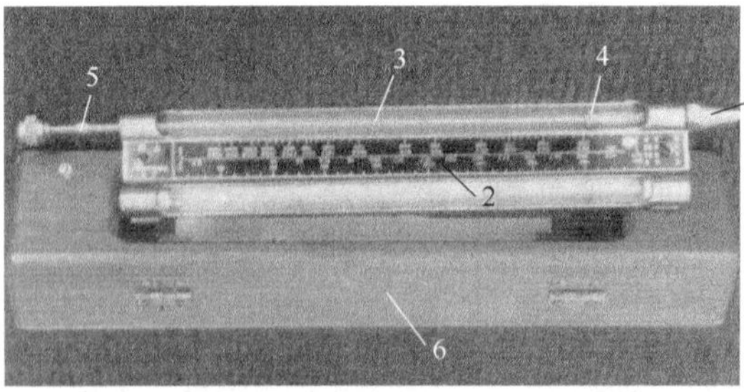

图3-14 润滑油黏度计

1—测试管管嘴；2—标尺；3—黏度计测试玻璃管；

4—钢球；5—活塞拉杆；6—保护盒

(4) 将装好试油的黏度计握在手中5~10min(根据环境温度定时间)，如果环境温度在18℃以上至体温以下(36℃)时，可以直接倾斜黏度计测试玻璃管；如果环境温度在18℃以下或37℃以上时，握好后应放入保护盒内，恒温静置5~10min。

(5) 将黏度计置于水平位置，管内两个钢球处于0点。再将黏度计管嘴的一端向下，倾斜35°或放到35°的角架上(放在木盒中的黏度计要同木盒一起倾斜35°)，然后观察，当标准油和被测油中的两个钢球，有一个到达43.5mm^2/s(200SUS)刻度时，马上将黏度计放平，同时读出另一钢球所处位置的黏度值(也可不放平直接读数)，即为油样测定值。

(6) 重复上述第(4)、第(5)操作步骤，取三次试验结果的平均值为被测油样的黏度。

(7) 试验后，用煤油(GB/T 253)清洗黏度计的测试玻璃管 2~3 次，备用。

(8) 黏度计测试玻璃管标准油管的固定螺丝不准拆动，以免标准油流出，影响仪器的准确度。

3.2.3 E 型油料化验箱润滑油黏度检测

黏度测定仪(图 3-15)主要用于快速测定舰艇润滑油的 20℃、40℃、50℃和 100℃运动黏度。测试精度：±3%，测试范围：6~300mm^2/s。

(1) 检测原理

1) 战术技术性能。

黏度测定仪的主要战术技术性能如下：

(a) 测试范围：6~300mm^2/s。

(b) 测试温度：20℃、40℃、50℃、100℃。

(c) 测试精度：±3%。

(d) 测试时间：≤15min。

(e) 试样量：4mL。

(f) 工作电压：24VDC。

(g) 外形尺寸：110×185×365(mm)。

(h) 质量：4kg。

图 3-15 黏度测定仪

2) 主要特点。

黏度测定仪具有以下特点：

(a) 体积小、重量轻、便于携带。

(b) 可对浅色及深色油料实现自动检测，操作简单。

(c) 仪器测试作业时间短，样品量少，污染少。

(d) 检测数据易于存储和传输，满足信息化管理要求。

3) 仪器结构。

黏度测定仪由机壳、恒温体、帕尔贴制冷/加热元件、毛细管黏度计、温度传感器、温度控制器、光电计时器、电磁阀、加注阀、显示屏等组成。图 3-16 是仪器的结构示意图。

(a) 机壳：由 LY11 铝合金型材加工，喷涂保护油漆，是仪器总体结构的支撑架。

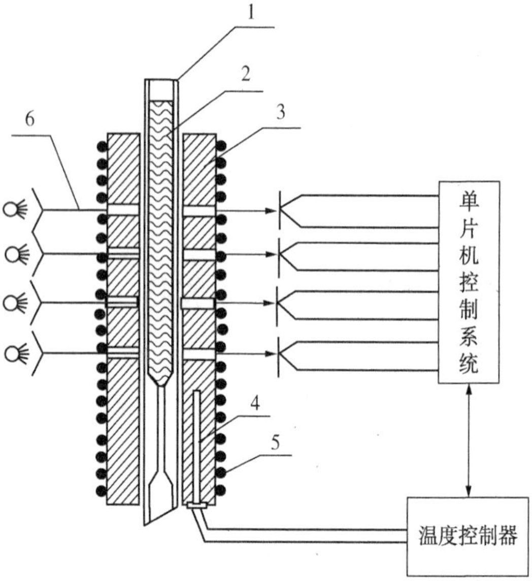

图 3-16　黏度测定仪结构示意图

1—毛细管黏度计；2—油样；3—恒温体；4—温度传感器；
5—帕尔贴制冷/加热元件；6—光电计时器

(b) 恒温体：是一个装有计时传感器、温度传感器和帕尔贴制冷/加热元件的铝合金部件。

(c) 帕尔贴制冷/加热元件：采用 TEC1-1704 热电制冷器，能为恒温体提供恒温，既能制冷，又能加热。

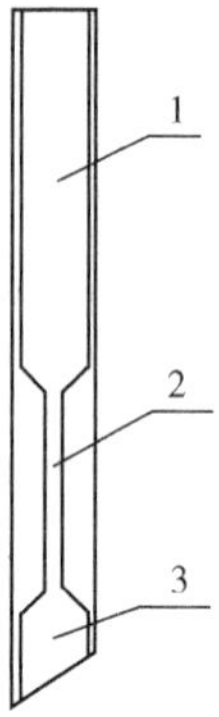

图 3-17　毛细管黏度计结构示意图

1—储液筒；2—毛细孔；
3—排液口

(d) 毛细管黏度计：一种测定液体黏度的装置，由透明玻璃做成。图 3-17 是毛细管黏度计的结构示意图。

(e) 温度传感器：采用高灵敏度的 Pt100 超细温度传感器，用于探测恒温体温度的测温元件。

(f) 光电计时器：可以用于检测油液在毛细管黏度计内单位体积流动的时间，由 4 组高传输性玻璃纤维耐温多模光纤与发光二极管配合，等距离安装在恒温体中的毛细管两侧。

(g) 电磁阀：选用 Q22XD-1.2 电磁阀，控制油液在毛细管黏度计内流动，实现自动控制。

(h) 温度控制器：选用 XTSC-2000 温度控制器对温度进行控制，实现恒温体的温度恒定。

(i) 显示器：人机对话界面，显示整个测试过程中的重要信息，本仪器选用TRULY M128128-2A2 点阵模块。

4) 工作原理。

图 3-18 是黏度测定仪的工作原理图。

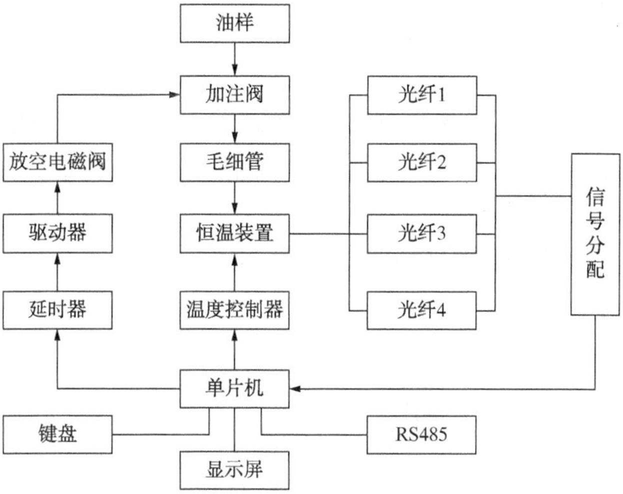

图 3-18 黏度测定仪的工作原理图

油样在一定孔径比的毛细管中自上而下流动，油样和毛细管都在恒温器中，温度控制系统使它们保持固定温度。毛细管的两侧装有 4 对光纤，每对光纤中一边是发光，一边是接收，发光光纤连接到仪器内的发光二极管处，接收光纤连接到仪器内的光电三极管处。当油样流过时，光纤产生响应信号，由光电信号检测器检测响应信号，并转换成电信号输入单片机内，然后按照特定的程序计算出油样的运动黏度值，并将测量结果存储或输出。流出每单位体积油样(液位面经过固定位置)被光电计时器测得所需时间 t，按公式 $\nu=ct+E/t^2$ 计算得到的结果，即为油样在该条件下的运动黏度值，单位为 mm^2/s。公式中 c 为毛细管黏度常数，E 为毛细管动能修正常数。

(2) 检测方法及步骤

1) 准备工作。

(a) 油料化验箱展开。

打开 2 号、3 号和 4 号化验箱，取出仪器和电源，置于平坦整洁的操作台(场地)上，使仪器与周围物体相距 100mm 以上，保持垂直。

用专用电源线将黏度测定仪的受电接口连接到电源分配器的 24VDC 输出

端(在有 220VAC 市电供给的情况下，采用专用电源转换器供电，在无 220VAC 市电供给的情况下，采用 24VDC、110Ah 电瓶直接供电)。

在野外作业时，包装箱可充当临时操作台。整理、备齐试验用品、备件(如加注器、纸巾、专用毛刷等)。

(b) 仪器准备。

用专用毛刷刷洗恒温器的黏度计安装孔，用纸巾擦去毛刷上的污物后，再次刷洗黏度计安装孔，反复多次。

根据油样的黏度范围选择合适的毛细管黏度计。向毛细管黏度计储液筒注入适量(超过 1mL)的柴油，将专用毛刷伸入，来回拽动几次取出，注入 3mL 柴油，冲洗毛细管内壁，晾干备用。

按图 3-19 所示安装毛细管黏度计和加注阀，保证连接密封处的密封性，防止漏气。

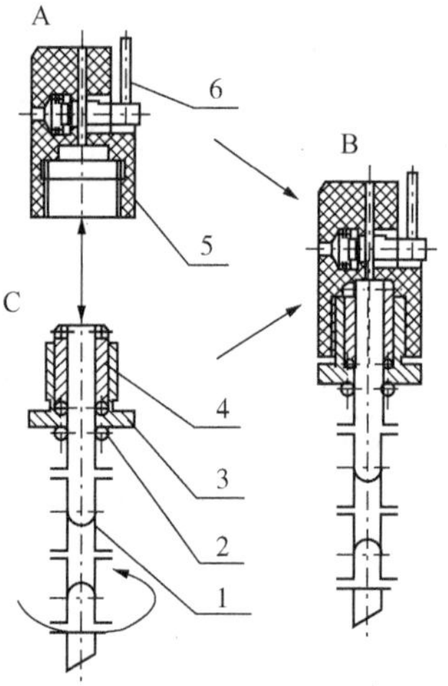

图 3-19　毛细管黏度计和加注阀安装示意图

1—毛细管；2—O 形密封圈；3—封套螺钉；

4—套筒；5—密封头；6—手柄

安装方法：

① 按 C 示意的顺序及位置，将相关零件安装在毛细管上。

② 将安装好零件的毛细管(C 所示)与 A 所示的密封头对接，并按旋转方向旋紧，结合后如 B 所示，毛细管黏度计和加注阀安装完成。

用纸巾清洁废液收集瓶，并将其置于测定仪的废液收集安装口(磁性吸合)。

开启“电源开关”，仪器进入待机状态，显示屏显示见图 3-20。然后仪器会按原设定温度进行控制。

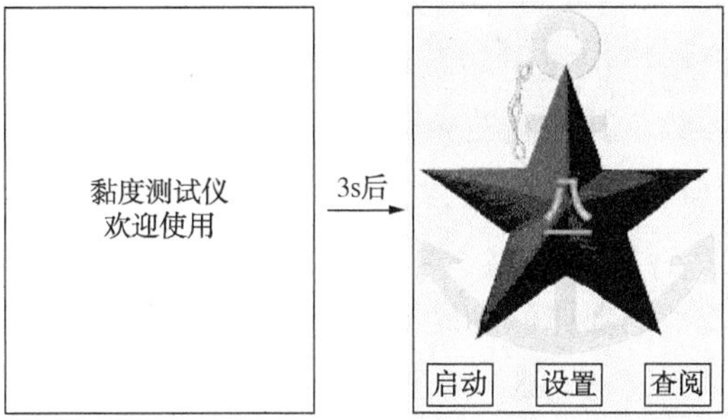

图 3-20

2）参数设置。

在界面图 3-20 中按“设置”键进入参数设置，显示屏显示如图 3-21 所示。

按“↓”键上下循环移动光标选择设置项目，按“确认”键进入选定项参数设置状态，按“取消”键返回图 3-20 界面。

（a）对比度设置。

在图 3-21 界面，按“↓”键移动光标至“对比度设置”，再按“确认”键，显示屏显示如图 3-22 所示。

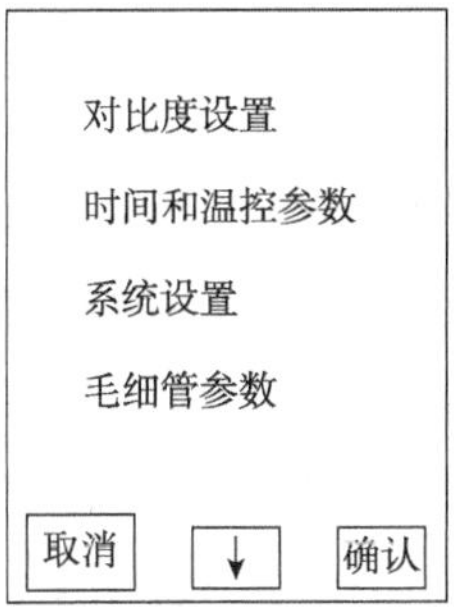

图 3-21

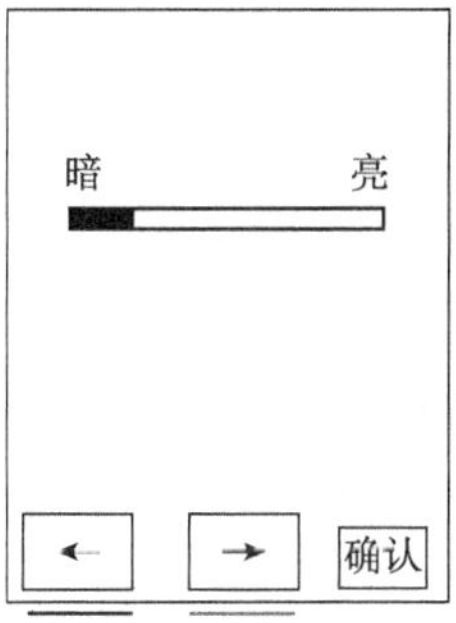

图 3-22

在图 3-22 界面，按“←”键显示屏变暗，按“→”键显示屏变亮，按“确认”键保存并退出返回到图 3-21 界面。

（b）时间和温度参数设置。

以下操作可对仪器的时间和温度控制参数进行设置（注：在一般情况下，仪器在出厂前已调整，请不要轻易更改）。

在图 3-21 界面，按“↓”键移动光标至“时间和温控参数”，按“确认”键，显示屏显示如图 3-23 所示。

图中：P 为温控时间比例；I 为温控微分比例；D 为温控积分比例。

HT 为温控控制周期；TC 为显示误差修正。

在图 3-23 界面，按“→”键移动光标选择需修改的参数，按“+”键一次向前翻动一位权值，连续按可快速循环翻动权值，权值停止翻动，设置完成。注意，操作者可修改时间参数，其他温控参数不要随意改动。

设置完成后按“确认”键完成设置，显示屏返回图 3-21 界面。

(c) 系统设置。

根据试验要求及被测油样的黏度范围，需预设不同的测试参数。

在界面图 3-21 中按“↓”键，向下移动光标至“系统设置”，再按“确认”键进入图 3-24 界面。

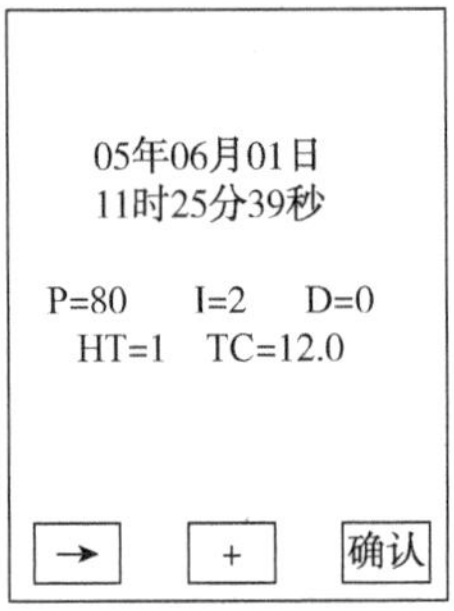

图 3-23

图 3-24

图中：SV 为测试温度设置值；SR 为光电信号灵敏度值；1 为毛细管编号(1，2，3)

在图 3-24 界面中，用“→”键选择设定项目，用“↑”键修改选定项目的参数，其中每个编号毛细管所对应的毛细管参数设置见“(d)毛细管参数设置”。

在测试透明油样时，SR 值设定在 30%左右；在测试非透明油样时，SR 值设定在 15%左右。根据油样的黏度范围选择规定编号的毛细管黏度计。

设置完成后，按“确认”键返回图 3-21 界面。

(d) 毛细管系数设置。

黏度测定仪共配 3 根不同固有系数(流动特性系数 C、E)的玻璃毛细管黏度计，不同的黏度值需要使用相对应的玻璃毛细管黏度计，在测试时需将所选用的玻璃毛细管黏度计的系数输入并存储于单片机中供计算时使用，不同的黏度值对应的玻璃毛细管黏度计及系数见所配备的毛细管黏度计说明。黏度在 6~30mm^2/s 范围内可选 1 号管，黏度在 30~150mm^2/s 范围内可选 2 号管，黏度在 150~300mm^2/s 范围内可选 3 号管。毛细管黏度计的参数设置按下面操作进行。

在图 3-21 界面，按“↓”键下移光标至“毛细管参数”，再按“确认”键，显示屏显示如图 3-25。

在图 3-25 界面中，用“→”键移动光标，确定输入数据位置，用“↑”键输入数据，轻按“↑”键一次光标位置权值向前翻动一位，连续按则快速循环翻动。

注意：在图 3-25 中输入的参数是在“(c)系统设置”中选择的毛细管(如 1 号)的参数，若要输入其他毛细管(如 2 号或 3 号)的参数，必须先在“系统设置”中修改毛细管编号，重新进入上述程序输入相应的毛细管参数。输入后的三个编号的毛细管所对应的参数仪器会记忆在系统中，如果对应编号的毛细管参数没有改变，则不用重新输入。为保险起见，测试前可核对一次数据。

图 3-25

(e) 退出设置状态。

在图 3-21 中按“取消”键，则退出设置状态，显示屏返回图 3-20 待机状态。

3) 测试。

在以上的准备工作及参数设置工作完成后，在显示屏显示图 3-20 状态下，启动测试程序，整个测试过程仪器自动完成。操作过程如下：

(a) 用纸巾擦净所选用的毛细管外壁和加注阀，并将毛细管和加注阀安装好，注意要锁紧，保持密封。

(b) 将加注阀的阀门针向上，毛细管下端插入油样中，用洗耳球从阀门顶部的孔中吸取油样，油样上液面距加注阀底部约 3cm 即可，关闭加注阀(阀门针指向加注阀上的通气孔方向)，用纸巾将毛细管外壁上的油液擦拭干净。

也可用 5mL 注射器吸取油样 4mL，将油从加注阀顶部注入毛细管内，注意要将加注阀擦拭干净。

(c) 将毛细管倾斜 45°，使毛细管内的气泡浮起。

(d) 把毛细管安装在恒温器中，连接气管并查验胶管连接密闭性。调整阀门通气孔方向(阀门针指向加注阀上通气孔的反方向)。

注意加注阀上阀门针的方向：阀门针竖直向上与毛细管方向相同时，毛细管与大气连通，此时可加注油样，若不关闭，油样会自动流掉；阀门针指向加注阀上的通气孔时，阀门呈关闭状态，毛细管中的油样不会流出，此时可将加注好油样的毛细管安装到黏度计中的恒温器内；阀门针指向加注阀上的通气孔的反方向时，阀门呈暂时关闭状态，当毛细管中的油样恒温到达规定时间后，加注阀的阀门会自动打开，同时开始测量计时。如果毛细管和加注阀安装不好，阀门针指向自动控制方向时会出现漏油现象，则在进行黏度测定时，应采用手动控制，即等到恒温时间，开始测量时，用手将阀门针从通气孔方向扳向反方向，人工打开阀门。

毛细管加注完油样后，一定要将外壁上的油液擦拭干净，否则会污染仪器，影响测试。

(e) 核实毛细管编号及参数、测试温度无误后，到试验温度，显示屏由图 3-20界面自动转换到图 3-26，油样倒计时恒温平衡 5min(图 3-27)。

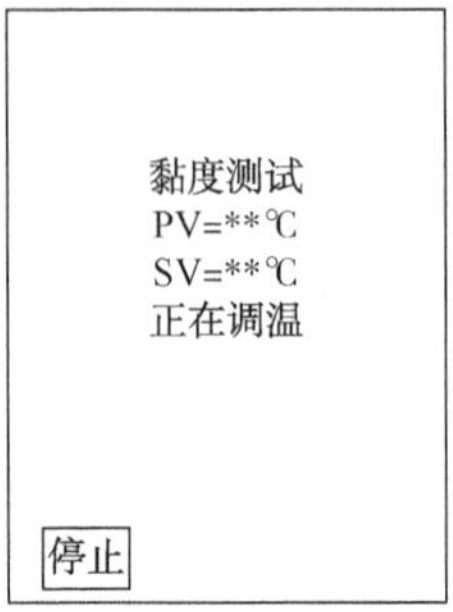

图 3-26

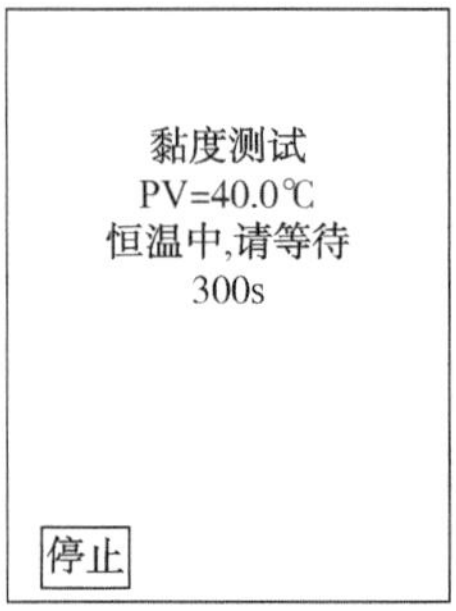

图 3-27

按“停止”键返回图 3-20。

(f) 当倒计时结束时，通气电磁阀启动，油样开始向下流动，显示屏显示如图 3-28。按“停止”键返回图 3-20。

(g) 当油样在毛细管内流动，上液面全部经过光电检测头，给出信号后，显示屏界面由图 3-28 自动转换到图 3-29。

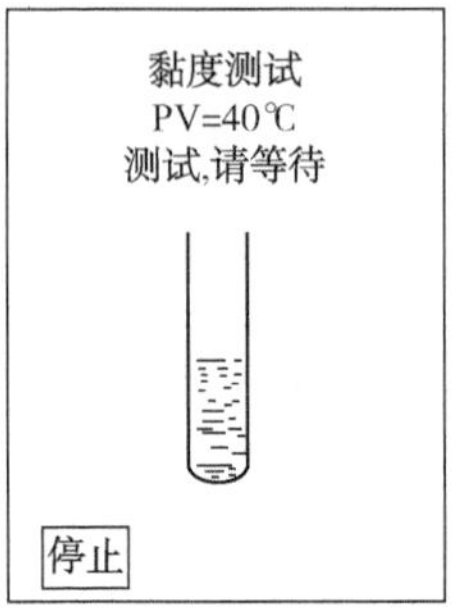

图 3-28

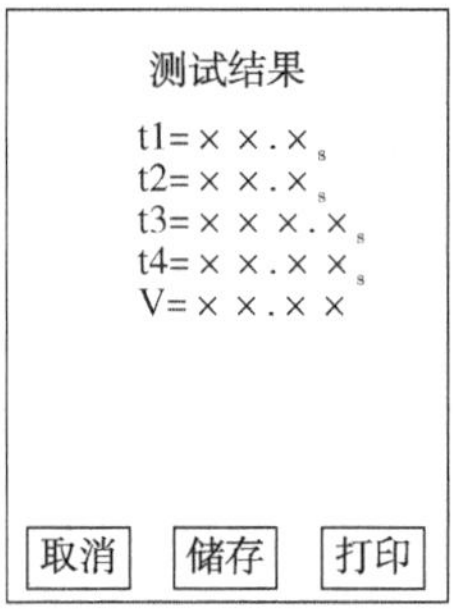

图 3-29

t1、t2、t3 和 t4 分别是液面流经四组光电传感器的时间，V 是油样的运动黏度测定值。

(h) 在图 3-29 界面，若要储存测试结果，按“储存”键，显示屏显示如图 3-30。

(i) 在图 3-30 界面，按“↓”键移动光标，选择设置项后按“→”键，显示屏显示如图 3-31，进入输入状态。

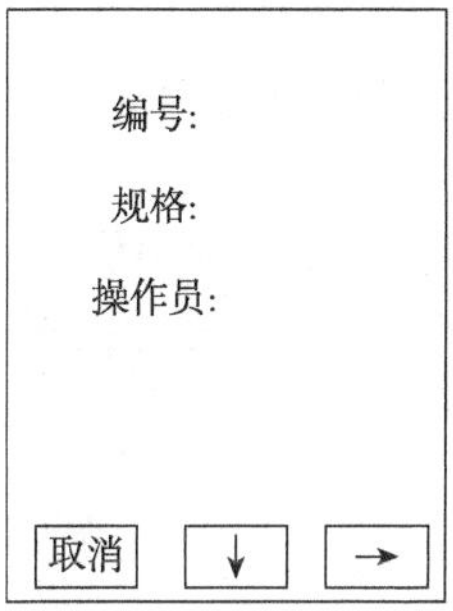

图 3-30

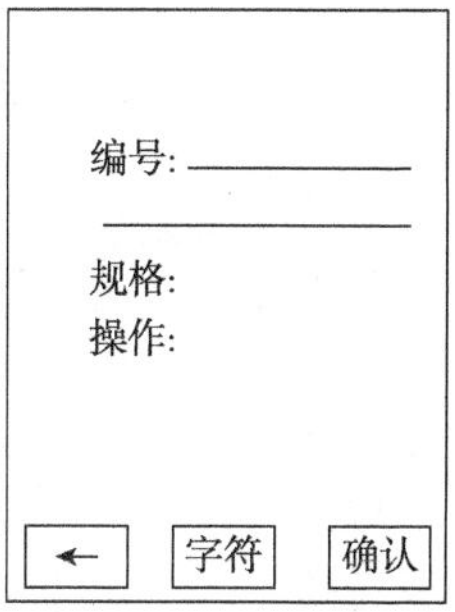

图 3-31

(j) 在图 3-31 界面，轻按“字符”键一次向前翻动一位字符，连续按可快速循环翻动。

轻按“确认”键一次，确认当前输入的字符，可进行下一位字符的输入，连续按确认键 3s 以上，完成资料输入。数据储存完毕，显示屏显示返回图 3-20。

轻按“←”键一次，可删除当前输入字符最后一位，连续按“←”键 3s 以上，显示屏显示返回图 3-30，可选择新的输入设置。按“取消”键返回图 3-20。

(k) 测试结束后，取出毛细管，准备下次测试。若测同一种油，可继续加样测试；若更换测试油样，应使用清洗剂(石油醚或清洁柴油)清洗毛细管 2 次，用被测油样冲洗 2 次，即可加样进行测定。

(l) 当毛细管底部的废液收集瓶装满后，取下收集瓶，倒出废液并用纸巾擦干净备用。

(m) 停止测试时应关闭仪器电源开关，切断电源。

4) 数据查询。

a) 在图 3-20 界面，按“查阅”键，显示屏显示见图 3-32。

b) 在图 3-32 界面，轻按“+”键一次，查询记录向前翻动一页，连续按“+”键查询记录，向前快速循环翻动，轻按“删除”键一次，删除当前记录，连续按可删除全部记录。按“退出”键，显示屏显示见图 3-20。

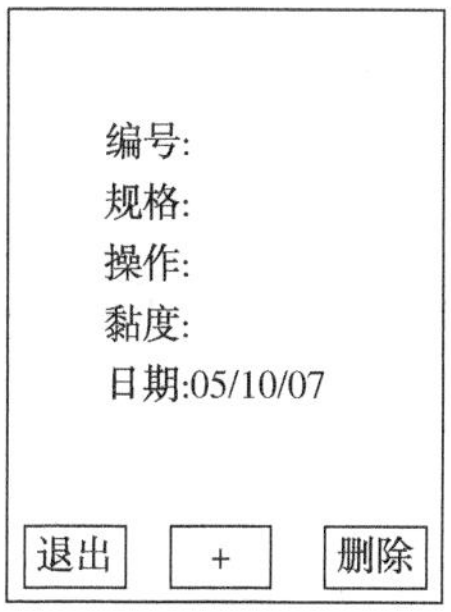

图 3-32

5) 计算机控制及数据传输。

仪器除具备独立测试功能外，还可通过 RS232 通信接口与上位 PC 机连接，通过计算机控制程序控制仪器的测试操作、数据传输和查询，具有更为强大的数据采集、存储和分析处理功能，实现局域网联机。

舰艇油料化验箱集中控制与数据管理系统总控程序主要由黏度、闭口闪点、水分、酸碱值、不溶物和数据管理六部分组成，其界面如图3-33所示，当鼠标移动到相应的按钮上时，右边的椭圆形文本框中会有相应的提示性文字说明。

图3-33　总控程序界面图

（a）在使用计算机控制及数据传输时，应注意以下几点：

① 仪器只有在待机状态下，上位PC机才能对仪器进行控制操作和下载数据。

② 仪器在运行状态下，PC机无法对其控制。

③ 在笔记本电脑通过通信分配器与各仪器进行通信控制操作时，请单独开启需控制操作的仪器。其他仪器处于关闭状态，完成所控制仪器测试和数据下载。

④ 每台仪器可单独与笔记本电脑连线通信，由笔记本电脑控制操作，完成测试和数据下载。

（b）上位PC机软件操作。

仪器应处于图3-33状态。点击“黏度”按钮，程序调出测定黏度的子程序，按照计算机界面上出现的黏度上位机操作菜单要求进行黏度的测定。参照下列运行程序，显示屏显示见图3-34。

参数设置栏：包含常用的参数，如预设温度、预设差值、毛细管编号。

数据处理栏：可输入所检测油样的相关信息。

如果有黏度仪连接本计算机，且黏度仪处在就绪状态。此时单击“启动”按钮。显示屏显示见图3-35：

如果用鼠标单击 

按钮，本系统将自动搜索仪器并联机测试，如

图 3-36所示。同时刚才的 启动 按钮将变成 停止 按钮。单击 停止 将终止当前测试程序。

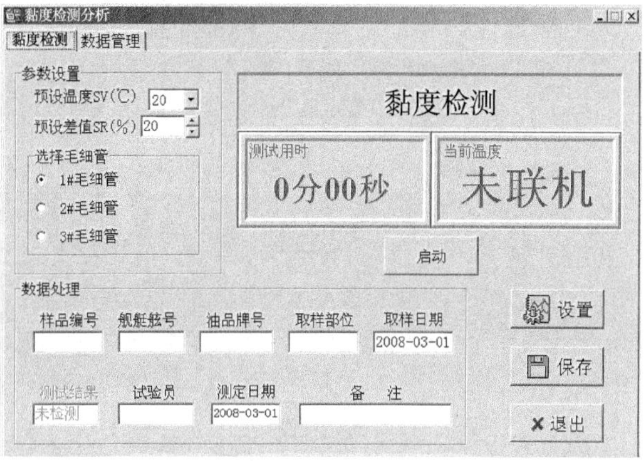

图 3-34　黏度检测程序界面图

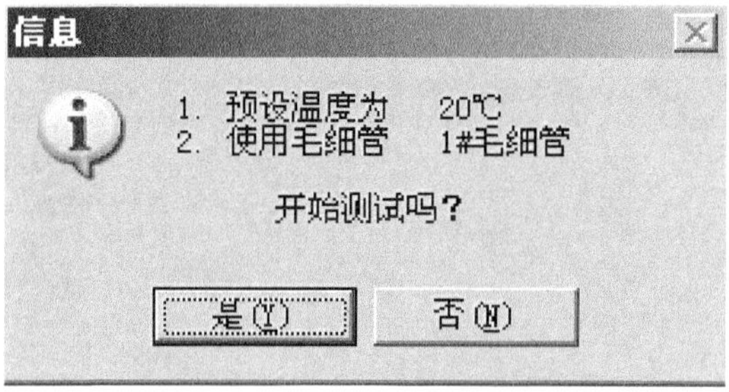

图 3-35

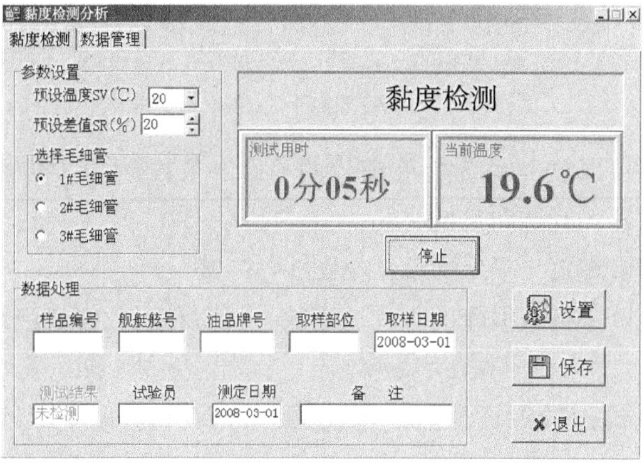

图 3-36

试验结束将自动显示检测结果，见图 3-37。

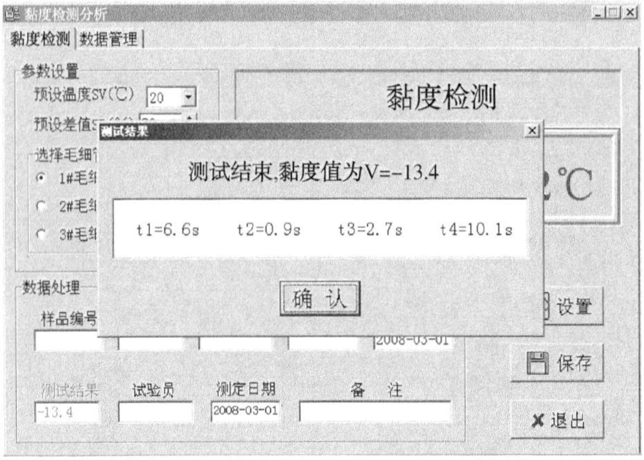

图 3-37

单击 

按钮，将刚才测试结果保存到数据库。单击 

按钮，显示内容见图 3-38。

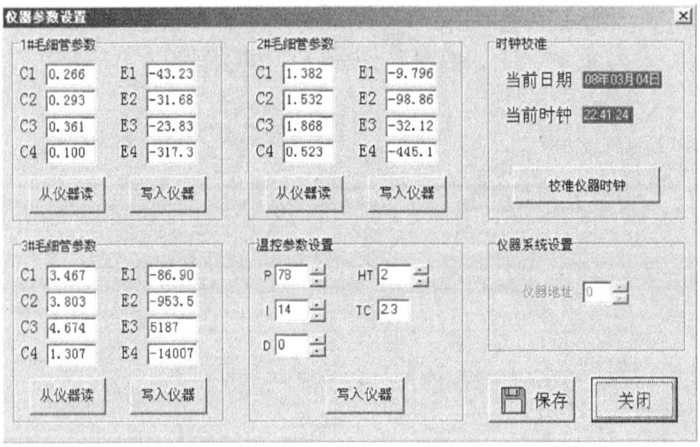

图 3-38

在这里，你可以读、写各个毛细管的 C、E 参数，可以设置仪器的 PID 参数，可以校正仪器的时钟和日期。

切换到数据管理页，显示屏显示见图 3-39。

你可以在此页进行数据库的查询、删除、打印和下载仪表记录等操作。

6）撤收。

(a) 完成测试试验后，加热炉温度必须降到 70℃ 以下，才能装入包装箱归位。

(b) 玻璃毛细管、黏度计安装孔、废液收集瓶及仪器外表等应清洁一次。

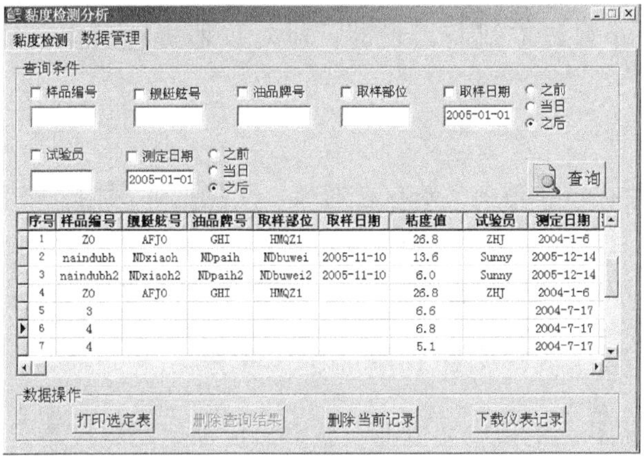

图 3-39

(c) 试验结束后，先关闭仪器“电源”开关，再切断供电电源，松开连接导线，并脱离，整理入箱归位。

(d) 将试验废弃物放入专用的收集袋内，等待统一处理，防止污染环境。

(e) 清点配件备品，入箱归位。

(3) 维护保养

1) 日常保养。

(a) 试验前检查。

① 检查仪器各部件连接是否正常。

② 检查玻璃毛细管及仪器的黏度计安装孔、废液收集瓶是否清洁，若不干净应进行清洗。

(b) 试验后保养。

① 试验后应将玻璃毛细管黏度计清洗干净后装入专用的护管内；将废液收集瓶及仪器外表清洁干净；检查黏度计安装孔是否被污染，如果已污染，应进行清洁。

② 测试结束后，应将预设试验温度设置在 SV = 20℃，且恒温体温度低于 70℃时，才能撤收。

③ 关机时应先关闭仪器“电源”开关，后断线。

2) 定期保养。

(a) 每半年用标定过的温度计插入黏度计安装孔中，检验恒温体温度是否与仪器设置一致；用已知黏度值的标准油检验玻璃毛细管黏度计是否正常，仪器的检验操作与测试操作相同，如果测试结果超过误差范围，应联系厂家对仪器进行校正。

(b) 超过 3 个月没有进行测试时，应对仪器进行通电，并检查是否运行正常。

(4) 储存保养

1) 仪器应放在包装箱中，储存在通风、干燥的库房内，没有酸碱及其他腐蚀性物质存在，并应注意防尘、防水、防火。

2) 每 3 个月对仪器进行通电，并检查是否运行正常。

3.2.4 F 型油料化验箱润滑油黏度检测

F 型油料化验箱内的航空润滑油、航空液压油运动黏度测定仪(图 3-40)适用于战时应急条件下航空润滑油、航空液压油在 20℃、40℃、50℃、100℃运动黏度的快速检测。黏度测试范围：1~100mm^2/s，测试精度：±2.2%。

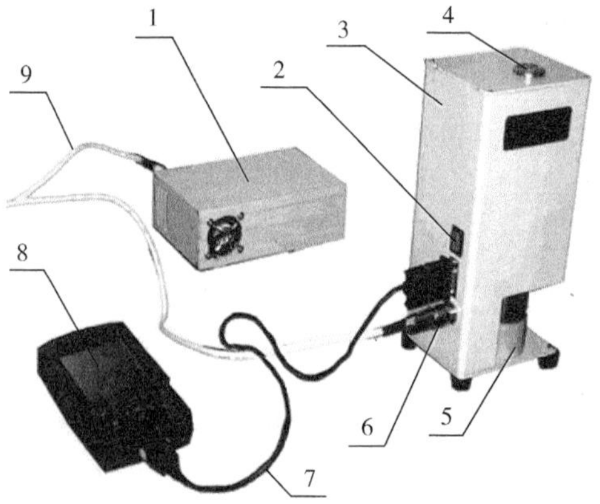

图 3-40　运动黏度测定仪

1—电源转换器；2—测试主机开关；3—测试主机；4—油样加注口；
5—废液收集瓶；6—测试主机电源插口；7—专用通讯线；
8—PDA 移动显示终端；9—测试主机电源线

(1) 检测原理

在毛细管黏度计固定位置上各安置一组光电检测器，当恒温的油样上液面流经光电检测器时，产生两个电压差信号。这两个信号之间的时间差就是单位体积油样在毛细管内流动的时间，单位体积的被测油样通过毛细管所需时间与毛细管黏度计黏度常数之积，即油样的运动黏度值。由单片机计算后给出结果(工作原理见图 3-41，系统控制图见图 3-42)。

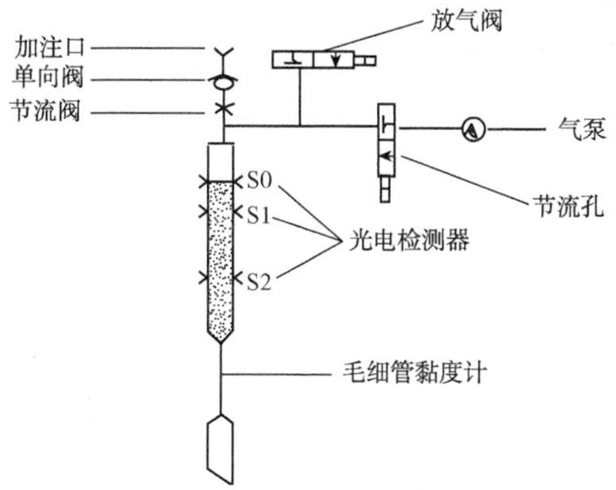

图 3-41　黏度测定仪工作原理示意图

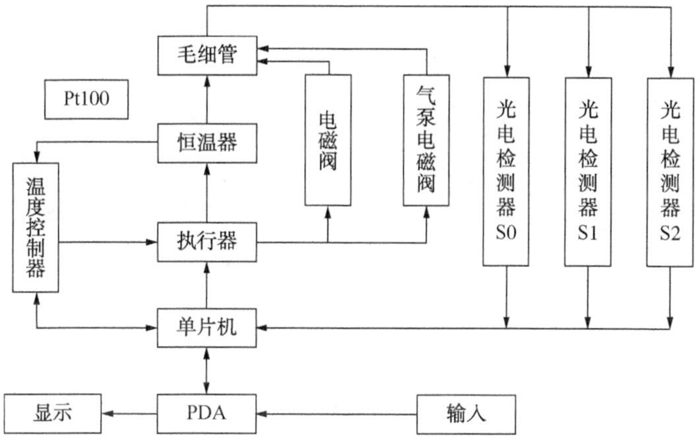

图 3-42　黏度测定仪系统控制图

(2) 检测方法及步骤

1) 准备和开机。

(a) 仪器置于平整、清洁的工作台上，与周围物体相距 0.15m 以上。

(b) 连接仪器的电源和 PDA。

(c) 先按动仪器主机的“电源”开关，主机发出“嘀嘀”两声启动提示声，经过 5~10s 后再次发出“嘀嘀嘀”三声提示声，主机启动完成，进入待机状态。

(d) 主机完成启动后再启动 PDA(参考 PDA 使用手册)，在桌面上启动“黏度测定仪”程序：PDA 显示如图 3-43。

2) 测试。

(a) 用 5mL 注射器吸取 5mL 被测油样备用。

(b) 在图 3-43 中点击“清洗”按键，气泵开始工作并向毛细管内充气，给出提示，将 5mL 的被测油样缓慢地从加注孔注入毛细管内，在气压的作用下，持续从毛细管的排出口排出，连续冲洗 2 次(用航空煤油)，再用被测油样冲洗一次。

(c) 在操作界面上点击“停止清洗”，点击提示中的“OK”清洗停止。

注：在第一次清洗时用 5mL 油样，第二次先注入航空煤油后再启动“清洗”，第三次与第一次清洗方法一样。

(d) 在图 3-43 中点击“启动”，PDA 显示见图 3-44，点击“工作温度”中的“▼”，点击框内的数值，即为选定的工作温度。灵敏度设置相同(一般为 20~35)。

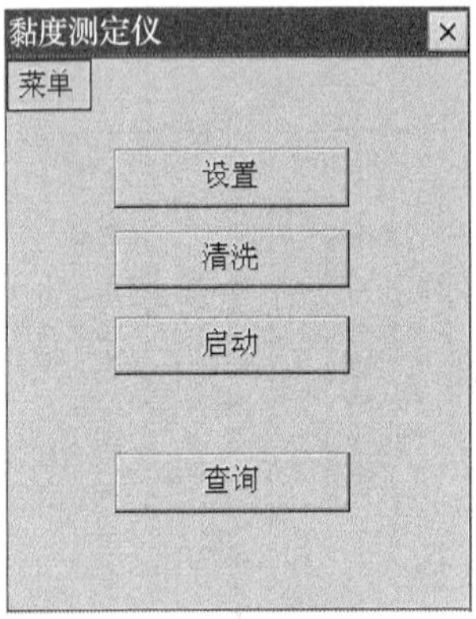

图 3-43

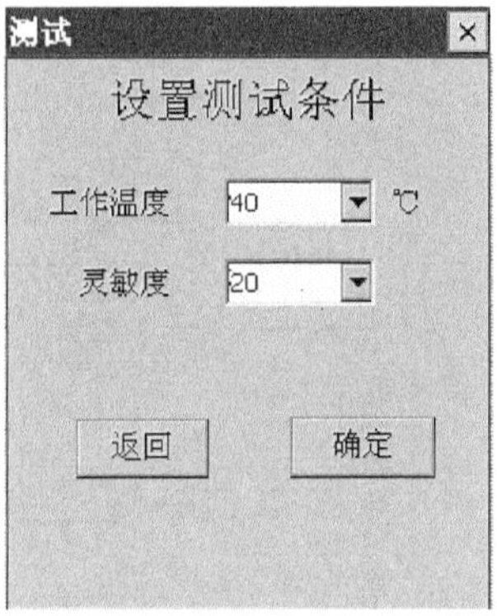

图 3-44

(e) 在图 3-44 中点击“确定”，PDA 显示见图 3-45，仪器开始按设定的测试工作温度进行升温或降温，当实际工作温度达到设定温度±0.5℃的范围内时，PDA 自动翻屏显示见图 3-46。

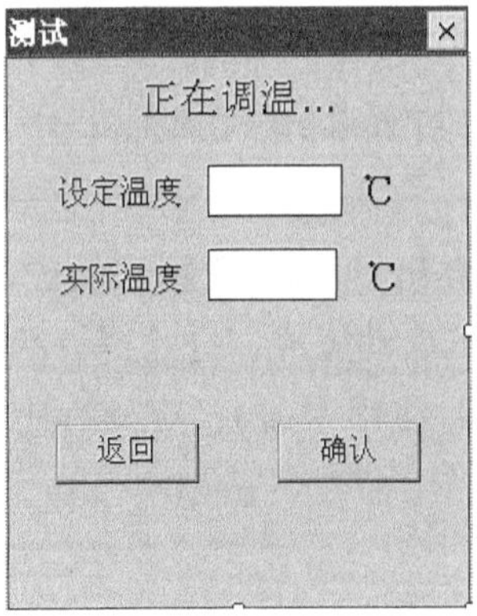

图 3-45

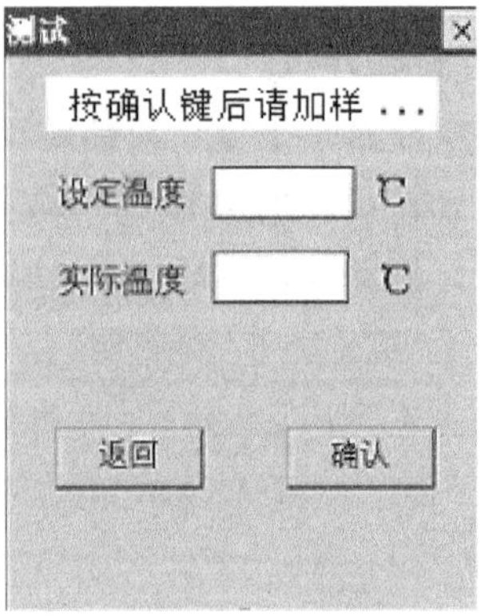

图 3-46

(f) 在图 3-46 中，显示了设定温度和实际温度并有加样提示，点击“确认”显示图 3-47。

(g) 用注射器吸取 1mL 油样缓慢注入加注孔内，S2 信号值发生变化后，隐去，弹出 S0，30s 后电磁阀开启，油样向下流动，液面经 S0 信号检测点时，S0 信号发生变化后显示图 3-48。

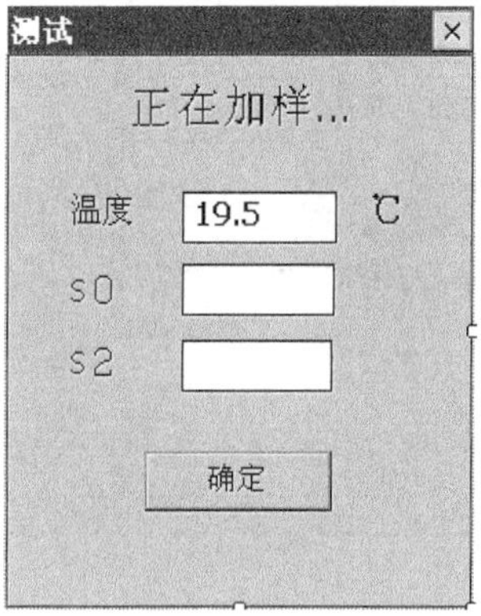

图 3-47

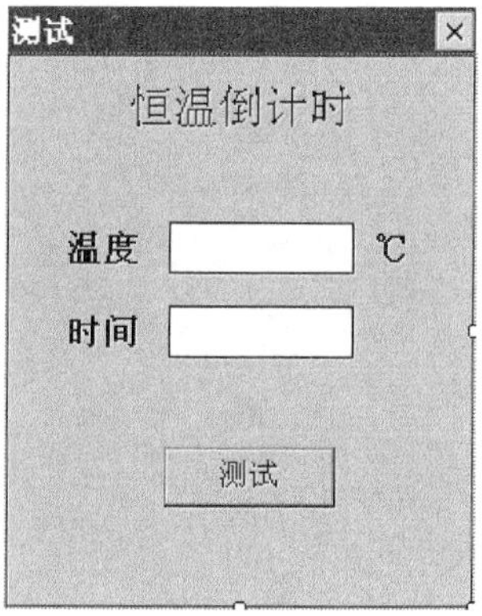

图 3-48

(h) 在图 3-48 中，对试样恒温，进行倒计时(恒温倒计时时间可在“设置”中设定，一般为 2min)，当倒计时结束时 PDA 显示如图 3-49。

(i) 在图 3-49 中电磁阀启动，试样在毛细管内向下流动，当液面流经 S1 信号检测点时，开始计时，流经 S2 信号检测点计时结束，并关闭电磁阀，PDA 显示如图 3-50。

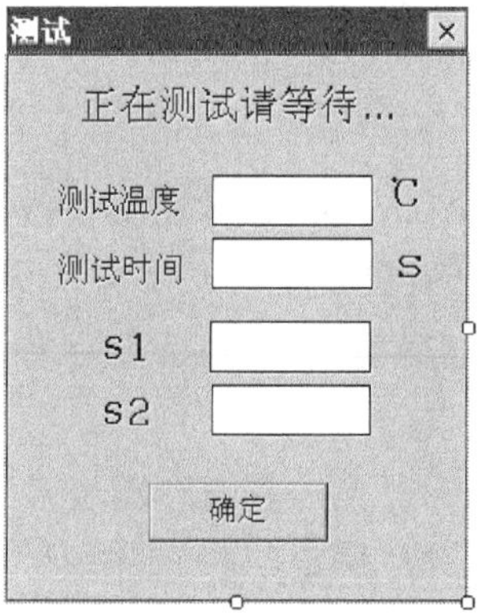

图 3 49

图 3-50

(j) 在图 3-50 中计算黏度值，并启动气泵清除残油(30s)后，显示如图 3-51，关闭气泵。

（k）在图 3-51 中，点击“重测”PDA 显示返回图 3-49；点击“存储”，PDA 显示如图 3-52。

（l）在图 3-52 中，用键盘在各个栏目里输入相应的资料信息，完成测试记录，点击“保存”，确认测试记录被存储。

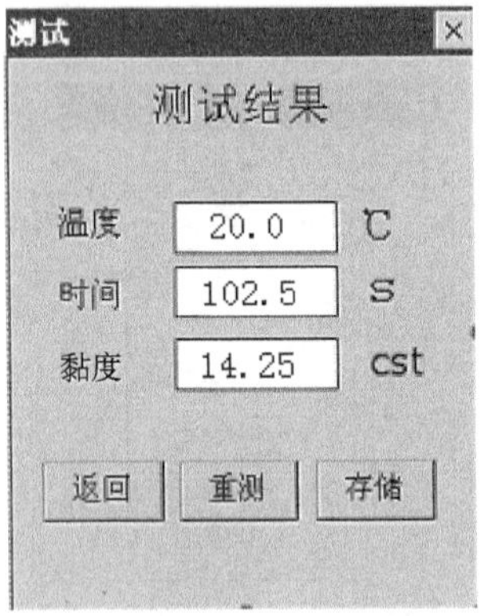

图 3-51

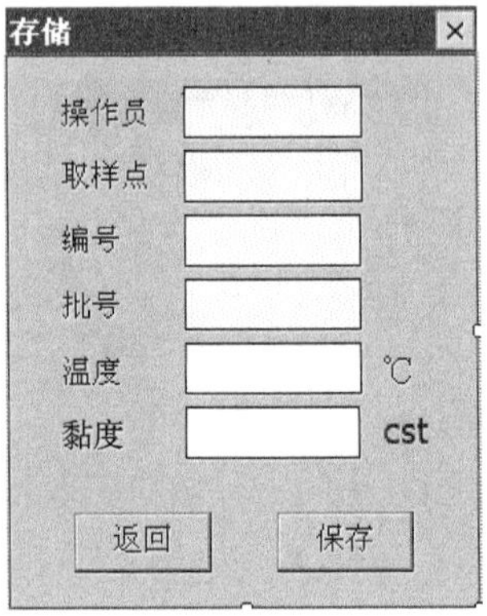

图 3-52

（m）测试结束，取出废液收集瓶，清除废液（按环保标准要求处理）。同时将工作温度重新设置（SV=40℃）并确认后返回。

3）参数设置。

（a）在图 3-43 中点击“设置”，PDA 显示如图 3-53，进入系统参数设置界面。

（b）在图 3-53 中通过键盘可输入毛细管黏度计的参数 C、E 及油样恒温时间，点击“确定”弹出确认提示。消除提示，点击提示栏内的“OK”即可。点击“返回”，PDA 显示如图 3-43。

注：一般情况下，参数出厂时已设置完成。

（c）如需进入校验，在图 3-53 中点击“校验”，PDA 显示如图 3-54（一般情况下，客户不需进入“校验”，校验参数出厂时已设置完成）。

（d）在图 3-54 中，用键盘输入密码，并点击“确定”，PDA 显示如图 3-55，进入温度参数设置界面。

（e）在图 3-55 中通过键盘输入数值，对光标所指位置进行温度控制参数修改：P、I、D、OL、HT、TC，参数修改完成后，按“确定”显示有提示，点击“返回”，PDA 显示如图 3-43。

注：在正常状态下参数在出厂时已调整不需更改，若需修正温度误差，修改 TC 即可，实际测试值低于标准值时，TC 的数值增加，反之则数值减小，值的大小是实际值与标准值的差。

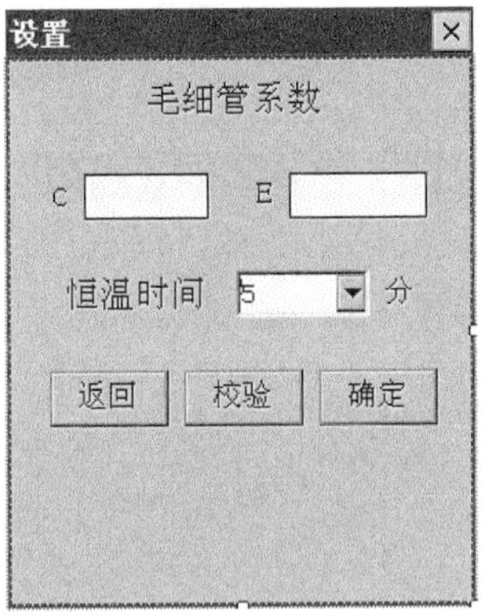

图 3-53

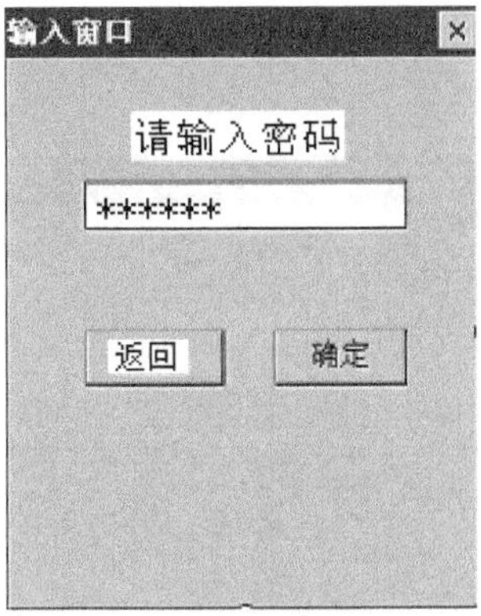

图 3-54

(f) 在图 3-55 中，点击“校验”，PDA 显示如图 3-56，进入“调整基准及放大倍数”界面。

(g) 在图 3-56 中可以调整光电检测器的基准电压和放大倍数，点击“确认”调试完成，点击“返回”，PDA 显示如图 3-43。

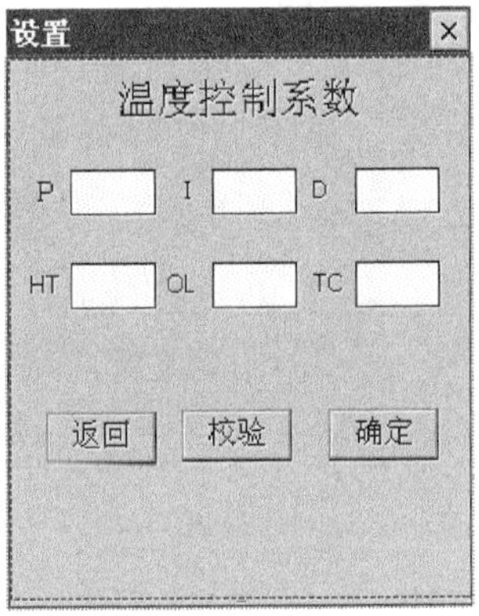

图 3-55

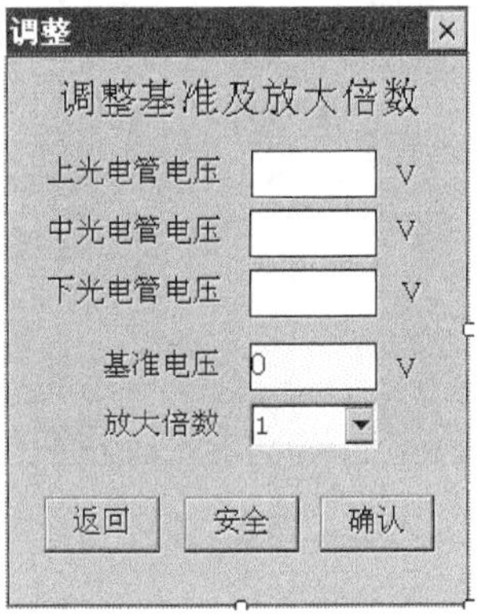

图 3-56

4) 查询。

(a) 在图 3-43 中点击“查询”，PDA 显示如图 3-57。

(b) 在图 3-57 中，可根据查询要求(按日期查询、按顺序查询、按编号查询等)点击相应的查询方法，PDA 显示如图 3-58。

(c) 在图 3-58 中，除“按顺序”查询外，所有的查询都提示要求，用键盘输入查询号，然后点击“确定”，PDA 显示如图 3-59。

(d) 在图 3-59 中 PDA 显示了查询的测试记录的第一个报告，并指示共查到多少个符合查询要求的报告。点击“上页”或“下页”可以查看当前报告的前一个或后一个报告，点击“返回”，PDA 显示如图 3-43，点击“删除”，PDA 显示如图 3-60。

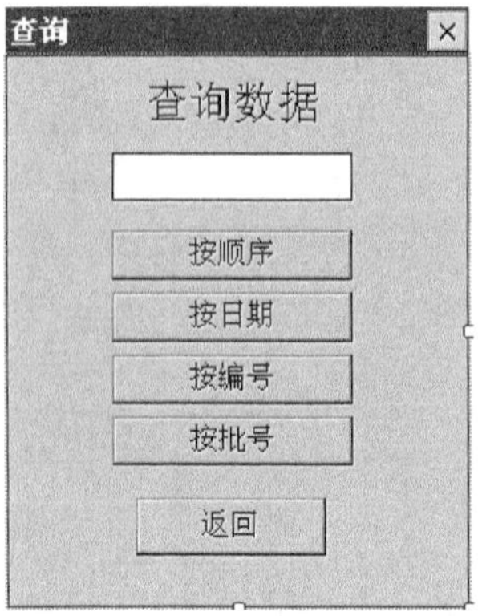

图 3-57

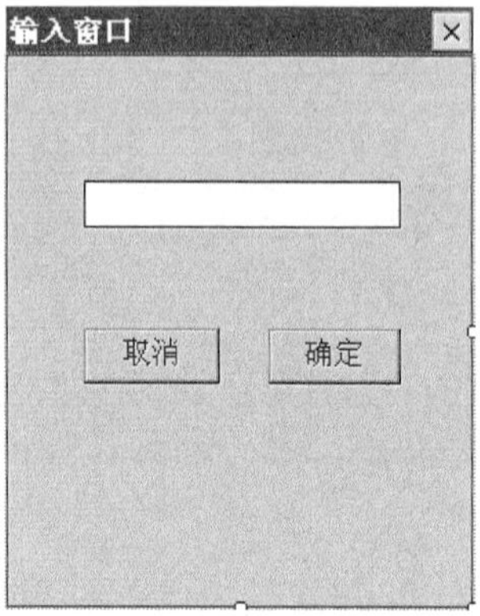

图 3-58

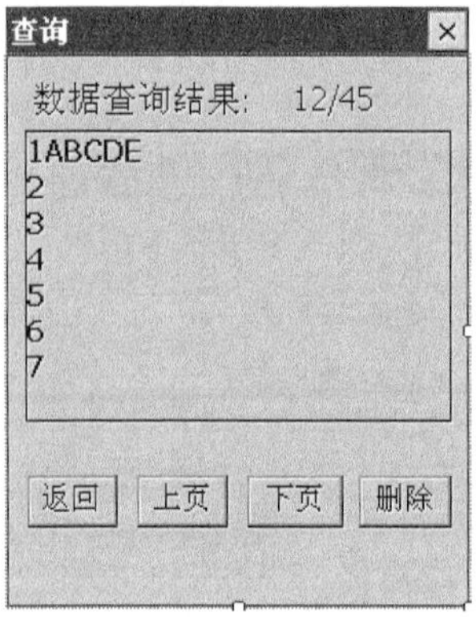

图 3-59

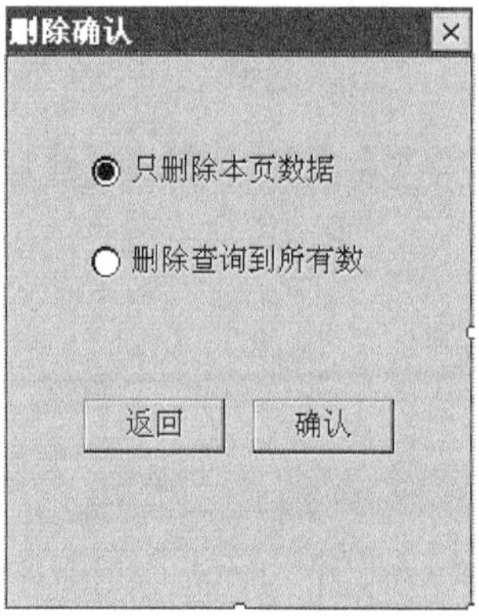

图 3-60

（e）在图 3-60 中，可选择删除图中显示的本页数据或所有数据，点击确定光标所在位置，然后点击“确认”完成删除要求的内容，PDA 显示返回如图 3-43 所示。

5）撤收。

（a）试验结束，先将 PDA 的控制程序退出，并关闭 PDA，再关闭工作主机。

（b）先拆除电源总线，再拆除工作主机与电源转换器、PDA 之间的连线。整理后置于包装箱规定的位置。

（c）用纸巾清洁 PDA 和工作主机的外表及相关部件、操作工具，整理后置于包装箱的规定位槽内。

（d）所有废弃物遵守国家环保相应要求，进行处理。

注：工作主机若进行 100℃测试，结束后应在自然条件下冷却 5～10min 再放于包装箱内。

6）维护保养。

（a）在加注油样后，应将毛细管加注阀外部的残油清理干净（用纸巾）。

（b）每次测试结束后用清洁液（溶剂油）清洗毛细管。

（c）测试时，加注阀与通气口之间的连线应密封。

（d）测试透明油时，灵敏度设定在 20～35，非透明油设定在 5～13。

（e）每次测试前后及时安装和清洗废液收集瓶。

7）常见故障排除。

黏度测定仪常见故障及排除方法见表 3-2。

表 3-2　黏度测定仪常见故障及排除方法

序号	故障现象	故障原因	故障排除
1	主机启动无提示音	1. 电源线接触不良或者无电源 2. 主机故障	1. 查电源线或者电源 2. 返厂处理
2	PDA 与主机无通信	1. 通信线路连接不良 2. 主机未启动 3. 主机故障	1. 查通信线路 2. 查主机 3. 返厂处理
3	温度设置控制值不稳定或者无变化	1. 温控参数不合适 2. 温控加温器失效 3. 温控器故障	1. 与厂商联系调整参数 2. 返厂修理 3. 返厂修理
4	加样后漏油	1. 管路老化 2. 加注阀损坏 3. 毛细管损坏	返厂修理
5	控制程序无法正常测试运行	1. 漏油 2. 光电检测器故障 3. 温控失效 4. 电磁阀失效	返厂修理
6	程序能正常运行，无清洗	1. 泵故障 2. 管路老化	返厂修理
7	测试数据发生突变	1. 毛细管堵塞 2. 光电参数不合适 3. 管路老化	1. 与厂商联系，在指导下排除故障 2. 与厂商联系，在指导下排除故障 3. 返厂修理

续表

序号	故障现象	故障原因	故障排除
8	有不明声响或者异味	不明	停机与厂商联系
9	机壳过热	故障不明或者通风不良	停机，改善通风条件，与厂商联系

3.3　胶质检测方法

某型油料化验箱内的车用汽油、柴油实际胶质快速检测法适用于野战条件下，用实际胶质圈斑痕图样评估车用汽油、轻柴油和军用柴油的实际胶质含量。与 GB/T 509—1988《发动机燃料实际胶质测定法》有一定的可比性。

3.3.1　车用汽油实际胶质的测定

在避风地点，用镊子夹持少许脱脂棉，蘸上适量丙酮溶液，擦拭玻璃表面皿凹凸面，将表面皿放在倒置平放的加热器上，见图 3-61。用注射器注入 1mL 试样，点火燃烧，待熄灭后，用镊子夹取表面皿，与标准图样（图 3-62）对照，找出与表面皿上胶圈斑痕大小一致的图样。该图样的数据即为试样的实际胶质含量。如试油胶圈斑痕介于两个标准图样之间，则估计读数，得出近似结果。

图 3-61　实际胶质测定仪

1—数字温度计；2—空气浴保温罩；3—加热器；4—测温孔；5—空气浴杯；6—玻璃表面皿

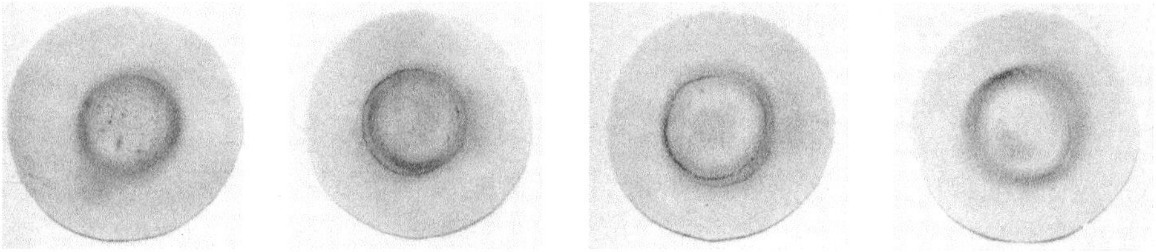

5　10　25　50

图 3-62　车用汽油实际胶质圈标准图样(mg/100mL)

3.3.2　柴油实际胶质的测定

在避风地点安装测定仪器，用螺丝刀将空气浴杯的三个支腿拧好，将数字温度计传感器探头通过空气浴杯的两个孔固定在空气浴杯上，使探头露出固定孔10mm，打开数字温度计开关(置于“OK”)。用镊子夹持少许脱脂棉，蘸上适量丙酮溶液，擦拭玻璃表面皿凹凸面后，放在空气浴杯上，罩上保温罩。向加热器中注入适量酒精，点燃(若气温过低，可用汽油作燃料)，将空气浴杯加热至270℃±5℃(在-20~0℃时，室外操作温度计显示的值不再上升时，即为恒定加热温度)，保持1min。移去加热器(不要熄灭)和保温罩，立即将1mL试样注入玻璃表面皿中，继续加热并引燃表面皿上油样，直至燃烧完毕，熄灭加热器。用镊子夹取表面皿与标准图样(图3-63)对照，找出与表面皿上胶圈斑痕大小一致的图样。该图样的数据即为试样的实际胶质含量，如试样胶圈斑痕介于两个标准图样之间，则估计读数，得出近似结果。

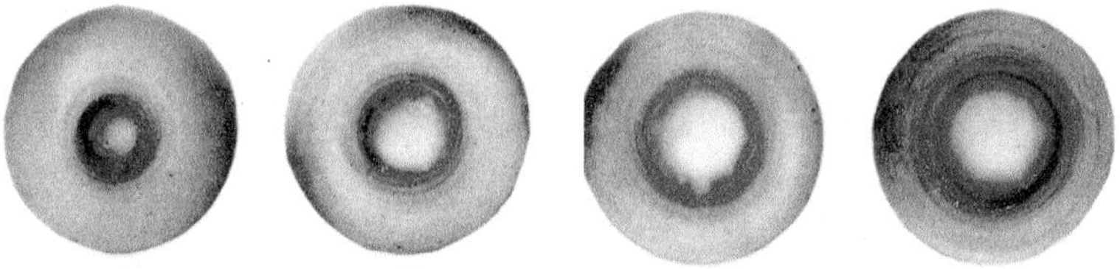

10　40　70　120

图 3-63　柴油实际胶质圈标准图样(mg/100mL)

3.3.3　注意事项

(1) 燃烧完毕，表面皿上形成较规则的圆形胶圈斑痕，试验才有效。

(2) 每次试验后，都应将加热器或空气浴杯冷却至室温(环境温度)。

3.4 水分检测方法

野战油料水分检测方法有定性法和定量法。某型油料化验箱内水分检测采用定性法检测油料中的水分，某新型油料质量监测车中，燃料水分污染检测箱定量检测喷气燃料中的水分，而某型油料化验箱中的水分检测仪用于润滑油的水分定量检测。

3.4.1 目测检查液体燃料、润滑油和润滑脂水分

(1) 浅色液体燃料

从储油容器底部取15~20mL试样，注入清洁干燥的锥形瓶中。将锥形瓶中试样向一个方向旋转摇动5~10s，静置，同时观察试样旋转中心有无悬浮物或沉淀物。若悬浮物或沉淀物是水珠状，表明试油中含水；如果是纤维状物质或固体颗粒，表明试样中含机械杂质。

(2) 深色的液体油料或润滑油

从储油容器底部取试样10mL，注入锥形瓶，并加入约20mL澄清的煤油或喷气燃料，充分摇匀(注意：勿溅出瓶外)，使试样颜色变浅，便于观察，然后按步骤(1)检验。

如果试油颜色较深，不易检验，则将锥形瓶油样静置15min左右，用吸管吸去上部澄清部分，留在瓶底的油料再用煤油稀释，直到颜色变浅，易于观察时，再按步骤(1)检验。

(3) 润滑脂

取少许试样放在玻璃表面皿上，抹成薄层仔细观察脂层中有无颗粒或纤维。

试验后用石油醚清洗试验用容器，备用。

3.4.2 燃料水分污染检测箱

燃料水分污染检测包适用于野外快速检测喷气燃料的非溶解水和储运油料的沉积水。

燃料水分污染检测箱由水分污染检测包、油料试水胶膜等组成，见图3-64。水分污染检测包由标准图片、试验膜片、染料胶囊、试验瓶、试剂瓶、毛刷、烧杯组成，见图3-65。沉积水检测单元包括试水胶膜、量油尺，见图3-66。

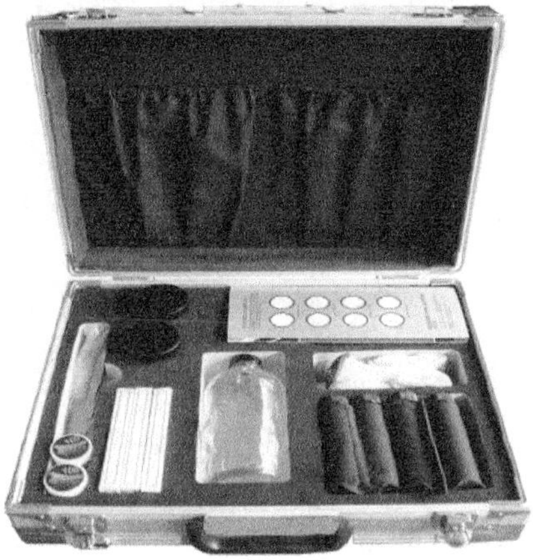

图 3-64　燃料水分污染检测箱

图 3-65　水分污染检测包

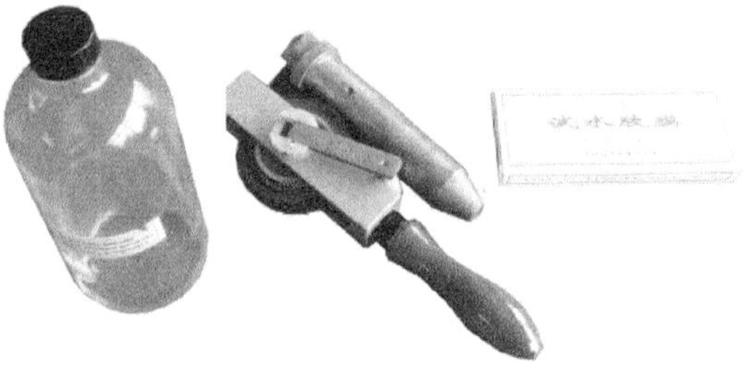

图 3-66　沉积水检测单元

燃料水分污染检测箱的外形尺寸应不大于 410×340×120(mm)。

燃料水分污染检测包检测非溶解水含量范围为 5~60ppm，分 5ppm、15ppm、30ppm、60ppm，含四个标准图片，见图 3-67。试水胶膜技术参数见表 3-3。

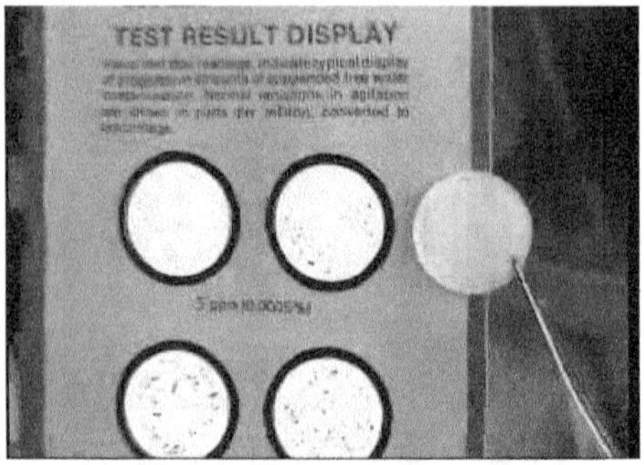

图 3-67　非溶解水含量标准图

表 3-3　试水胶膜技术参数

项　目		质量指标
外观		均匀膜状
几何形状/mm		100×9±1
遇水后颜色变化情况	颜色变化	分明
	分界线	清楚
	与实际水面相差/mm　不大于	1
变色时间/s	轻质油　不大于	10
	润滑油　不大于	60
示值变化(停留 5s、20s)　不大于		0.5
测水 pH 值范围　不小于		3
水中不脱落时间/s　不小于		20
耐油性	遇水前油中浸泡时间/s(正常显色)　不小于	30
	遇水后油中浸泡时间/s(界面颜色不变)　不小于	30
适用环境温度/℃		-5~40

水分检测原理：遇水反应的指示剂与燃料试样中的水反应变色，定量或定性检测试样中的水分含量。

（1）非溶解水检测

1）从燃料水分污染检测箱中依次取出测量管、试水胶膜、指示剂胶囊。

2）检查试管和试管帽是否清洁、干燥。

3）用镊子夹取试水胶膜放入试管帽中。

4）打开指示剂胶囊，将指示剂放入试管中。

5）轻轻摇动试样，使油样中的水分混合均匀，将试样倒入试管至刻线处。

6）拧上试管帽，上下轻轻摇动 1~2min，直到指示剂粉末彻底溶化。

7）拧开试管帽，取出试水胶膜，与标准胶膜比较，观察胶膜上的蓝紫色斑点，不必考虑胶膜周边蓝色的染色环，如果怀疑斑点密度代表的水含量超过 30μg/g，应换一个新的膜片，再摇动 2min，如果新的膜片斑点密度大于等于 5μg/g，则可以判定油样中水含量大于 30μg/g。

8）试验结束后，清洗试管，烘干备用。

9）试验过程中，确保手的干燥以及试管、试管帽、膜片不被水污染。

（2）沉积水检测

1）沿撕开口撕开包装，取出试水胶膜，揭下背面压敏胶保护层，利用试水胶膜背面的压敏胶，将试水胶膜贴在量油尺的相应位置上即可。

2）按照 JJG 1014 计量技术规范的要求，将贴有试水胶膜的量油尺投入待测装油容器内，当量油尺锤触及容器底部时，根据不同油品，停留相应时间后，立即将量油尺从装油容器中拿出，从试水胶膜变色痕迹上读出罐内水面高度。

（3）注意事项

1）试水胶膜应密封保存，存放在常温下干燥处。

2）开封后的试水胶膜不宜长时间暴露在空气中。

3.4.3 润滑油水分测定仪

润滑油水分测定仪（图 3-68）主要用于舰艇润滑油及其他油料中水分含量的快速测定。测试范围为 0~5%，测试精度为 0~2%，±0.1%（绝对误差）；2%~5%，±0.2%（绝对误差）。采用微量测试技术，实现了仪器的小型化、便携式，检测快速。

图 3-68　水分测定仪

（1）检测原理

1）仪器结构。

水分测定仪由机壳、压力罐、压力传感器、温度传感器、显示屏、电池等组成。图 3-69 是仪器的结构示意图。

（a）机壳：将铝合金加工后，进行电镀镍防护层处理，它是安装电池、单片机、压力传感器、显示屏、测试室的支架。

（b）压力罐：将铝合金加工后，进行电镀镍防护层处理，它是试样与稀释剂混合后，和氢化钙试剂反应，产生压力的密闭空间。

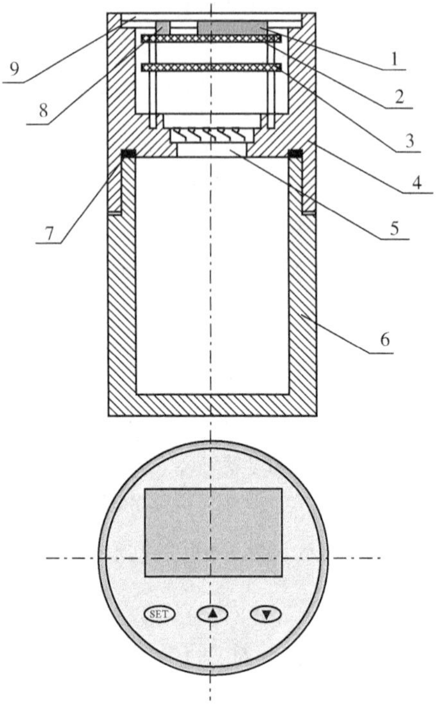

图 3-69　水分测定仪结构示意图

1—显示屏；2—单片机板(1)；3—单片机板(2)；4—压力罐盖；
5—压力传感器；6—压力罐；7—密封圈；8—按键；9—面板

(c) 压力传感器：采用 NTI-19A 微型压力传感器，可以将测定的室内压力转化成电信号。

(d) 温度传感器：采用 Pt100 温度传感器，可以将反应的温度值转换成电信号。

(e) 显示屏：选用 G12811203T-FP 点阵模块，可显示整个测试过程中的重要信息。

(f) 电池：可充电电池。在无外界电源的条件下，对仪器供电，完成测试。

2) 工作原理。

图 3-70 是水分测定仪的工作原理框图。

水分测定原理：将一定量的油样放在化学反应装置的压力罐内，加入适量的溶剂及过量的氢化钙，加盖密封后振荡，使氢化钙与油中的水充分反应，产生氢气，使罐内压力发生变化，压力传感器将压力信号转换为电信号输入数据处理装置中的单片机，按已设定程序进行数据处理，从而计算出油中水分的含量。在测量装置中装有温度传感器，可测定试验时的温度，在单片机进行数据处理时，通过校正程序对结果进行修正。

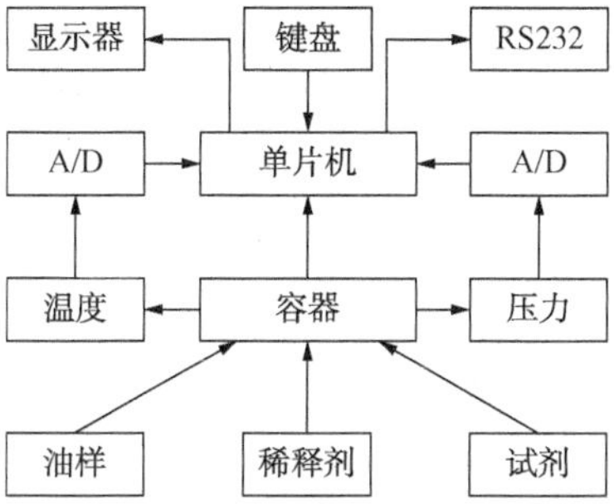

图 3-70　水分测定仪工作原理框图

（2）检测方法及步骤

1）准备工作。

（a）展开。

打开 2 号化验箱，取出仪器，置于平坦整洁的操作台（场地）上，旋开压力罐盖。

在仪器内置电池电量不足的条件下，可采用外接电源，用专用电源线将水分测定仪的受电接口连接到电源分配器的 9VDC 输出端（在有 220VAC 市电供给的条件下，采用专用电源转换器供电；在无 220VAC 市电供给的条件下，采用 9VDC、110Ah 电瓶直接供电），既可进行充电，也可直接进行测试操作。

在野外作业时，包装箱可充当临时操作台。

（b）准备工作。

用纸巾擦拭干净压力罐及盖，清除残留物，备用。

检查压力罐盖上的密封圈是否完好，若有杂物和残留物应取出密封圈，清除杂物和残留物。

摇动试样瓶中的试样，使其均匀后，静止放置 5min，释放试样中的空气。

注意：测试中使用的试剂（CaH_2）是强还原剂，属于易爆物品，遇水会发生剧烈反应，应远离高温和水。

仪器在较长时间不进行操作的情况下会自动关闭电源，若要开机进行操作，可按面板上的“启动”键，显示屏显示见图 3-71，可对操作日期进行修改。

按“→”键移动光标至指定位置。

按“+”“-”键修改光标位置的数字。

修改完毕后，按“确认”键确认所修改日期（在数据储存时自动输入该测试日期），并进入图 3-72 界面。

图 3-71

图 3-72

2）参数设置及初始化。

（a）在图 3-72 界面，按“设置”键进入设置状态，显示屏显示见图 3-73。

按“↓”“↑”键移动光标，选择设置项（光标所在位置为选择项）。

按“确认”键进入选择项目的参数修改状态。

参数修改完后，按“返回”键返回图 3-72 界面。

（b）图 3-73 界面中各参数的意义如下。

参数设置：供厂商检验、调试仪器时使用，测试人员不需要更改参数。

时间设置：参考图 3-71 界面操作。

初始化：在首次或每次使用新更换的稀释剂（试剂 A）时必须进行初始化操作。在已经进行初始化操作，没有更换稀释剂（试剂 A）情况下，不用重新进行初始化操作，仪器会默认上次初始化测试数据。

校验：供厂商检验、调试仪器时使用，测试人员不需要更改参数。

（c）初始化操作方法：在图 3-73 界面选择“初始化”，并在容器内注入稀释剂（试剂 A）和试剂 B［（方法同“3）测试”中的第（a）~（d）条］，旋紧容器盖，密封，按“确认”键，显示屏显示见图 3-74。

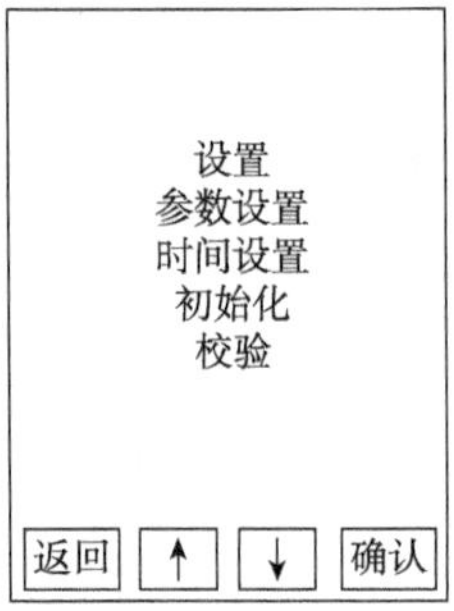

图 3-73

图 3-74

此时按“返回”键，会停止初始化操作，显示返回图 3-73 界面。

(d) 在图 3-74 界面进行 5min 倒计时过程中，应尽量摇晃测定仪，使稀释剂(试剂 A)和试剂 B 充分反应，产生气体压力，计时结束后，停止摇晃，显示屏显示见图 3-75：仪器会自动连续测试 4 次：Pk10、Pk11、Pk12、Pk13，取最大值 Pkmax。

(e) 在图 3-75 界面，测试完成后，显示屏自动转换为图 3-76 界面。

图 3-75

图 3-76

按“返回”键，完成初始化操作，返回图 3-73。

按“重测”键，重复图 3-74 界面的操作步骤。

完成以上操作后，返回至图 3-72 界面状态。

3) 测试。

准备工作及参数设置完成后，可进入测试操作。操作过程如下：

(a) 将下部容器旋下，用纸巾擦拭干净，备用。

(b) 用纸巾擦拭容器盖(仪器主体)及传感器孔。

(c) 用 5mL 注射器吸取 2mL 油样注入容器内(注意取样过程中应排出气泡)，加入稀释剂(试剂 A)至刻度线。

(d) 旋开试剂瓶，将其轻轻放入盛有油样的容器内，并使其与油样隔离，不要混合。

(e) 将容器盖(仪器主体)轻轻地放在容器上，并旋紧保持密封。

(f) 在图 3-72 界面下，按“启动”键进入测试过程，显示屏显示见图 3-77，同时立刻开始摇动测定仪。

(g) 在图 3-77 界面测试过程中，按“返回”键，会停止测试过程，界面返回图 3-72。

(h) 计时结束后，停止摇晃，显示屏显示见图 3-78。

仪器会自动连续测定压力三次 Pk01、Pk02、Pk03，取最大值 Pkmax 计算水含量。

(i) 在图 3-78 界面测试完毕后，显示屏自动转换为图 3-79。

图 3-77

图 3-78

按“返回”键，返回图 3-72 界面。

按“重测”键，返回图 3-78 界面，重测后又回到图 3-79。当进行重测，结果变化较小时，便可认定测试结果是正确的。

(j) 在图 3-79 界面按“存储”键，显示屏显示见图 3-80。

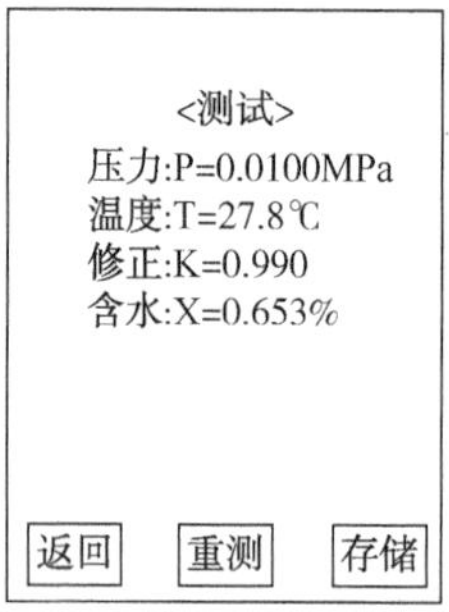

图 3-79

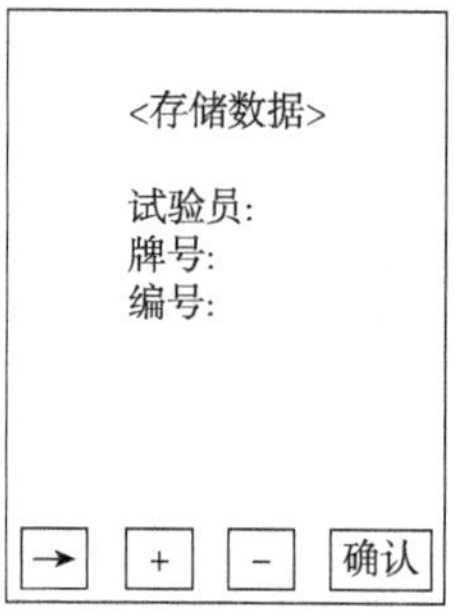

图 3-80

按“→”键，移动光标确认数据输入位置。

按“+”“-”键，输入数据 0~9，A~Z，/。

按“确认”键，对每一项数据输入进行确认。

(k) 在图 3-80 界面，所有输入项完成后，按“确认”键，显示屏转换显示：图 3-81→图 3-82→图 3-72。

(l) 测试完成后，打开容器盖(仪器主体)，清除残油、废液，用纸巾将容器和容器盖擦拭干净，备用。

(m) 仪器在 30min 内不进行任何操作会自动关机，进入休眠状态，按“启动”键，仪器开始工作。

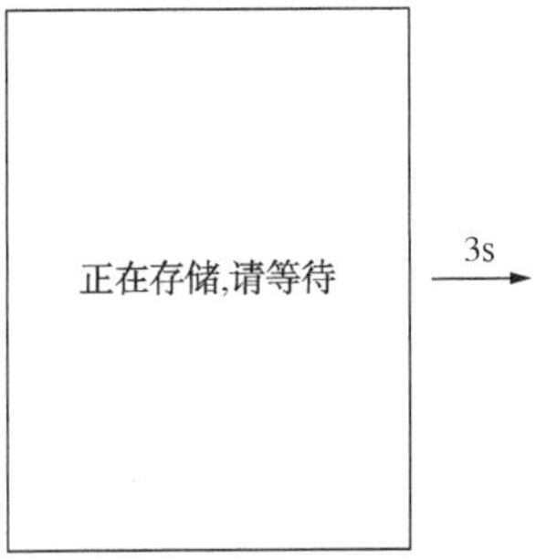

图 3-81

图 3-82

4）数据查询。

(a) 在界面图 3-72 按“查询”键，显示屏显示如图 3-83。

按“返回”键，返回图 3-72。

按“↑”“↓”键，移动光标确认选择。

(b) 在图 3-83 界面中，按“↑”“↓”键进行选择，以编号为例，按“确认”键显示屏显示如图 3-84。

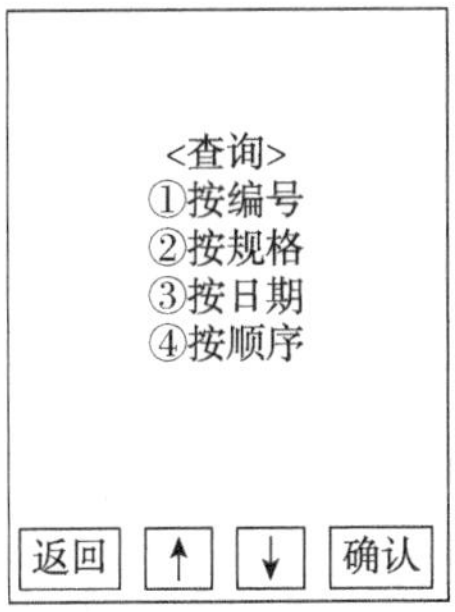

图 3-83

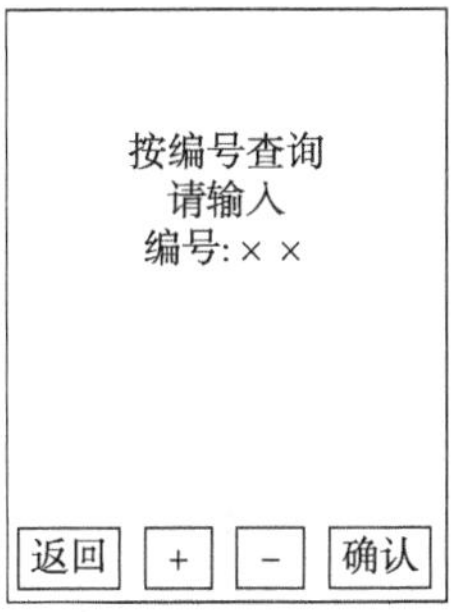

图 3-84

(c) 在图 3-84 界面，按“+”“-”键，在光标处输入字符，轻按一次可向前或向后翻动一位字符，连续按可快速前翻或后翻字符，输入完成后按“确认”键，显示屏显示如图 3-85。

按“↑”“↓”键，可翻阅储存资料。

按“返回”键显示屏显示如图 3-84。

按“删除”键，删除记录。

(d) 在图 3-85 界面，按“删除”键，显示屏显示如图 3-86。

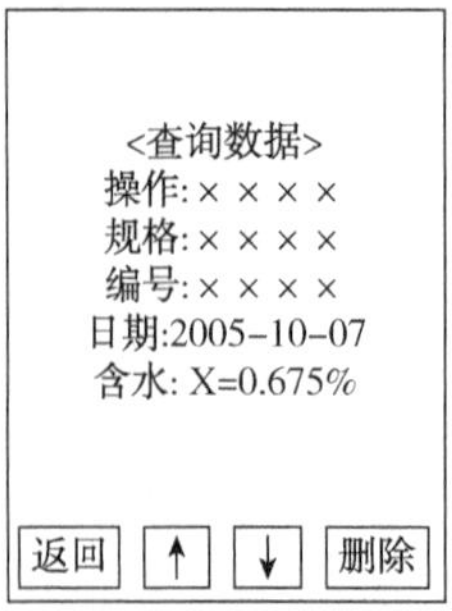

图 3-85

图 3-86

按“返回”键，返回图 3-85。

(e) 在图 3-86 界面按“确认”键，显示屏显示如图 3-87。

按“返回”键，返回图 3-86。

(f) 在图 3-87 界面，按“确认”键，显示屏显示如图 3-88。

图 3-87

图 3-88

5）计算机控制及数据传输。

仪器除具备独立测试功能外，还可通过 RS232 通信接口与上位 PC 机连接，通过计算机控制程序控制仪器的测试操作、数据传输和查询，具有更为强大的数据采集、存储和分析处理功能，实现局域网联机。

舰艇油料化验箱集中控制与数据管理系统总控程序主要由黏度、闭口闪点、水分、酸碱值、不溶物和数据管理六部分组成，其总体界面如图 3-33所示，当鼠标移动到相应的按钮上时，右边的椭圆形文本框中会有相应的提示性文字说明。

(a) 在使用计算机控制及数据传输时，应注意以下几点：

仪器只有在待机状态下，上位 PC 机才能对仪器进行控制操作和下载数据。

仪器在运行状态下，PC 机无法对其控制。

在笔记本电脑通过通信分配器与各仪器通信控制操作时，请单独开启需控制操作的仪器。其他仪器处于关闭状态，完成所控制仪器测试和数据下载。

每台仪器可单独与笔记本电脑连线通信，由笔记本电脑控制操作，完成测试和数据下载。

(b) 上位 PC 机软件操作。

仪器应处于图 3-33 状态。点击“水分”按钮，程序调出测定水分的子程序，按照计算机界面上出现的水分上位机操作菜单要求进行水分的测定。参照下列运行程序，显示如图 3-89。

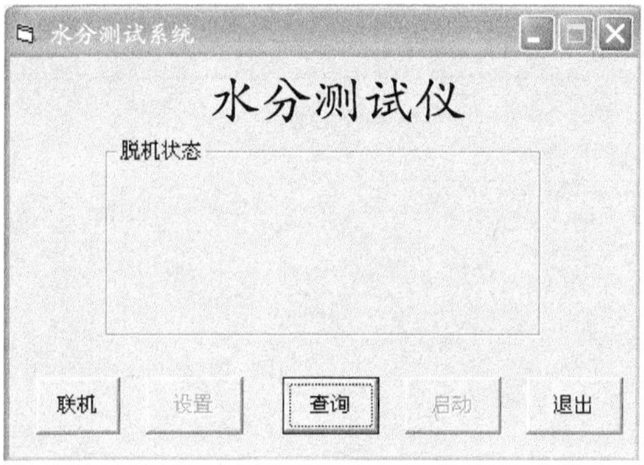

图 3-89

单击“联机”按钮，显示如图 3-90。

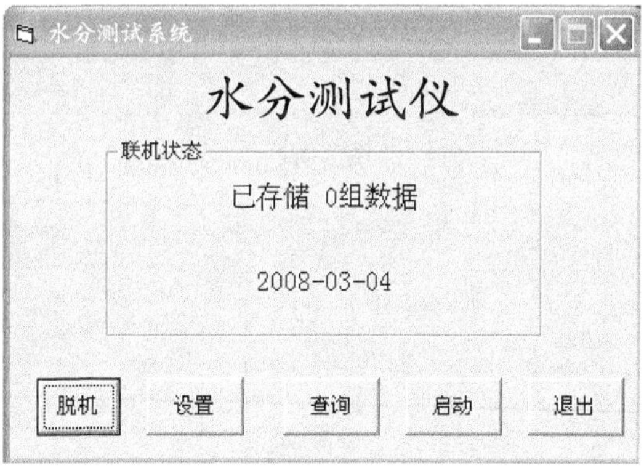

图 3-90

单击“设置”，显示如图 3-91。

点击“参数设置”将显示如图 3-92。

这时可在 a、b、c 中输入参数，返回键表示回到上一对话框，点击“读取参数”，则将弹出如图 3-93 界面。

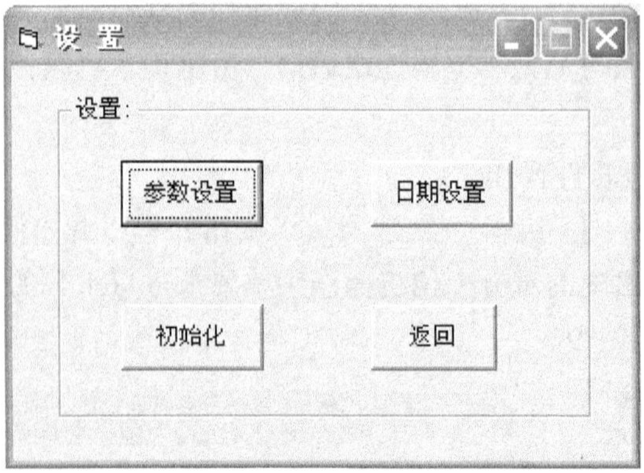

图 3-91

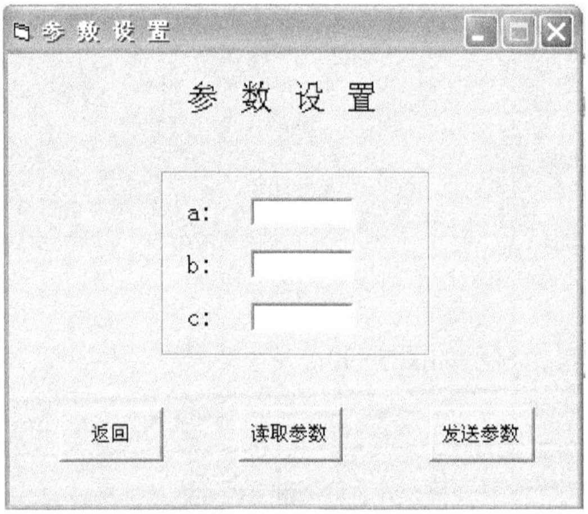

图 3-92

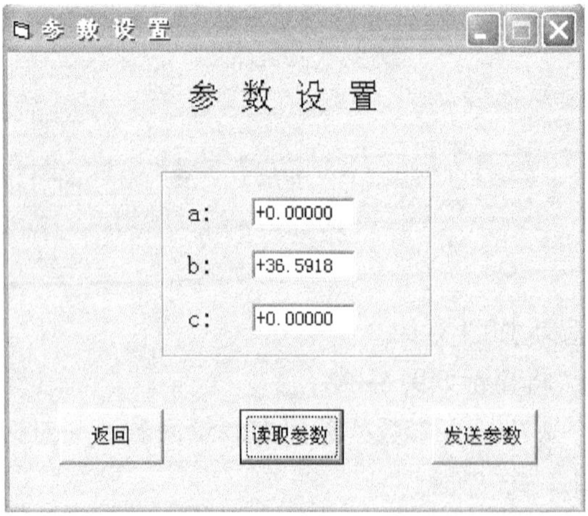

图 3-93

即把刚输入的 a、b、c 参数再确认一次。点击“发送参数”，则出现如图 3-94界面。

图 3-94

即把刚输入的参数输入系统中，如果在设置参数之前就点击“发送参数”，系统将出现提示，如图 3-95。

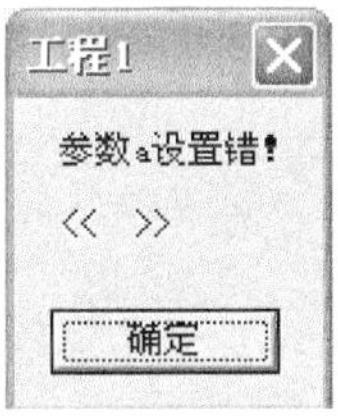

图 3-95

在图 3-91 中，点击“日期设置”则显示如图 3-96。

图 3-96

这时可以输入任何时间，再点击“确定”键，系统将出现提示，如图 3-97。

图 3-97

点击“确定”。

在图 3-91 中，点击“初始化”按钮则显示如图 3-98。

点击“测试”按钮则显示如图 3-99。

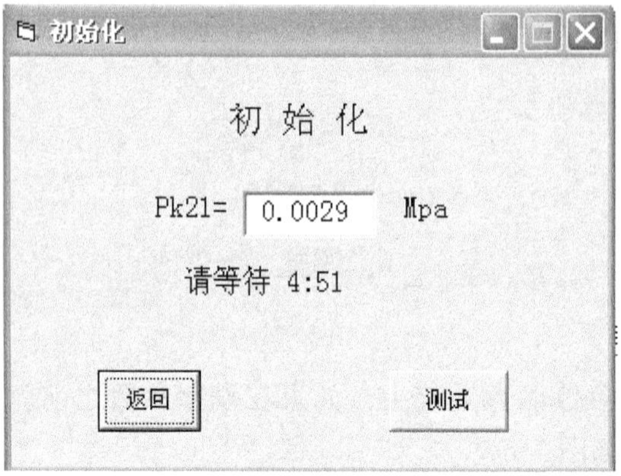

图 3-98

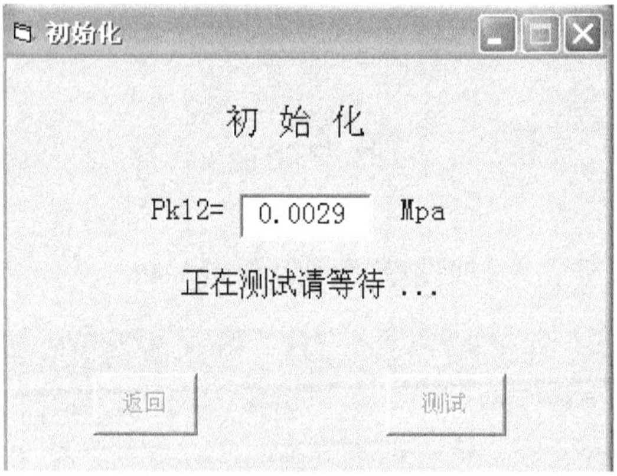

图 3-99

仪器则将开始自动测试。几秒钟后会自动出现提示，如图 3-100。

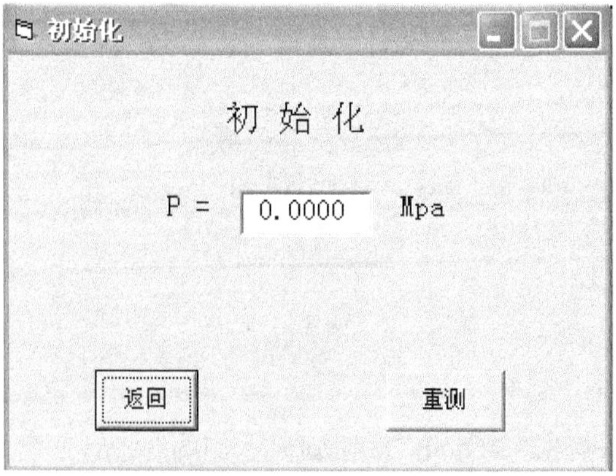

图 3-100

点击“返回”则显示如图 3-101。

图 3-101

点击“确定”则显示如图 3-102。

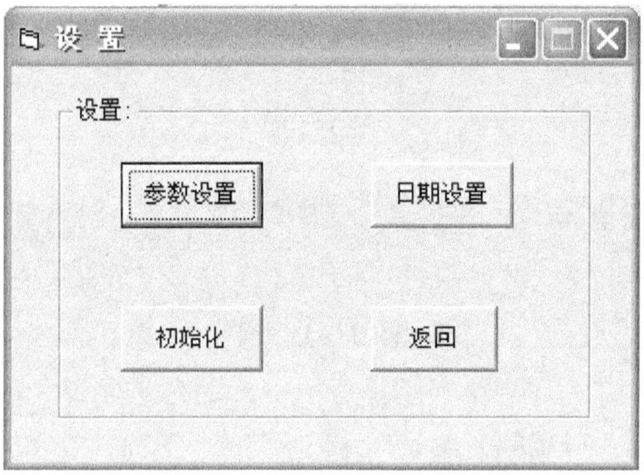

图 3-102

再点击“返回”回到水分测试系统的初始状态。

点击“查询”，则弹出对话框如图 3-103。

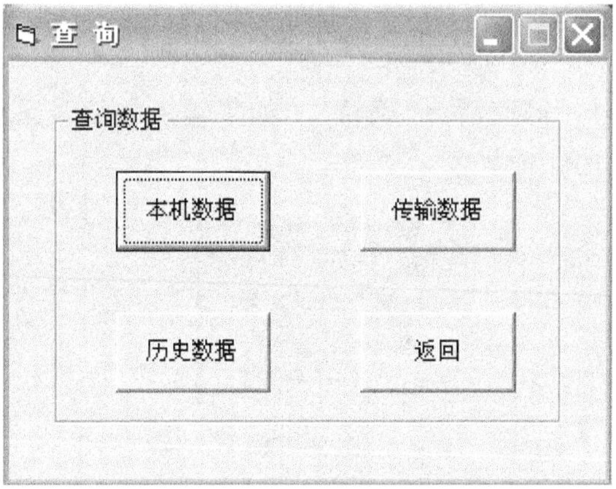

图 3-103

点击“本机数据”则显示如图 3-104。

点击“按编号”，系统则弹出对话框如图 3-105。

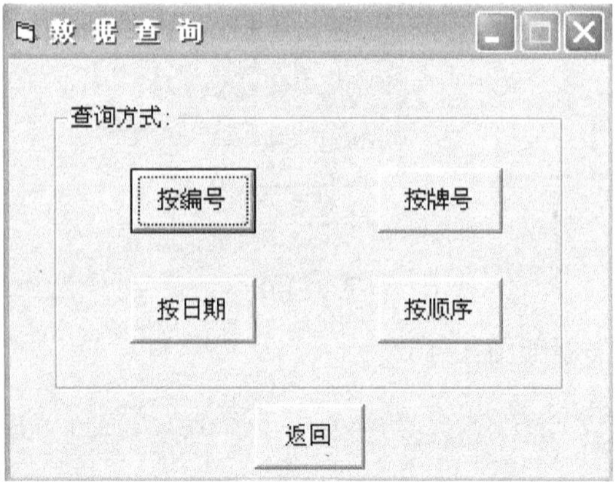

图 3-104

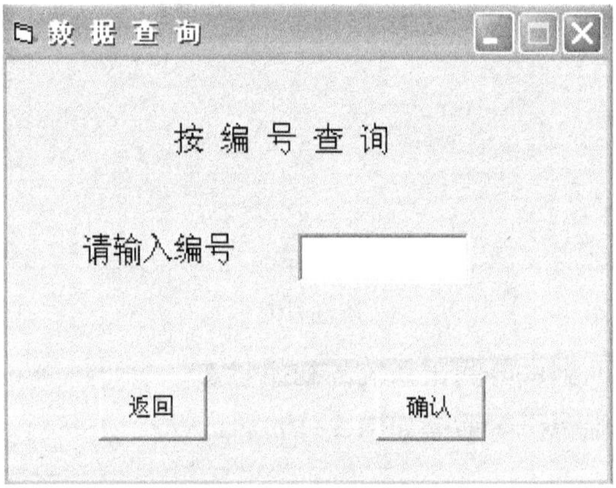

图 3-105

此时可输入编号，输完后点“确认”，如果输入的编号系统里面没有，则会出现提示，见图 3-106。

图 3-106

点击“按牌号”，则显示如图 3-107。

如果输入的牌号系统里面没有，系统则会提示如图 3-108。

点击“按日期”则将显示如图 3-109。

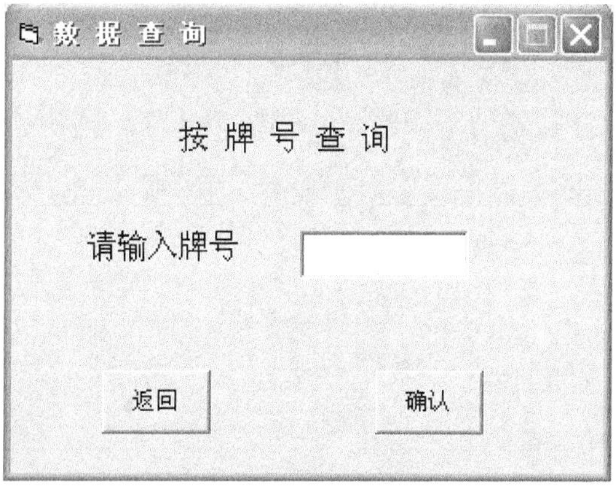

图 3-107

图 3-108

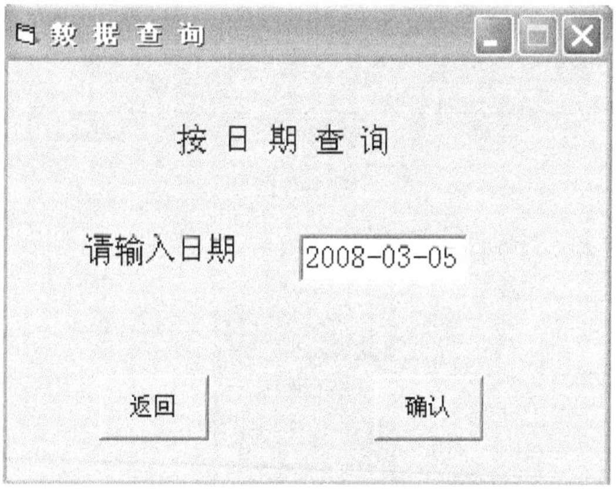

图 3-109

如果输入的日期系统里面没有，则会提示如图 3-110。

图 3-110

点击“返回”，则回到如图 3-103 界面。

点击“传输数据”，则将出现对话框如图 3-111。

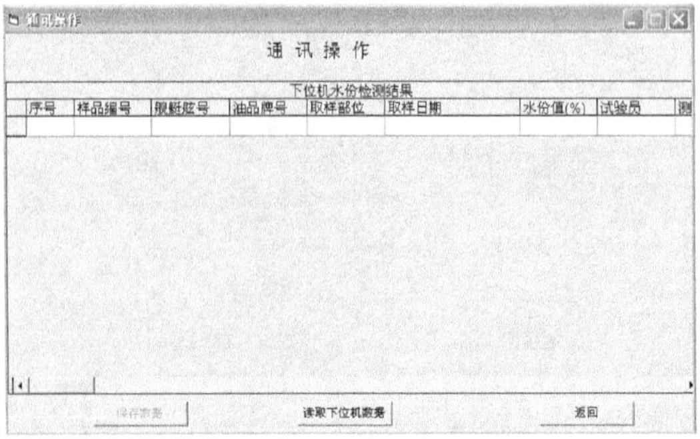

图 3-111

点击“读取下位机数据”，则出现如图 3-112 对话框。

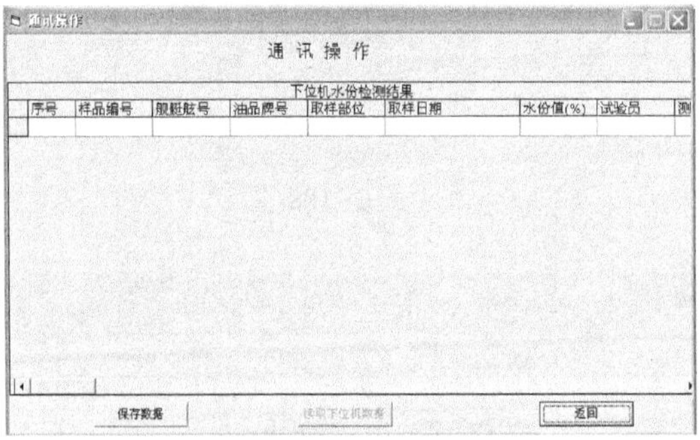

图 3-112

再点击“保存数据”，则显示如图 3-113。

图 3-113

点击“确定”则回到“查询”对话框，如图 3-103，点击“历史数据”键出现如图 3-114 对话框。

对话框中的查询条件分为样品编号、舰艇舷号、油品牌号、取样部位、取样日期等。选择相应的条件，系统会自动筛选出来，例如把“样品编号”选中，再输入“2”，然后点击“查询”则会出现如图 3-115 对话框。

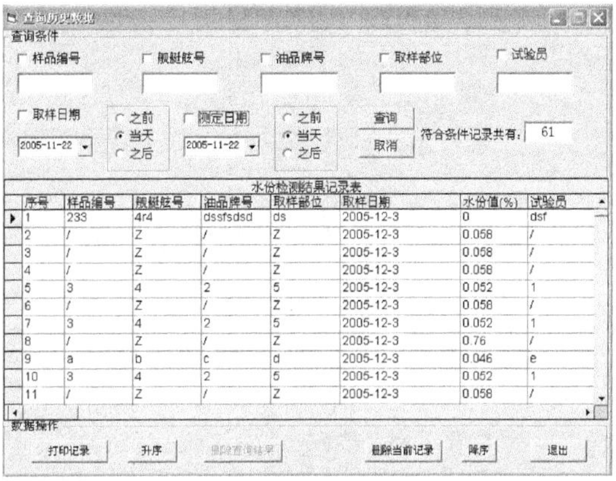

图 3-114

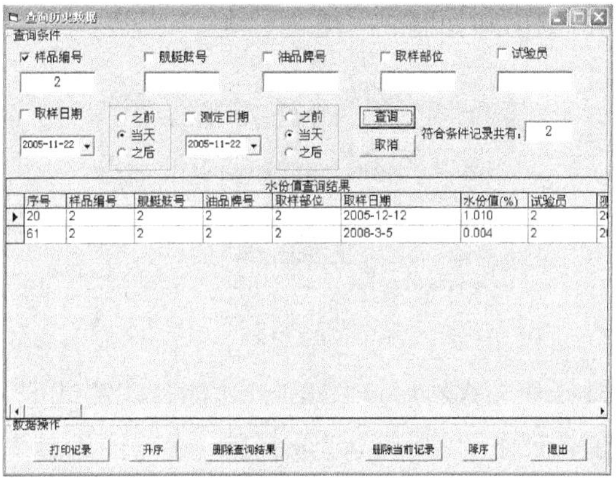

图 3-115

点击“取消”则回到上一个对话框，见图 3-114，如点击“降序”则出现如图 3-116对话框。

图 3-116

此时是将序号降序排列，如点“升序”则相反，如点击“打印记录”则出现图 3-117对话框。

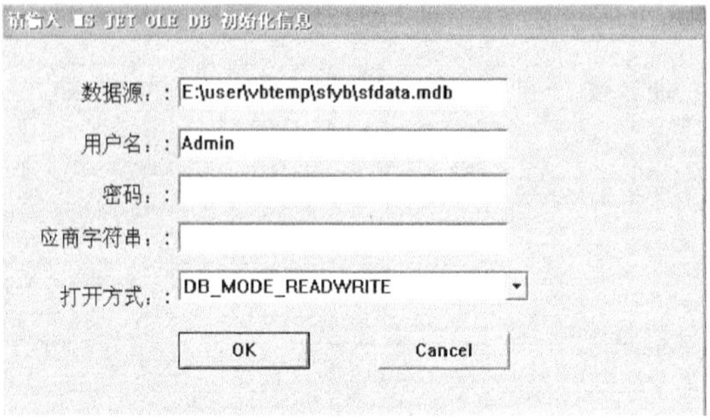

图 3-117

如直接点击“OK”则出现如图 3-118 对话框。

图 3-118

所以只有先选择打开方式然后点“OK”，才能打印测试记录。如点击“删除当前记录”则是把当前桌面显示的测试记录删除。点击“返回”，则回到查询对话框，见图 3-103。再在查询对话框中点击“返回”，系统则回到水分测试系统的原始状态，如图 3-90。

点击“启动”则出现如图 3-119 对话框。

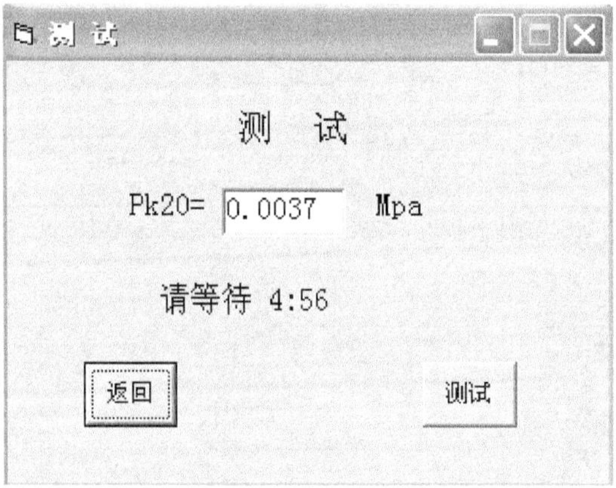

图 3-119

如果在测试中点击“返回”则将停止测试。测试完成后，系统会自动出现如图 3-120 对话框。

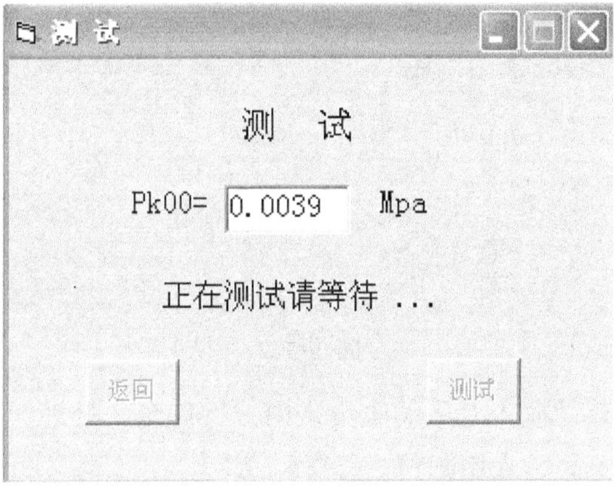

图 3-120

再过几秒钟则会出现测试结果，如图 3-121。

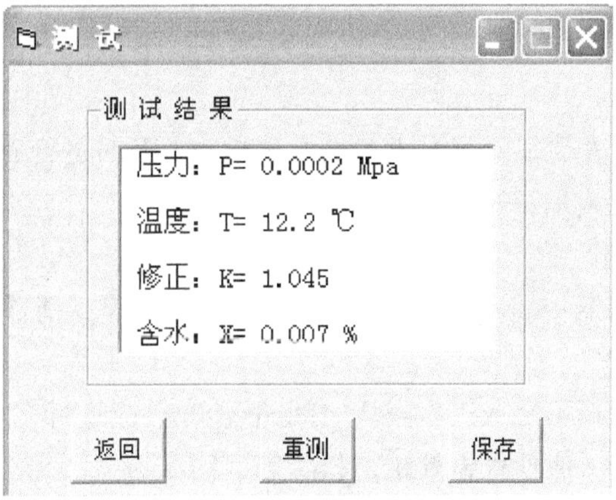

图 3-121

点击“保存”则出现如图 3-122 对话框。

在此输完标记后点击“确认”则回到水分测试系统的原始状态。如图 3-90。

点击“退出”则退出试验。

6）撤收。

（a）完成测试后，必须进行清洁，才能装入包装箱。

（b）压力罐、压力罐盖的内外都须用纸巾擦拭干净。

（c）完成测试后，所有的连线应脱离，整理后入箱归位。

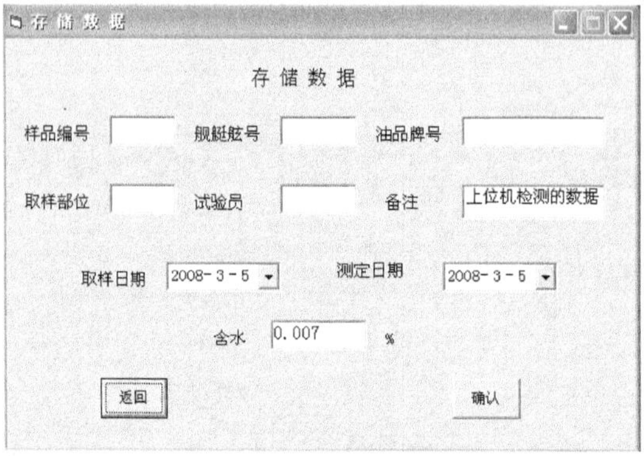

图 3-122

(d) 将试验废弃物放入专用的收集袋内，等待统一处理，防止污染环境。

(e) 清点配件备品，入箱归位。

(3) 维护保养

1) 日常保养。

(a) 试验前检查

① 试验前应用纸巾将压力罐和压力罐盖擦拭干净，清除残油和试剂颗粒，检查密封是否完好。

② 每次开机后查看显示屏右上角的电量指示，及时进行充电。

③ 检查试剂包装是否完好无损。

(b) 试验后保养。

① 试验后应用纸巾将压力罐和压力罐盖擦拭干净，清除残油和试剂颗粒，检查密封是否完好。

② 仪器电池电量不足或工作累计时间超过 8h 后应进行充电。

③ 完成测试后，应使仪器处于待机状态，约 5min 后，仪器自动休眠。

2) 定期保养。

(a) 仪器每半年应校正一次，仪器的校正可以用标准仪器进行比对校正，也可以用标准仪器标定的水分标准样直接标定。校正方法为：

① 选取在测试范围内至少 2 个标准样，按照测试操作方法进行测试，得到标准样的测试值。

② 在图 3-102 状态下选择“参数设置”项，查看原系数 C 数值，按照下面公式计算出校正后的新系数 C 数值：

$$\text{新系数 } C \text{ 值} = \frac{\text{标准样测试值}}{\text{标准样标定值}} \times \text{原系数 } C \text{ 值}$$

然后在图 3-102 状态下选择“参数设置”项，将新 C 值输入参数设置 C 中即可。

校正后，再用标准样或比对测试的方式进行测试，其结果误差应达到指标规定的误差要求。

③ 误差较大时，也可联系厂家对仪器进行校正。

(b) 超过 3 个月未使用时，应对仪器进行充电，并检查是否运行正常。

3) 储存保养。

仪器应放在包装箱中，储存在通风、干燥的库房内，没有酸碱及其他腐蚀性物质存在，并应注意防尘、防水、防火。每 3 个月对仪器充电一次，并检查是否运行正常。

(4) 常见故障排除

表 3-4 列示的是水分测定仪的常见故障及排除方法。

表 3-4　水分测定仪常见故障及排除方法

故障名称	故障现象	故障原因	排除方法
死机	任何操作显示无变化	电量偏低	充电
		操作按键过快	关机重新启动
		主机损坏	返厂修理
结果不稳定	测试不稳，数值乱跳或只有一个数值	试剂受潮	更换试剂
		密封不严	旋紧压力盖
		密封圈损坏	更换密封圈
		试样不均匀	充分摇晃试样
		传感器故障	返厂修理
		摇晃不充分	按操作要求

3.5　水溶性酸碱检测方法

野战条件下水溶性酸碱检测方法有某型油料化验箱内水溶性酸碱检测仪和某型油料化验箱内 pH 测定仪，下面主要介绍某型油料化验箱内水溶性酸碱检测仪。

水溶性酸碱检测仪适用于野战条件下(0℃以上环境操作温度)，快速检测车用汽油和柴油中是否存在水溶性酸或碱。还可用于测定防冻液和制动液的

pH 值。

3.5.1 酸度计的安装和检查

Rex2 酸度计的安装。拔下酸度计(图 3-123)控制显示仪的保护套，将电极接口对准玻璃电极的连接槽口，把电极接口沿电极连接柄转 90°，使电极接口与电极连接就位(一般有“咔嗒”声)，至此，安装完毕。把酸度计的往复开关按钮置于“开”(OK)，按下显示屏，检查显示屏的数字是否清晰。如显示不清晰或无显示，需要更换电池。检查合格后，把开关按钮置于“关”(OFF)，显示屏不显示。

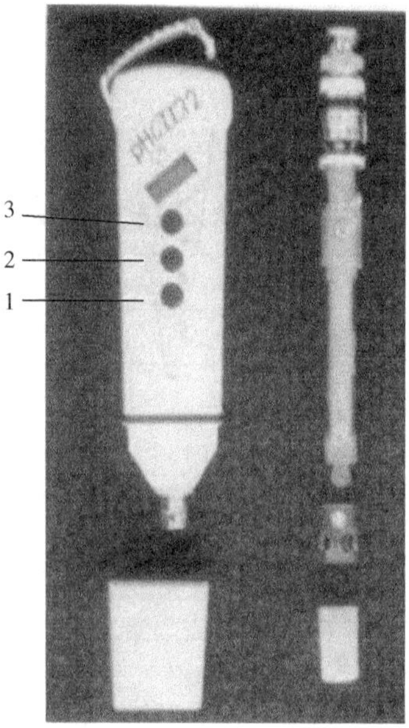

图 3-123　Rex2 酸度计

1—开关；2—校正钮；3—保存钮

拔下电极保护套，检查电极头是否湿润。如不湿润，则需在抽提瓶或测量瓶中倒入适量水(蒸馏水或凉开水、自来水)，浸泡电极头 5min 左右，然后进行校正。(注：电极头保护套周围如有白色结晶，属正常现象，可用自来水浸泡清洗)

Checker 酸度计的安装。将酸度计往复开关拨至“OK”，检查显示屏的数字是否清晰，然后拨至“OFF”。拔下电极头保护套，检查电极头是否湿润。再按以下步骤进行校正。

3.5.2 酸度计的校正

每次测量前，酸度计都应进行校正。如电极头一直保持湿润，可不进行校正(校正后，视气候情况，有效时间可达 7~20 天)。校正前，需配制校正液。将 pH=4.0 的袋装粉剂，全部倒入干净的、带有刻度的 50mL 烧杯内，加水(蒸馏水、自来水、凉开水均可)至刻度线，轻轻摇晃，使粉剂完全溶解。

(1) Rex2 酸度计的校正

打开 Rex2 酸度计开关，将湿润的电极头插入校正液中，使液体浸过电极头，按下“校正”按钮(CAL)，显示值稳定后，按“保存”按钮，完成校正。再配制 pH=6.86 的校正液，完成校正。校正后，关上酸度计开关，拔下测量保护套，换上注满抽提溶液的电极保护套，备用。

(2) Checker 酸度计的校正

将 Checker 酸度计直接插入校正液中，可用小平头改锥调节开关左右的“4/10”或“7”螺钉，进行校正。校正后，盖好电极头保护套，备用。

3.5.3 水溶性酸或碱测定

用 5mL 注射器抽取油样后，针头朝上，排出气体和多余的油样，保留针管内油样为 4.4mL。将油样注入干净的抽提瓶中。再取 4.4mL 的抽提液注入抽提瓶中。盖紧瓶盖，手持抽提瓶上下左右剧烈摇晃 10s 左右。静置片刻，待液体明显分层后，用一支干净的 5mL 注射器吸取下部的澄清液体 3.5mL(水层)，注入测量瓶中。如静置时间达 10min，抽提瓶内液体仍未明显分层，则重新取样，改用水(蒸馏水或凉开水、自来水)作抽提溶液，进行抽提。

打开酸度计开关，拔下电极头保护套，将电极头浸入被测溶液中，轻轻搅动，待读数显示稳定后，读取 pH 值。

(1) 根据表 3-5 确定油样中有无水溶性酸或碱。

表 3-5 确定水溶性酸碱

pH 值	抽提溶液特性
pH<4.5	酸性
4.5≤pH≤5.0	弱酸性
5.0<pH≤9.0	无水溶性酸或碱
9.0<pH≤10.0	弱碱性
10.0<pH	碱性

(2) 测量后，关上酸度计开关，用玻璃滴管吸取抽提溶液冲洗电极头，再将装满抽提溶液的电极头保护套盖紧。

Rex2 酸度计应按安装酸度计的相反程序，拆卸控制显示仪和测量电极，套上显示仪的保护套。

对于 Checker 酸度计，冲洗电极头后，盖好电极头保护套。

用石油醚清洗油样注射器和抽提瓶，用脱脂棉擦干测试瓶和抽提液注射器外部。将各种测量用具放回原位。

3.5.4 注意事项

(1) 更换电池时，需打开酸度计顶部电池盖子，换上备用纽扣电池。注意电池正负极方向。

(2) 在紧急情况下，如用完了酸度计的校正溶液，可用蒸馏水或凉开水、自来水代替，仅进行 pH=7.2±0.2 的校正。这有可能存在±0.2~±0.5pH 值的误差，在判断结果时予以考虑。

(3) 如注射器损坏，可用测量瓶取至刻度线的油样(4.5mL)，倒入抽提瓶中，再用测量瓶取同样量的抽提溶液，进行抽提。分层后，尽量倒掉上部油层，将下部澄清的溶液倒入测量瓶中。用滤纸或脱脂棉吸掉溶液上面的油样，再用酸度计进行测定和判断。

3.6 酸碱值检测方法

野战油料酸碱值检测仪器有某型油料化验箱内的润滑油酸碱值测定仪和某型航空油料化验箱内的酸值测定仪。

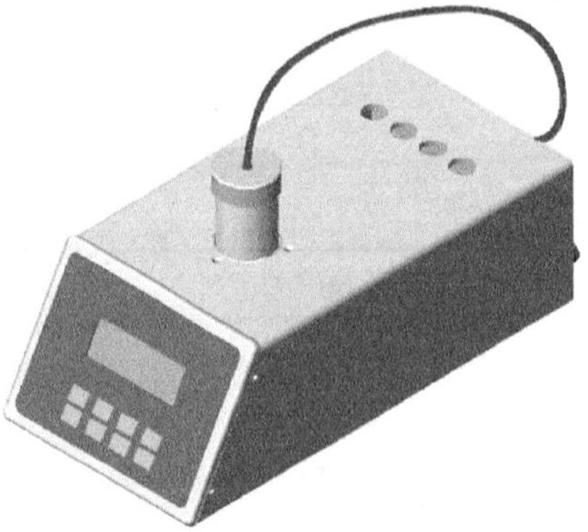

图 3-124 润滑油酸碱值测定仪

3.6.1 润滑油酸碱值测定仪

润滑油酸碱值测定仪(图 3-124)主要用于舰艇润滑油酸值以及柴油机油总碱值的快速测定。测试精度：符合 GB/T 264 要求；测试范围：酸值 0~2.5mgKOH/g；总碱值 0~20mgKOH/g。

(1) 检测原理

1) 仪器结构。

酸碱值测定仪由机壳、电极测试系统、

搅拌器、显示屏等组成。图 3-125 是仪器的结构组成图。

（a）机壳：由 LY11 铝合金型材加工、喷涂保护油漆而成，是仪器总体结构的支撑架和外表。

（b）电极测试系统：由三根电极组成的信号传感器，分别是工作电极（玻碳电极）、参比电极（铂电极）和辅助电极（铂电极），三根电极固定在由聚四氟乙烯材料制作成的电极套内。图 3-126 为电极示意图。

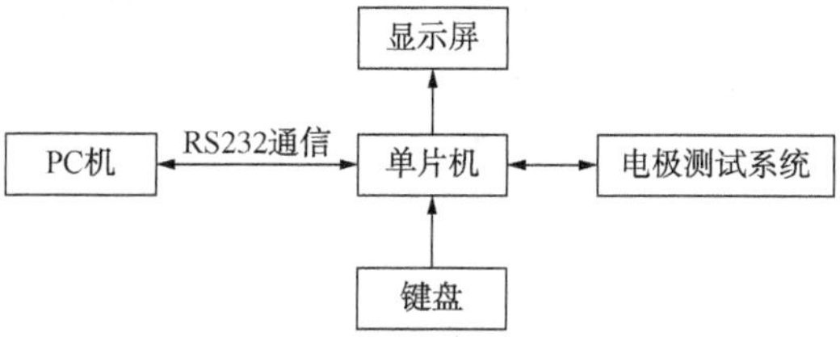

图 3-125　酸碱值测定仪的结构组成图

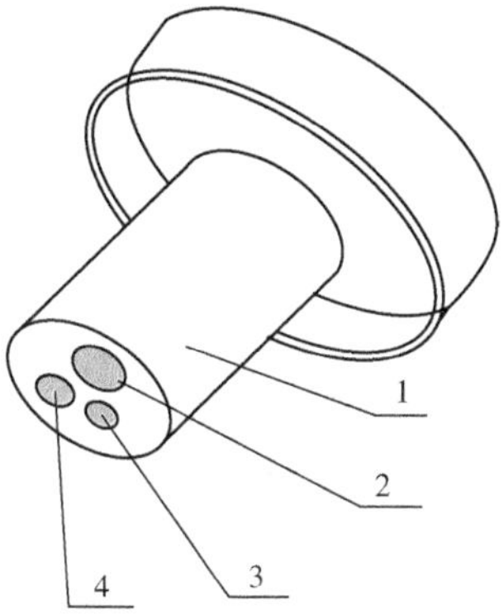

图 3-126　电极示意图

1—电极套；2—工作电极；3—参比电极；4—辅助电极

（c）搅拌器：采用 60r/min 的电机，在电极棒的辅助下对测试溶液进行自动搅拌。

（d）显示器：人机对话界面，选用 XD-12832A 汉字点阵模块，能够显示整个测试过程中的重要信息。

2）工作原理。

油样的酸值测量采用电化学原理，在待测油样中加入过量的具有电活性的碱性化合物（苯酚钠），使之与油样中的酸性物质进行中和反应，参与反应的苯酚钠就会失去活性，通过测量剩余的苯酚钠的量就可得到油样中的酸值。

剩余的苯酚钠量的测定采用线性伏安技术，线性伏安技术是建立在微电极上的电流-电压关系上的。在该技术的操作中，将待测样品加入苯酚钠工作溶液中，三根电极(工作电极、参比电极、辅助电极)插在工作溶液中，如图 3-127 所示。仪器通过控制电路，在工作电极与参比电极之间形成电压差，并对测试溶液体系进行电压线性扫描。当扫描电压达到苯酚钠的氧化电位时，溶液中的苯酚钠会产生氧化电流，电流大小与溶液中苯酚钠含量成正比，通过测定电流变化，便能够获得苯酚钠的含量，通过计算程序便可测定出待测样品的酸值。辅助电极具有稳定电极系统的作用。

对油样碱值的测定，采用返滴定法，即先在油样中加入过量的 HCl 溶液，使其与碱性物质发生中和反应，剩余的 HCl 会使油样呈酸性，采用以上酸值测量方法测出剩余 HCl 的量，即得出与碱性物质发生反应消耗掉的 HCl 的量，从而求得油样的碱值。

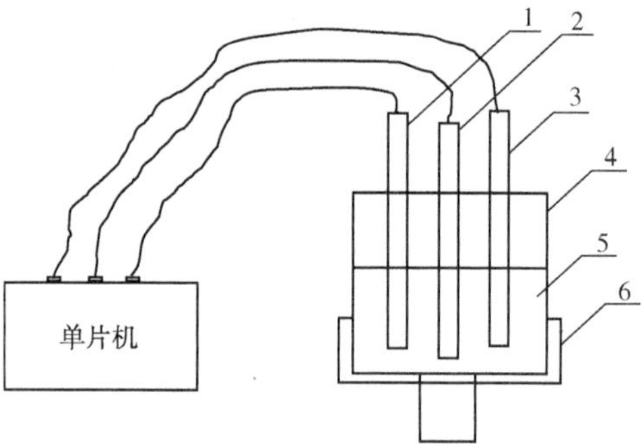

图 3-127　酸碱值测定仪的线性伏安测试原理图

1—工作电极；2—参比电极；3—辅助电极；

4—测试杯；5—工作液；6—搅拌电机

(2) 检测方法及步骤

1) 准备工作。

(a) 展开。

打开 2 号和 3 号化验箱，取出仪器和电源，置于平坦整洁的操作台(场地)，仪器与周围物体相距 100mm 以上。

用专用电源线将酸碱值测定仪的受电接口连接到电源分配器的 220VAC 输出端。

在野外作业时，包装箱可充当临时操作台。

(b) 仪器准备。

将电极用柔软的纸巾擦拭干净，将电极线插入仪器后面的电极插孔中。

将测试杯用纸巾擦拭干净放在杯座上。

整理、备齐试验用品、备件(如试剂、专用工具等)。

开启电源开关，仪器进入待机状态，显示屏显示如图 3-128 所示。

图 3-128

注意：仪器的后板上有两个开关，位于上方位置的是电源开关，下方位置的是测定碱值时用的加热器开关，用于测定碱值时样品的制备；制备碱值样品时可只打开下方加热器开关而不用打开仪器电源开关；待碱值样品制备完成后，关闭下方加热器开关，再打开上方电源开关进行样品检测操作。测定酸值时不用打开加热器开关。

2）测试。

酸碱值测定仪具有液压油/汽轮机油酸值测定、内燃机油酸值测定和内燃机油碱值测定三个功能，在图 3-128 状态下，按照主菜单图 3-129 所示的操作流程，可分别选择相应的测试功能，进入测试程序。

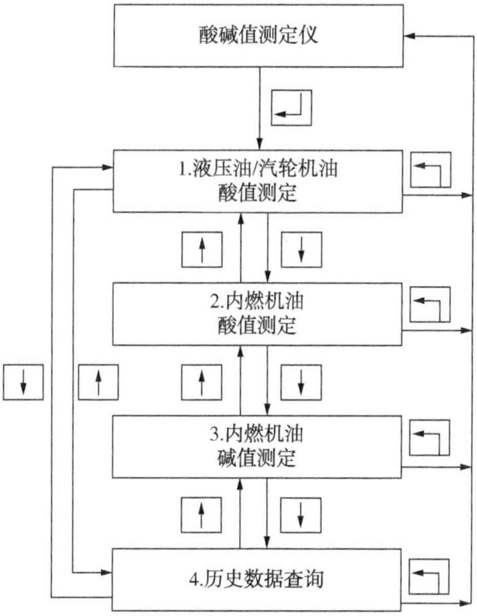

图 3-129

(a) 液压油/汽轮机油酸值测定。

在图 3-129 界面下按“↵”键，显示器显示如图 3-130 所示。

1、液压油/汽轮机油 酸值测定

图 3-130

样品处理：称待测液压油或汽轮机油样品 3g（或 3mL）置于 10mL 试管中，加入 95%乙醇（试剂 C）溶液 3mL（油样与 95%乙醇的比例为 1∶1），振动试管，使乙醇溶液与样品充分混合，样品处理完成，静置待用，等试管中液体分为上下两层时，即可取试管上层清液进行分析。

在图 3-130 状态下按“↵”键，显示器显示如图 3-131。

A 仪器校正 B (YQ)酸值测定

图 3-131

按“A”键，进入“仪器校正”程序，显示器显示界面如图 3-132。

A 空白液测定 B 仪器标定

图 3-132

在测试杯中加入 20mL 测定液（试剂 E），把测试杯放入仪器，先用橡皮擦擦拭玻碳电极，再用干净的纸擦拭干净，然后把电极放入测试杯中，按“A”键，电机启动，搅拌棒旋转，进行空白测定液第一次分析。测试完成后，“空白液测定”后面显示测量的次数为 1，见图 3-133。

A 空白液测定　　1 B 仪器标定

图 3-133

将电极重新擦拭干净后再放入测试杯的溶液中，按“A”键，继续进行空白液测定，没有达到要求时，仅显示测量的次数，重复以上操作，直到“空白液测定”后面显示对号表示空白液测定完成，如图 3-134。

A 空白液测定(√) B 仪器标定

图 3-134

用注射器抽取 50μL 已知当量浓度的盐酸标准溶液(试剂 D)，加注到测试杯内的空白液中，按“B”键，进入“仪器标定”程序，首先要进行盐酸浓度当量数的设定，如图 3-135，通过“A”“B”“↓”“↑”“↵”进行具体数值的设定：“A”设定开始，“B”选择更改的数据位置，“↓”“↑”进行对应位置数据的自加自减，全部输完后按“↵”确定当前值。

A　HCl　当量数:
×.××××

图 3-135

再按“↵”键开始进行仪器标定的第一次测试。第二次及以上的测试继续按“B”键，直到最后通过，如图 3-136 所示。倒掉测试杯中用过的溶液。

A 空白液测定　(√)
B 仪器标定　(√)

图 3-136

按“←┐”键，界面如图 3-137。

A 仪器校正　(√)
B (YQ)酸值测定

图 3-137

按“B”键，进入样品的酸值测定程序，界面如图 3-138。

A 空白液测定
B 样品分析

图 3-138

将测试杯擦拭干净后加入 20mL 工作液，把测试杯放入仪器中，用相同方法擦拭玻碳电极后，把电极放入测试杯中，按“A”键，开始进行空白液测定。具体步骤与“仪器校正”中的“空白液测定”相同。测定完成后界面如图 3-139：

A 空白液测定　(√)
B 样品分析

图 3-139

用注射器在试管上层清液中抽取 1mL 注入测试杯中，按“B”键，进入“样品分析”程序，具体步骤与空白液测定相同，测定完成后界面如图 3-140。

A 空白液测定　(√)
B 样品分析　　(√)

图 3-140

按“←┐”键，界面如图 3-141。

A 仪器校正　　　(√)
B (YQ)酸值测定　(√)

图 3-141

按“↵”键，显示出测定单位选择界面，如图 3-142 所示。

A 样品量　1g

图 3-142

按“A”键，开始进行单位选择，用“↓”“↑”键在 g 与 mL 之间切换，当单位为 mL 时，如图 3-143。

A 样品量　1mL

图 3-143

当单位为 mL 时，需要进行密度设定，按“↵”键，界面如图 3-144。

在图 3-144 中，通过“A”“B”“↓”“↑”“↵”键进行具体数值的设定，“A”设定开始，“B”选择更改的数据位，“↓”“↑”进行对应位数值的自加自减，设

A　样品密度
×. ××××g/ml

图 3-144

定完成后按“↵”确定当前值。

注意：如果已知油品密度值，可直接输入；如果未知油品密度值，可按照后面给出的参考值输入。如果操作过程中采用注射器按体积“mL”取样，但程序上未选择“mL”，而是按照重量“g”计算结果，可在测试结果出来后，将结果数值除以密度值得到实际酸值测试结果（结果需人工记录）。

再按“↵”键，显示器上显示出测定结果，如图 3-145 所示。

酸值测定结果
×. ××mgKOH/g

图 3-145

按“↵”键，界面如图 3-146。

保存结果吗？
↵ - 保存　C - 不存

图 3-146

如果保存结果，按“↵”键进入保存界面，按提示输入样品的各项信息。然后按“↵”键完成保存，界面返回图 3-140。

下一次测试可以按照上述步骤进行，如果停止测试，则应关闭电源，倒空测试杯并用纸巾擦净，取下电极擦拭干净。

（b）内燃机油酸值测定。

在图 3-134 界面，按“↵”键进入图 3-136 界面，按“↓”“↑”切换界面到图 3-147。

2. 内燃机油酸值测定

图 3-147

样品处理：称待测内燃机油样品 1g（或 1mL）置于 10mL 试管中，加入 95%乙醇溶液 3mL（油样与 95%乙醇的比例为 1∶3），振动试管，使乙醇溶液与样品充分混合，样品处理完成，静置待用，试管中液体分为上下两层后，即可取试管上层清液进行分析。

按照前面“（a）液压油/汽轮机油酸值测定”的操作方法进行内燃机油酸值的测试操作，不同点在于：仪器标定操作时，将 100μL 盐酸标准溶液（试剂 D）加入测试杯中。

（c）内燃机油碱值测定。

在图 3-134 界面，按“↓”“↑”键切换界面到图 3-148。

3. 内燃机油碱值测定

图 3-148

打开仪器后板上的加热器开关，使加热器达到 85~90℃温度。

样品处理。

称待测内燃机油样品 1g（或抽取 1mL）置于 10mL 试管中，加入碱值反应液（试剂 F）2mL［当测得碱值小于 5 时，重新取样加入 1mL 碱值反应液（试剂 F）进行精确测定］，放入加热器中加热，同时摇动试管，使碱值反应液（试剂 F）与样品充分反应约 10min，静置，分层后取试管下层清液进行分析。

①20 号舰用低增压柴油机油碱值小于 5，样品处理为：1mL（或 1g）油样+1mL 碱值反应液（试剂 F）；其他柴油机油，样品处理可先采取：1mL（或 1g）油样+2mL 碱值反应液（试剂 F），如果测试结果碱值小于 5，再重新按 1∶1 比例进行样品处理进行精确测定。②油样中加入碱值反应液（试剂 F）后，放入加热器中静置 3~4min，取出充分振荡（注意振荡过程中不要将油样和试剂从试管中溅出），再放入加热器中约 1min 后，取出振荡，如此反复进行 10~15min，油样与试剂充分反应分层后，不要再放入加热器中，静置冷却后等待取样分析。

在界面图 3-148 状态下按“↵”键，界面如图 3-149。

A 仪器标定
B 测定液标定

图 3-149

按“A”键，进入“仪器标定”程序，界面如图 3-150。

A 空白液测定
B 仪器标定

图 3-150

在测试杯中加入 20mL 测试液，把测试杯放入仪器，用橡皮擦及纸擦拭玻碳电极后，把电极放入测试杯中，按“A”键，电机启动，搅拌棒旋转，进行空白测试液分析。测试完成后，返回当前界面(图 3-150)，“空白液测定”后面显示测量的次数为 1。重新擦拭电极，按“A”键，继续测量，直到“空白液测定”后面显示对号表示测定完成，如图 3-151。

A 空白液测定 (√)
B 仪器标定

图 3-151

用注射器抽取 100μL 已知当量数的 HCl 加注到测试杯中，按“B”键，进行盐酸当量数的设定，如图 3-152，通过“A”“B”“↓”“↑”“↵”键进行具体数值的设定，点击“A”键设定开始，“B”键选择更改的数据位，“↓”“↑”键进行对应位的自加自减，“↵”键确定当前值。

A HCl 当量数:
X.XXXX

图 3-152

按“↵”键进行仪器标定的第一次测试。第二次及以后的测试继续按“B”键，直到最后通过，如图 3-153。

A 空白液测定 (√)
B 仪器标定 (√)

图 3-153

按“↰”键，界面如图 3-154。

A 仪器标定　　(√)
B 测定液标定

图 3-154

按“B”键，界面如图 3-155。

A 空白液测定
B 测定液标定

图 3-155

取下电极和测试杯，倒出杯中液体，用纸巾擦净测试杯，在测试杯中加入20mL 工作液至刻度线，把测试杯放入仪器，将电极擦拭干净后，放入测试杯中，按“A”键，进行空白液测定，具体步骤与仪器校正的空白液测定相同，测定完成后如图 3-156 所示。

A 空白液测定　(√)
B 测定液标定

图 3-156

用注射器抽取 50μL 反应液注入测试杯中，按“B”键，进行反应液测定，具体步骤与空白液测定相同，测定完成后如图 3-157。

A 空白液测定　(√)
B 测定液标定　(√)

图 3-157

按“↵”键，界面如图 3-158。

A 仪器校正　　(√)
B 测定液测定　(√)

图 3-158

在图 3-158 界面，按“↓”“↑”切换界面到图 3-159。

C (N) 碱值测定

图 3-159

按“C”键，按照界面提示输入样品处理时碱值测试液的加入量(1mL 或 2mL)后按“↲”键，界面如图 3-160。

A 空白液测定 B 样品分析

图 3-160

取下电极和测试杯，倒出杯中液体，用纸巾擦净测试杯，在测试杯中加入 20mL 工作液至刻度线，把测试杯放入仪器中，用橡皮擦擦拭玻碳电极，把电极放入测试杯中，按“A”键，进行空白液测定分析，分析过程与前述空白液测定相同。分析通过后，界面显示如图 3-161。

A 空白液测定 (√) B 样品分析

图 3-161

用注射器抽取 50μL 样品预处理后的下层清液注入测试杯中，按“B”键，“样品分析”完成，界面显示如图 3-162。

A 空白液测定 (√) B 样品分析 (√)

图 3-162

按“↰”键，显示界面如图 3-163。

C (N) 碱值测定 (√)

图 3-163

按“↵”键，显示出测定单位选择界面，如图 3-164 所示。

A 样品量 1g

图 3-164

按“A”键，开始进行单位选择，单位在 g 与 mL 之间切换，当为 mL 时，如图 3-165。

A 样品量 1mL

图 3-165

当单位为 mL 时，进行密度设定，按“↵”键，如图 3-166，通过“A”“B”“↓”“↑”“↵”键进行具体数值的设定，“A”设定开始，“B”选择更改的数据位，“↓”“↑”进行对应位的自加自减，“↵”确定当前值。

A 样品密度 x. xxxxg/ml

图 3-166

按“↵”键，显示出测定结果，如图 3-167 所示。

碱值测定结果 x. xxmgKOH/g

图 3-167

按“↵”键，界面如图 3-168。

保存结果吗? ↵ - 保存 C - 不存

图 3-168

如果保存结果，按“↵”键进入保存界面，按提示输入样品的各项信息。然后按“↵”键完成保存，界面返回图 3-154。

如果采用体积(mL)测试，未输入密度操作，可将测试结果除以密度值，得出最后结果(结果需人工记录)。

如果停止测试，则应关闭电源，倒空测试杯并用纸巾擦净，取下电极。如果试验中间想停止试验，可直接关机。

(d) 注意事项：

注射器最好专用，每次测试全部完成后，应用 95%乙醇(试剂 C)冲洗，以免存放中注射器堵塞(尤其是取盐酸和测定液用注射器)。

测试过程中，电极下表面如果吸附有气泡，可在溶液中搅动电极消除气泡，否则会影响测试结果。

电极如果较长时间不用，再次使用时应先用麂皮擦拭，使用中再用橡皮擦(使用中也可用麂皮擦拭，成本较高)。

操作中如果出现“数据采集系统出错，请检查电极系统”提示，应先检查电极线路是否连接好，然后按“↵”键返回上层界面，擦拭电极后重新测定。

如果测试 6 次不通过，就会出现“重复性实验失败，请更换溶液”的提示，或在操作中出现“请重新擦拭电极，或更换溶液”提示，可先不更换溶液，按“↵”键返回上层界面，擦拭电极后重新测定。如果反复出现不通过现象，则必须更换溶液重新测定。

如果出现“平头峰错误”提示，按“↵”键返回上层界面，更换溶液、擦拭电极后重新测定。如果重复出现该提示，则是试剂或仪器有问题，请联系维修人员。

表 3-6 提供了舰艇常用油品的密度参考值。

表 3-6 舰艇常用油品密度参考值

油品	密度参考值/(g/cm^3)
20 号舰用低增压柴油机油	0.9
俄 20 号柴油机油	
CC、CD 级柴油机油	0.89
舰用防锈汽轮机油	0.86
俄 Тп46 汽轮机油	0.88
HM32/H 舰船石油基液压油	0.86

3) 数据查询。

在仪器单片机的存储器中可以存入 50 组检测数据，根据用户的需要进行查询。在界面图 3-130 下，按照主菜单图 3-129 所示的操作流程，用“↓”键切换到界面如图 3-169。

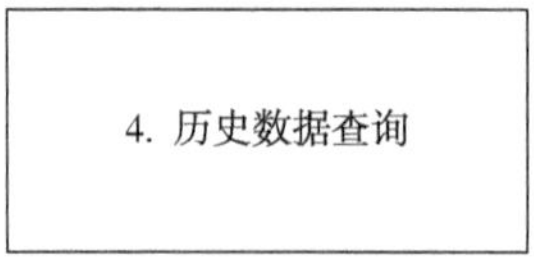

图 3-169

按“↵”键，界面显示如图 3-170。

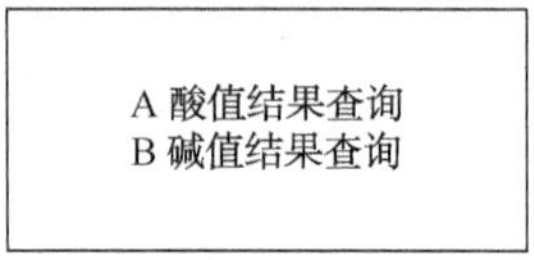

图 3-170

用“A”“B”键按照图 3-171 所示的数据查询流程图，分别进行酸值和碱值结果的查询。

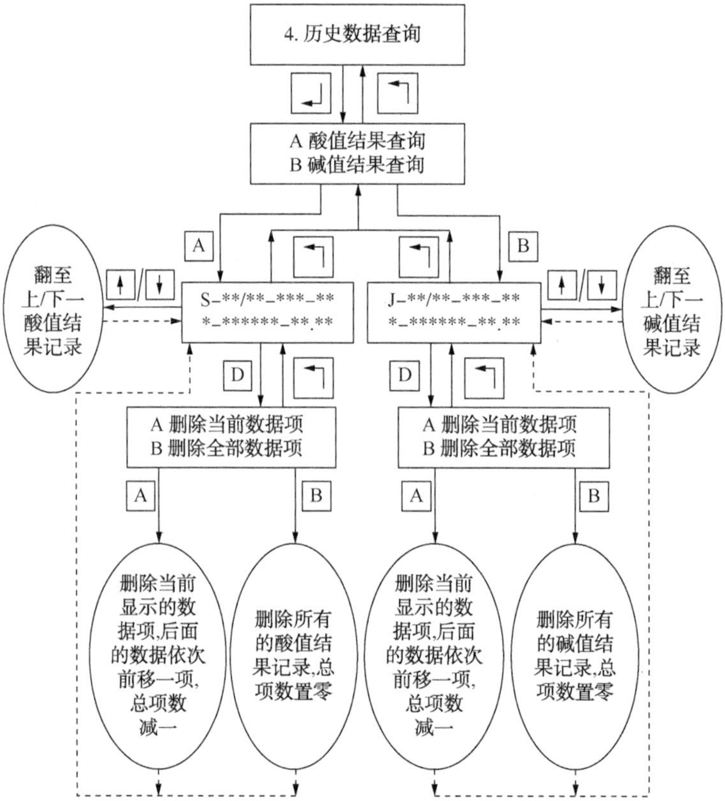

图 3-171　数据查询流程图

4）计算机控制及数据传输。

仪器除具备独立测试功能外，还可通过 RS232 通信接口与上位 PC 机连接，通过计算机控制程序控制仪器的测试操作、数据传输和查询，具有更为强大的数据采集、存储和分析处理功能，以及实现局域网联机。

舰艇油料化验箱集中控制与数据管理系统总控程序主要由黏度、闭口闪点、水分、酸碱值、不溶物测定仪的控制和数据管理六部分组成，其总体界面如图 3-33(总控程序界面图)所示，当鼠标移动到相应的按钮上时，右边的椭圆形文本框中会有相应的提示性文字说明。

(a) 在使用计算机控制及数据传输时，应注意以下几点：

仪器在待机状态下，上位 PC 机才能对仪器进行控制操作下载数据。

仪器在自身运行状态下，PC 机无法对仪器实现控制。

在笔记本电脑通过通信分配器与各仪器通信控制操作时请单独开启需控制操作的仪器。其他仪器处于关闭状态，完成所控制仪器测试和数据下载。

每台仪器可单独与笔记本电脑连线通信、由笔记本电脑控制操作，完成测试和数据下载。

(b) 上位 PC 机软件操作。

仪器应处于图 3-33 状态。点击“酸碱值”按钮，程序调出测定酸碱值的子程序，按照计算机界面上出现的酸碱值上位机操作菜单要求进行酸碱值的测定。

液压、汽轮机油酸值测定：

仪器置于平整、清洁的工作台上，与周围物体相距 100mm 以上，连接好电源线，开启仪器，进入开机界面，见图 3-128。

样品处理：参照单机版酸值测定样品处理。

仪器校正：打开酸碱值测定仪程序，进入界面如图 3-172，仪器校正分为两个步骤：空白分析和加酸分析。

点击左上角“酸值检测”，并输入盐酸当量数、盐酸进样量、样品量、提取液体积(95%乙醇)和进样量。确定油的品种(内燃机油或液压油、汽轮机油)。

空白液测定：

在测试杯中加入 20mL 酸值工作液，一般加到刻度线。把测试杯放入仪器中，用橡皮擦拭电极，把电极放入测试杯中，点击“空白分析”键，电机启动，搅拌子旋转，进行第一次空白液测定分析，按照弹出对话框要求继续试验，直到空白液测定完成，如图 3-173 所示。

加酸分析：用注射器抽取 100μL 已知当量数的 HCl 加注到测试杯中，进行盐酸当量数的设定，按“加酸分析”进行仪器标定的第一次测试。测试方法与空白分析相同，直到仪器校正通过。如图 3-174 所示。

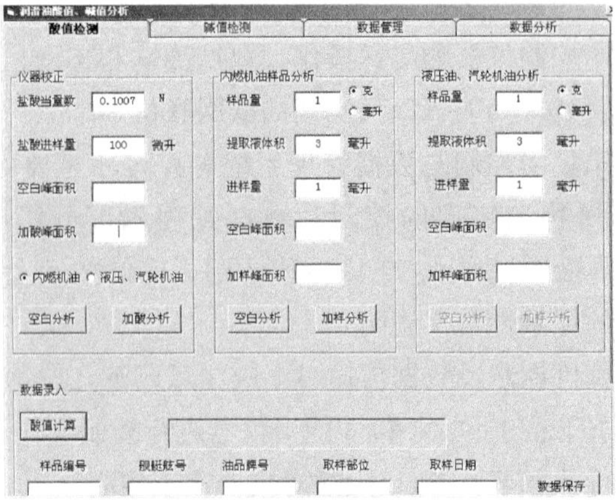

图 3-172

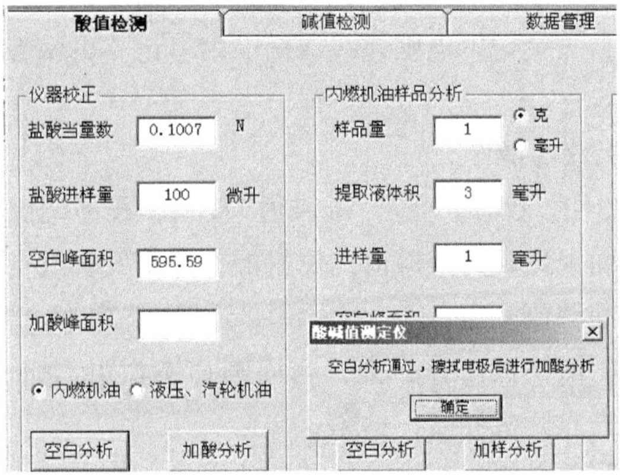

图 3-173

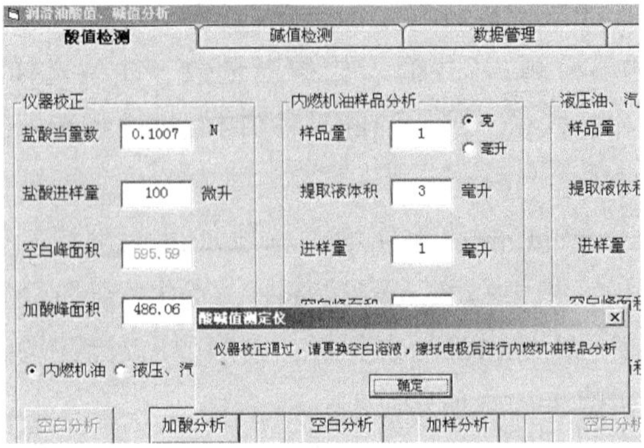

图 3-174

内燃机油样品分析。

空白液测定：

在测试杯中加入 20mL 工作液至刻度线，把测试杯放入仪器，用橡皮擦拭电极，把电极放入测试杯中，具体步骤与仪器校正时的空白液测定相同。测定完成界面见图 3-175。

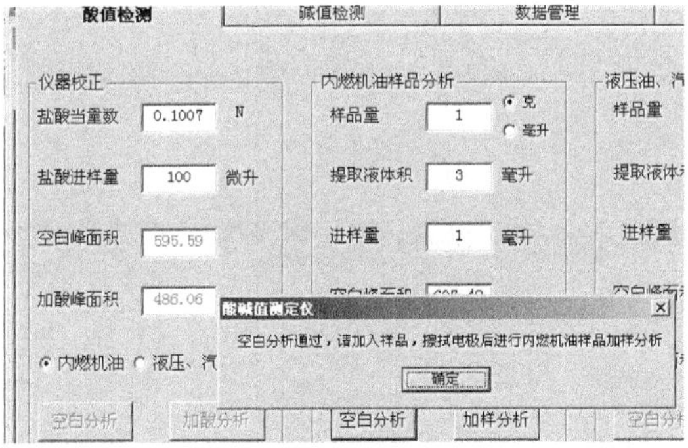

图 3-175

加样分析：用注射器在试管上层清液中抽取 1mL 注入测试杯中，按“加样分析”键进行测定，具体步骤与加酸分析相同，测定完成后点击“酸值计算”，界面如图 3-176 所示。

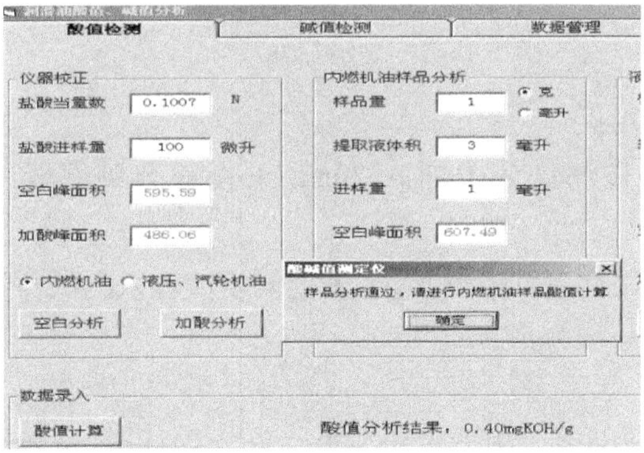

图 3-176

内燃机油碱值测定。

打开“碱值检测”，碱值测定分为三个步骤：仪器校正、碱值测定液标定、样品分析。输入盐酸当量、盐酸进样量、进样量、样品量、测定液体积、样品进样量。如图 3-177 所示。

样品处理与单机版内燃机油碱值测定的样品处理相同。

仪器校正：与酸值检测的仪器校正相同。如图 3-178 所示。

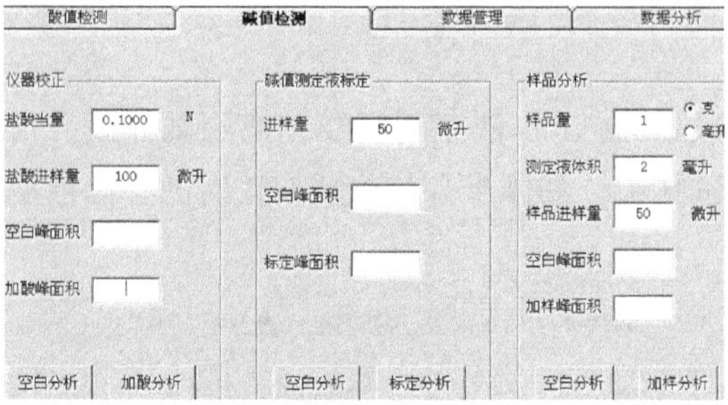

图 3-177

图 3-178

碱值测定液标定：

空白液检测：在测试杯中加入 20mL 工作液至刻度线，方法与仪器校正相同。

标酸液检测：用注射器抽取 50μL 碱值测定液注入测试杯中，进行标酸分析，直到通过碱值标定分析为止。

样品分析：

样品分析也分为两个步骤，空白液测定和加样分析。

空白液测定：与仪器校正的空白液分析相同。

加样分析：用注射器抽取 50μL 样品预处理后的下层清液注入测试杯中，擦拭电极并点击“加样分析”进行测试，进而计算碱值结果。如图 3-179 所示：

其他操作按照界面说明进行即可。

5）撤收。

（a）完成测试试验后，将测试杯擦拭干净装入包装箱中。

（b）电极表面以及仪器外表应清洁干净。

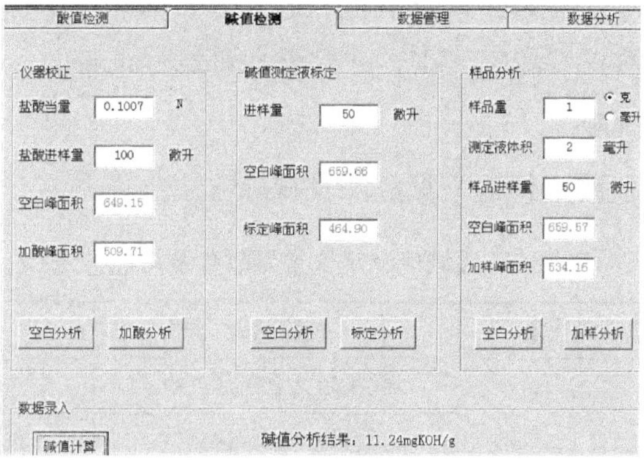

图 3-179

（c）试验结束后，先关闭仪器电源开关，再切断供电电源，松开连接导线，并脱离，整理后入箱归位。

（d）将试验废弃物放入专用的收集袋内，等待统一处理，防止污染环境。

（e）清点配件备品，入箱归位。

（3）维护保养

1）日常保养。

（a）试验前检查。

① 检查仪器各部件连接是否正常。

② 检查测试杯是否干净，若不干净应用纸擦拭干净。

③ 试验前电极应擦拭干净，在擦拭时应注意保护电极连线。

（b）试验后保养。

① 试验后应将测试杯、电极及仪器表面清洁干净。

② 检查各试剂瓶是否盖好盖子，瓶身应擦拭干净。

③ 在试验中测试液的使用应特别注意，要正确使用测试试剂，当所使用的测试液与待测样品不符时，会得到错误结果，导致仪器电极的异常响应，影响电极系统的稳定性，这时，仪器电极系统应该用蒸馏水反复清洗，放置一天后仪器电极系统才能恢复正常。

2）定期保养。

（a）每半年用已知酸值的标准油检验仪器的测试结果，仪器的检验操作与测试操作相同，如果测试结果超过误差范围，应联系厂家对仪器进行校正。

（b）超过 3 个月未使用时，应对仪器进行通电，并检查是否运行正常。

3）储存保养。

（a）仪器应放在包装箱中，储存在通风、干燥的库房内，保证库房内没有酸碱及其他腐蚀性物质，并应注意防尘、防水、防火。

(b) 每3个月对仪器通电一次，并检查是否运行正常。

(4) 常见故障排除

表3-7是酸碱值测定仪的常见故障及排除方法。

表3-7 酸碱值测定仪常见故障及排除方法

序号	故障名称	故障现象	故障原因	排除方法
1	显示故障	显示屏发黑	关机后又立即再启动	关机10s后再启动
			供电电压偏高	选择正确的供电电压
			对比度比例不对	重新调整对比度
			显示屏故障	返厂修理
		不停地跳动重复显示	供电电压偏低	选择正确的供电电压
			电路故障	返厂修理
		显示屏无显示	程序丢失	返厂修理
			显示屏故障	返厂修理
2	测试故障	测试数据异常或测试误差偏大	测定液试剂过期失效	更换测定液试剂
			用错测定液试剂	换成正确的测定液试剂
			油样处理后取上层(或下层)清液时带入油液	取样时不带入油液
			总碱值测定反应不够充分	重新测试，使反应充分
3	加热故障	壳体过热	加热装置失灵	返厂修理
4	仪器状态异常	仪器有异常振动、声响及异味	风扇工作不正常	更换风扇或者返厂修理
			电路故障	返厂修理
			原因不明	返厂修理

3.6.2 酸值测定仪

本仪器用于战时应急条件下航空润滑油、液压油酸值的快速检测。酸值测定仪主要由移动控制终端、电极系统、控制电路、试样杯、外壳和附件等组成。测试范围为0~1mgKOH/g，测量精度符合GB/T 264要求。

(1) 检测原理

本仪器采用伏安法测定滑润油酸值，其基本原理是将在伏安法中电活性化合物——苯酚钠通过与样品中酸性物质的反应，转变成为非电活性化合物——苯酚，通过电活性化合物苯酚钠与酸性物质反应后的变化量来表征待测样品中的酸值。本仪器工作原理见图 3-180。

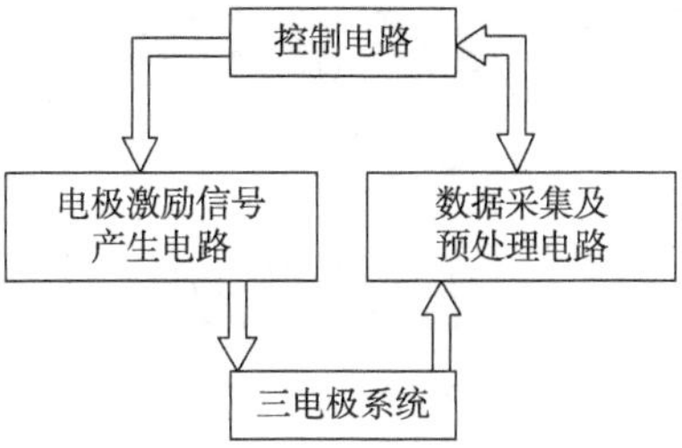

图 3-180　酸值测定仪原理图

图 3-180 中“控制电路”包括操作按键、显示部件等，还可根据需要配备通信电路。该电路协调控制整个仪器的工作，并完成数据的处理和结果显示等。“电极激励信号产生电路”在“控制电路”的指挥下产生“三电极系统”的扫描电压信号。“三电极系统”置于被测溶液中，其工作电极的电流由“数据采集及预处理电路”进行采集，完成放大、滤波、转换等预处理后送给 A/D 转换器。“控制电路”将 A/D 转换器送来的数据进行运算处理，最终将酸值测定结果显示出来。

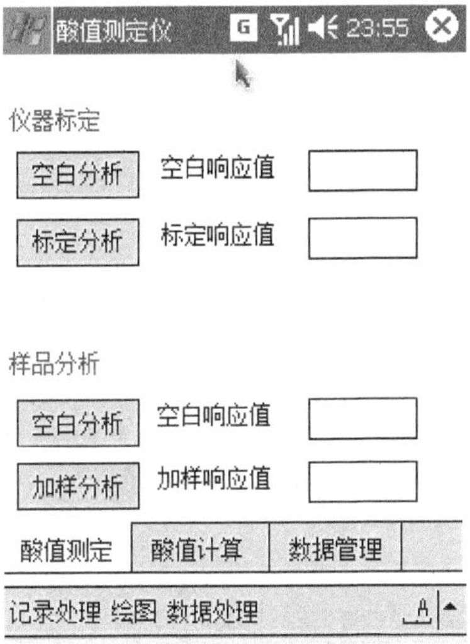

图 3-181　酸值测定仪
PDA 测定界面

(2) 检测方法及步骤

1）仪器启动。

酸值测定分为仪器校正和样品分析两部分。程序启动后直接进入酸值测定界面，可以按步骤进行酸值测定，见图 3-181。

2）酸值测量的操作步骤。

(a) 首先，将酸值测定仪器接通电源，将 PDA 与酸值测定仪连接好。

(b) 程序一般放在存储卡或 program files 中，找到可执行程序进入酸值测定界面。

注意：此处容易出现错误操作，如果双击两次以上，就会打开两个可执行程序，PDA 发生串口抢占错误，使操作不能正常进行。解决的方案是，进入 PDA 菜单的设置中，选择内存子项，再选系统子选项，关闭程序，重新启动应用程序。

(c) 在小烧杯中加入适量母液(30mL 左右)，单击仪器标定中的“空白分析”按钮。其间有相应的提示条，算出空白响应值，完成第一次测试，擦拭电极，再单击空白分析按钮，达到要求的话会出现图 3-182 对话框，达不到要求的话出现图 3-183 对话框，擦拭电极，继续测量，直到达到要求。出现图 3-184 对话框，提示加入 50μL 盐酸。

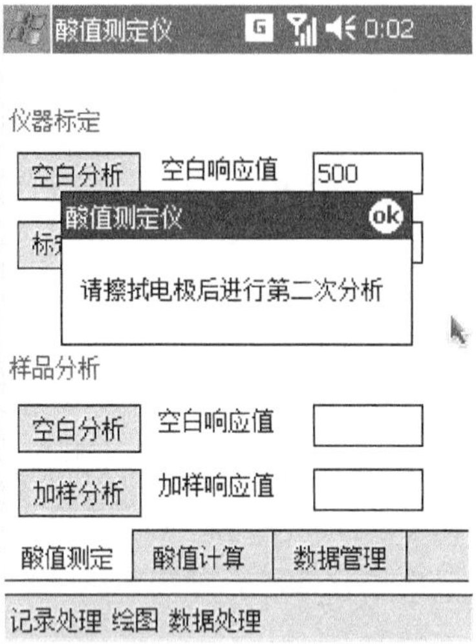

图 3-182　第一次测定完成后，提示进行第二次测定

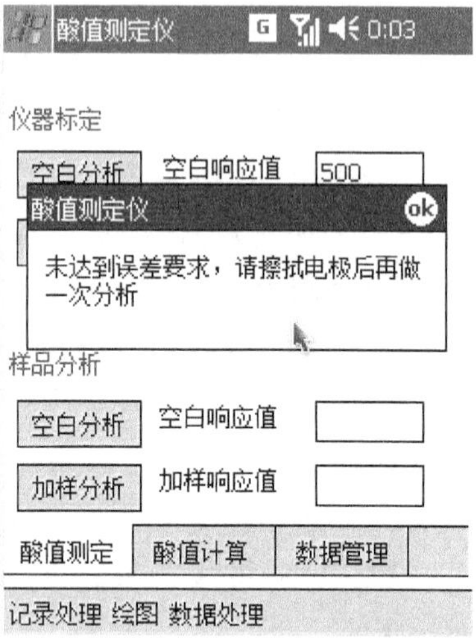

图 3-183　两次以上仍没达到测定要求时

(d) 擦拭电极，向盛有母液的烧杯中加入 50μL 盐酸(0.1mol/L)，单击仪器标定中的“标定分析”按钮，测定步骤与空白分析相同，测试完成后，算出标定面积。图 3-185 为提示进行样品分析。

(e) 擦拭电极，将烧杯中的母液倒掉，更换新的母液，单击样品分析中的空白分析按钮，测定步骤与仪器标定的空白分析一样，完成后出现对话框如图 3-186，提示加入 0.5mL 样品。

图 3-184　仪器标定空白分析通过

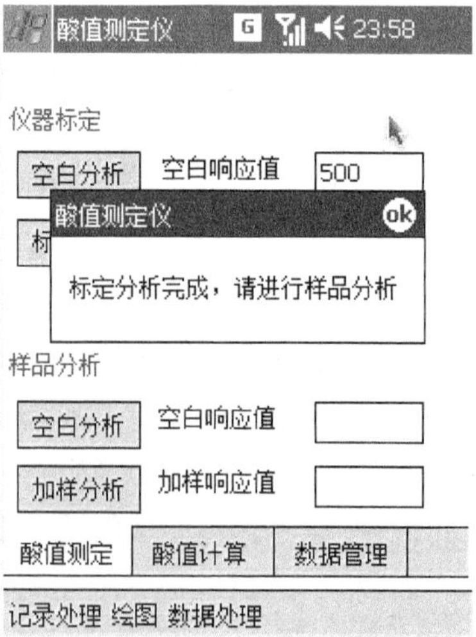

图 3-185　标定分析结束时提示对话框

(f) 擦拭电极，加入0.5mL样品。单击样品分析中的加样分析按钮，第一次进行空搅拌，再次单击“加样分析”按钮，步骤与仪器标定的空白分析相同，样品分析完成后，图3-187显示样品分析通过。

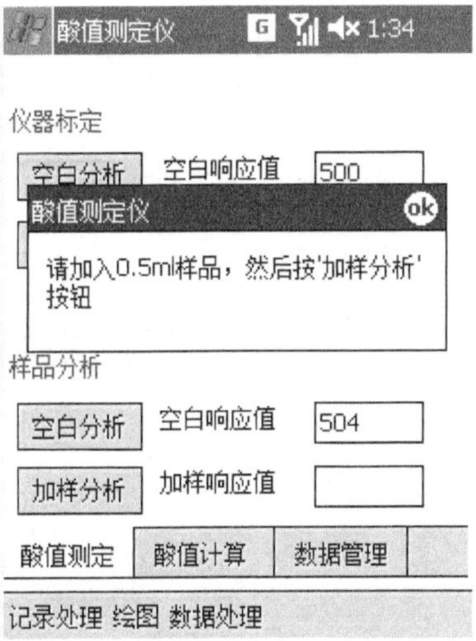

图3-186　样品分析的空白分析通过

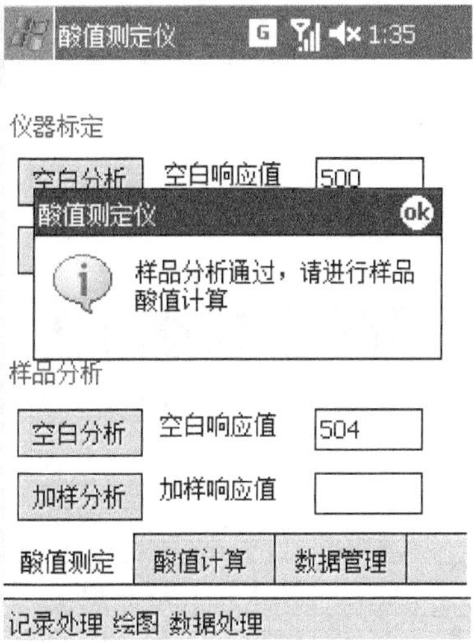

图3-187　样品分析通过

3) 酸值计算及保存。

(a) 测定完成后，输入样品的密度值和当量数，计算最终酸值，在未输入密度或酸值的情况下出现如图3-188或图3-189的提示。

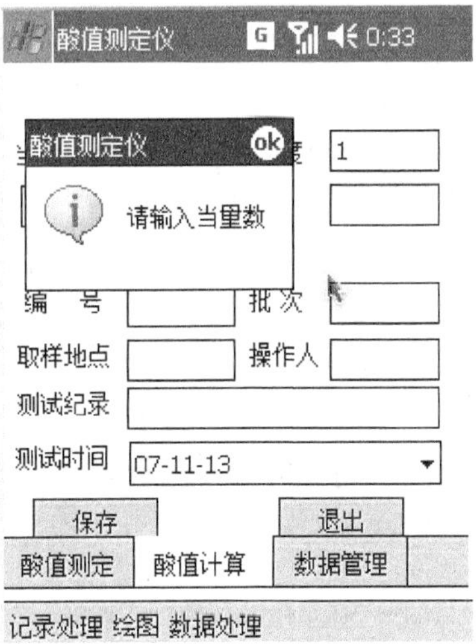

图3-188　在未输入酸值的情况下

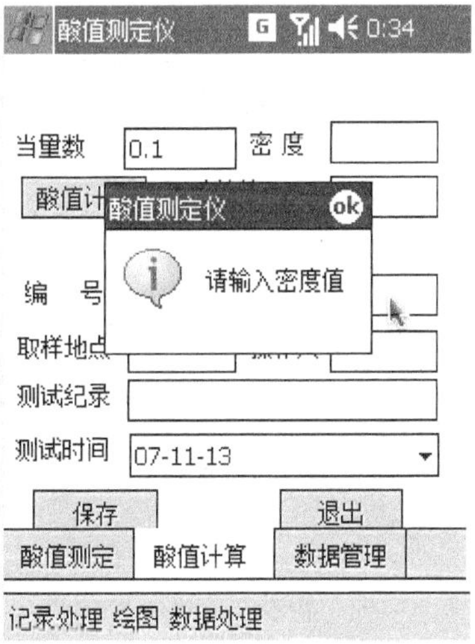

图3-189　在未输入密度值的情况下

（b）输入相关信息，如编号、批次、取样地点、操作人、测试记录、测试时间，单击进行保存。其中测试记录是可选项，可以不填写。其他项是必填项，假如未填写，不能正常保存，显示相应的提示。见图 3-190～图 3-194。

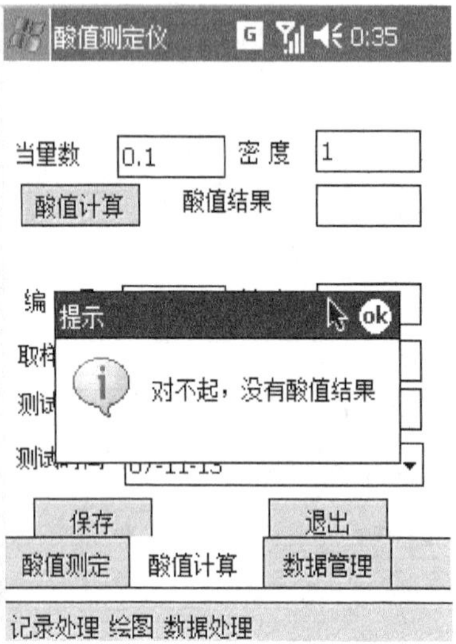

图 3-190　没有酸值结果时

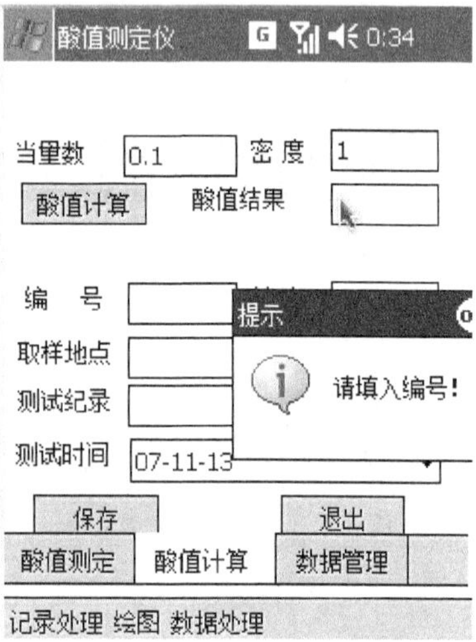

图 3-191　在未输入编号时

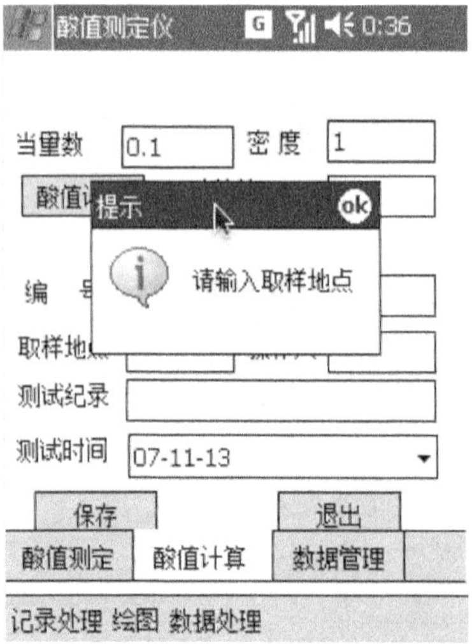

图 3-192　在没有取样地点时

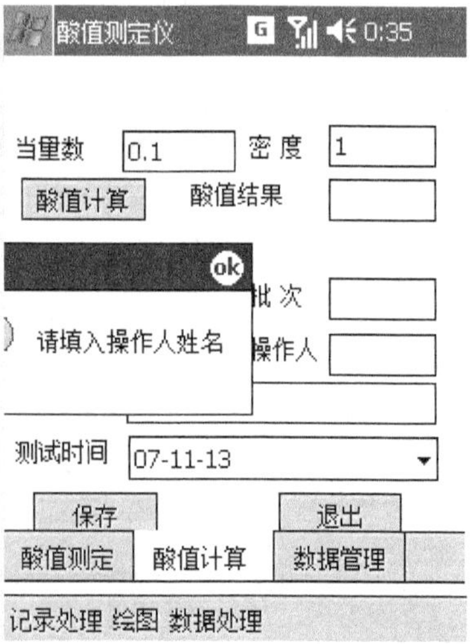

图 3-193　在没有操作人姓名时

4）数据管理。

数据管理是对所保存的数据进行查询或删除。

(a) 查询功能，可以按照时间、编号、操作人进行单独或者组合式查询。在勾选了复选框，而没有输入具体项目的情况下会出现提示。见图 3-195～图 3-199。

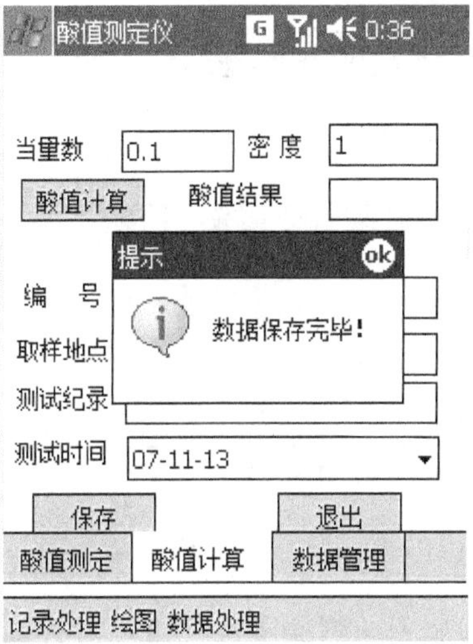

图 3-194　成功保存对话框

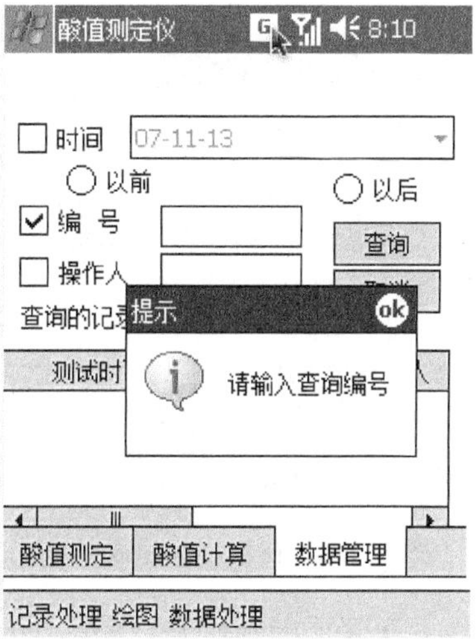

图 3-195　在勾选复选框而没有输入具体编号的情况下

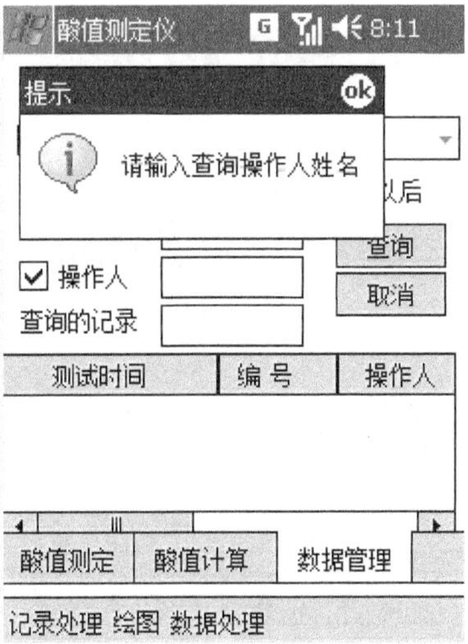

图 3-196　在勾选操作人复选框而没有具体内容的情况下

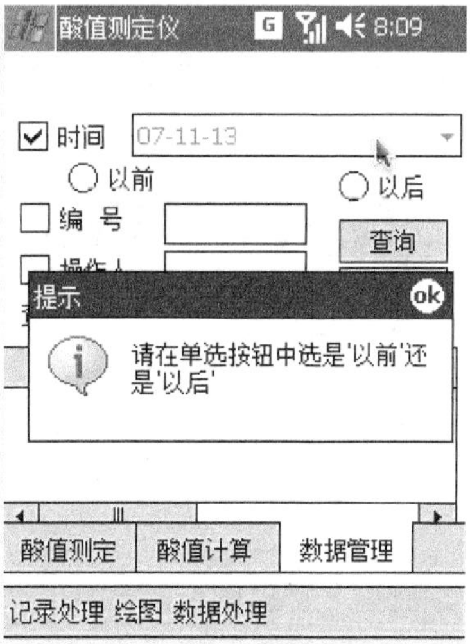

图 3-197　在勾选时间复选框而没设定具体时间的情况下

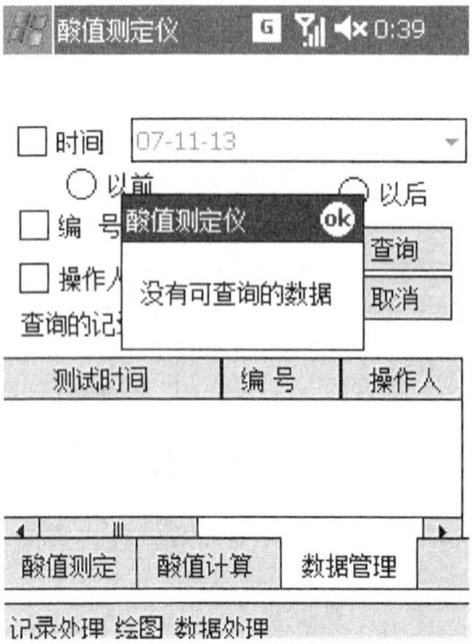

图 3-198　在没有保存数据时

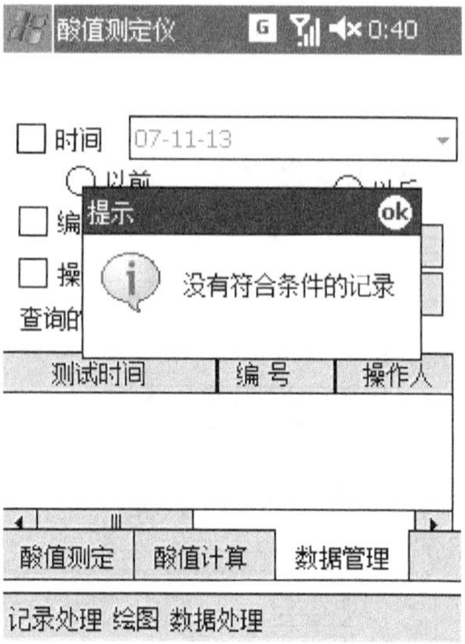

图 3-199　在没有符合条件的记录时

(b) 在查询的基础上，用菜单项记录处理的子项删除所选记录，对查询的结果进行有选择的保存。此删除为永久性删除，也可用菜单项中记录处理子项中的保存所选记录，对查询的结果进行有选择的保存。将被选项保存到指定文件中。见图 3-200~图 3-203。

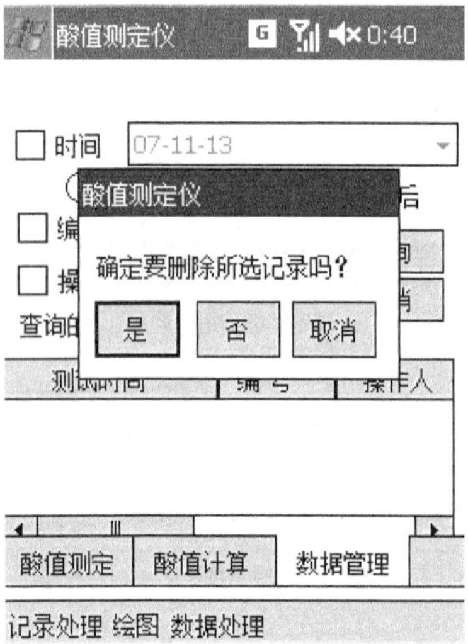

图 3-200　提示是否删除数据

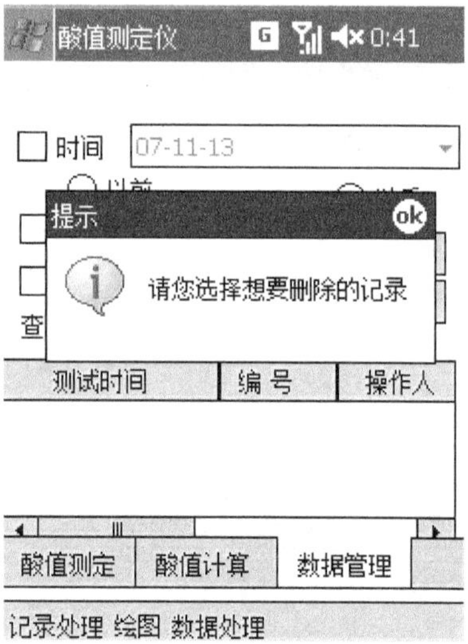

图 3-201　没有选择想要删除的数据

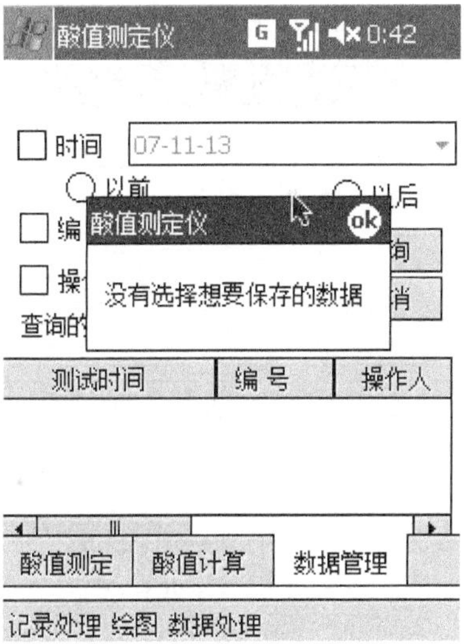

图 3-202　没有选择想要保存的数据

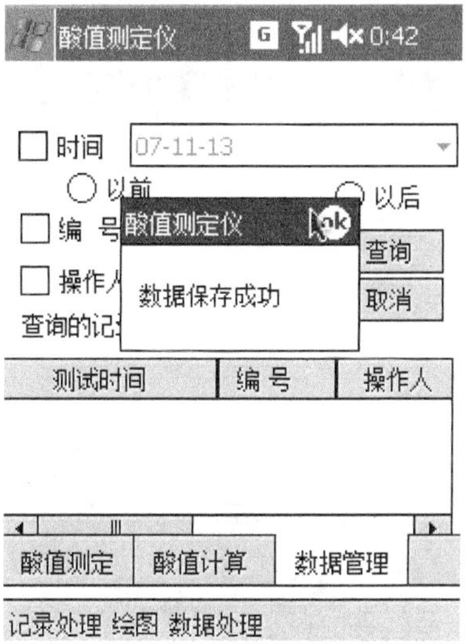

图 3-203　数据保存成功

5）菜单项。

（a）记录处理，子项删除所选记录、保存所选记录是和数据管理相结合。删除所选结果是酸值测定时删除所选文本框中的结果。

（b）绘图，“绘制曲线图”是绘制当前所采集到的几条曲线图形，当没有曲线时提示“没有可以绘制的图形”；“绘制酸值变化图”是按当前的查询到的酸值结果绘制曲线，显示酸值变化；“退出绘图”是退出当前绘图界面。见图 3-204～图 3-206。

图 3-204　没有可绘制的图形

图 3-205　符合条件的查询结果
不大于一项时

（c）数据处理菜单是删除当前采集到的一条数据或全部删除，见图 3-207。

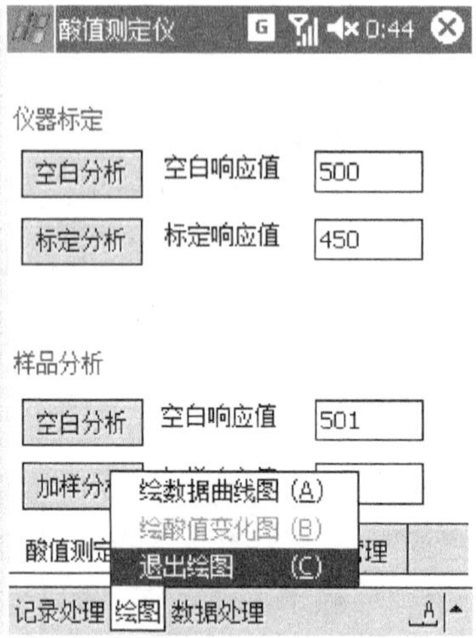

图 3-206　退出绘图界面

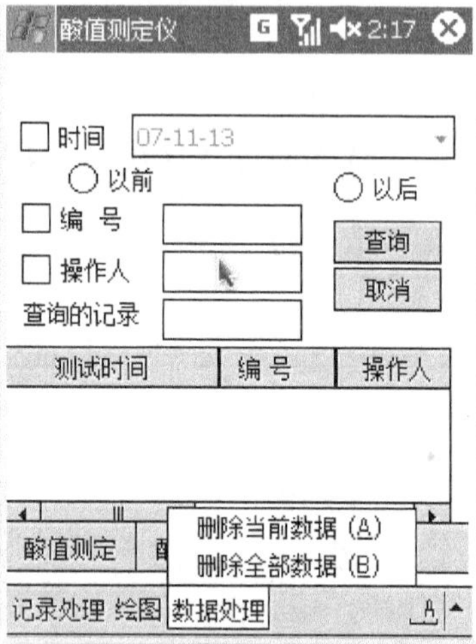

图 3-207　删除一条或全部删除

（3）注意事项

1）操作注意。

（a）打开可执行程序时，可能会出现误击，就是打开两个以上可执行程序，致使后面打开的程序出错，处理方法是把出错的程序关闭，重新启动。

（b）打开绘图菜单中的项目如绘制酸值变化曲线，绘制完成后，想要退出的话，可以单击菜单中的“退出”。关闭程序时单击右上角的“关闭”按钮，两个命令不要混淆。

2）撤收注意。

（a）完成测试后，将测试杯擦拭干净后才能装入化验箱。

（b）清洗组合电极表面以及仪器外表。

（c）试验结束后，先关闭仪器电源开关，再切断电源，松开连接导线，并脱离，整理后入箱归位。

（d）试验废弃物放入专用的收集袋内，等待统一处理，防止污染环境。清点配件备品，入箱归位。

（4）维护保养

1）仪器校正。

（a）仪器每半年必须校正一次，主要是校正扫描激励电压的稳定性。

（b）校正后，进行标准样的对比试验，结果的误差应小于 5%。

2）仪器维护、保养。

（a）每次连续测试同一个指标值时，不必重复仪器标定步骤。

(b) 开机前确认供电电源是否与仪器标称电压一致。

(c) 保持仪器表面清洁。

3.7 闪点检测方法

在海军、空军油料化验箱和油料质量监测车中都有相应的野战油料闪点检测仪器。

3.7.1 微型闪点测定仪

某新型油料质量监测车内的微型闪点测定仪(图 3-208)可用于检测轻质石油燃料的闪点。

图 3-208 微型闪点测定仪

(1) 检测原理

微型闪点测定仪由测量室、电子加热/热电冷却芯片、电子点火装置、温度传感器、压力传感器、单片机、显示屏、控制测量软件等组成。其组成结构见图 3-209，性能参数见表 3-8。

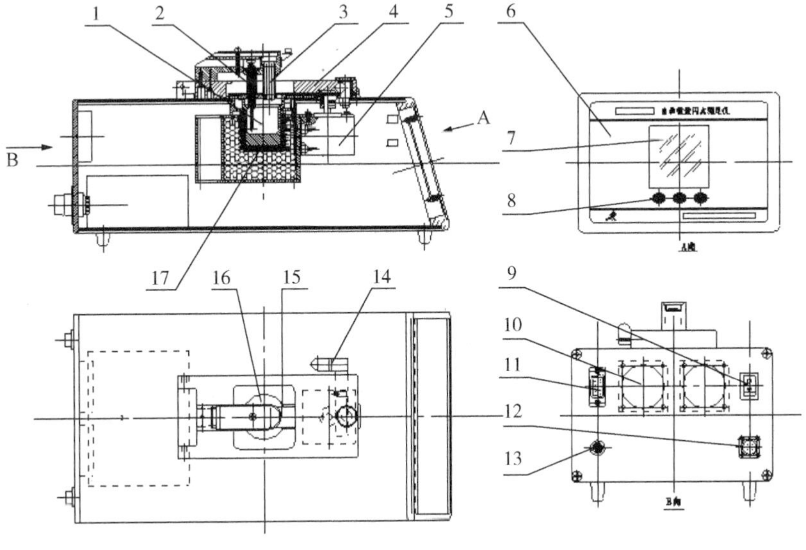

图 3-209 微型闪点测定仪结构图

1—试验杯；2—温度传感器；3—电弧引火器；4—加热炉盖；5—快门电机；6—面板；7—显示屏；8—键盘；9—电源开关；10—风机；11—RS232 接口；12—电源接口；13—试点火开关

表 3-8　微型闪点测定仪性能参数表

项　　目	性能参数
温度精度	0.1℃
电源	220V/12V，50Hz
温度范围	0～200℃
环境温度	0～50℃
样品量	不大于 5mL
点火方式(安全型)	电弧点火
通信接口	RS232
外形尺寸	240×340×200(mm)
重量	不大于 10kg

检测工作原理见图 3-210。

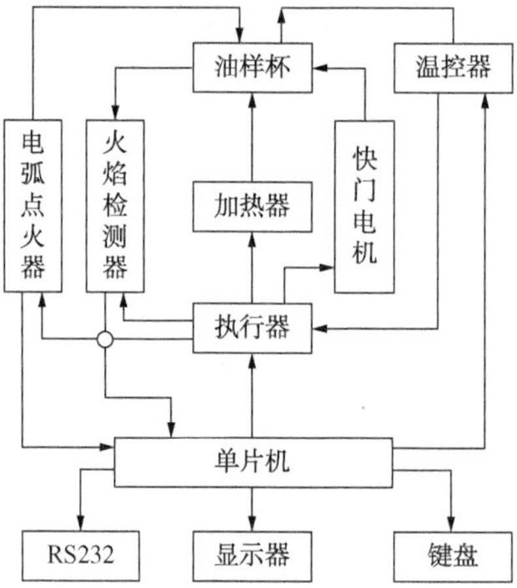

图 3-210　微型闪点测定仪系统原理图

将盛有 3mL 油样的试样杯，放入仪器的加热炉上，以规定升温速度加热，当油样温度比预设闪点值低 10℃时，电弧引点器开始点火，引爆混合油气，产生闪火等离子浓度发生剧变，离子火焰检测产生信号，此时油样的温度即油样闪点值。

(2) 检测方法及步骤

1) 准备工作。

(a) 从右侧工作台抽屉里搬出微型闪点测定仪，放在工作台上，接通仪器的电源。

(b) 开启仪器电源开关，进入待机状态。见图 3-211。

图 3-211

(c) 向上开启加热炉盖，用棉签擦拭电炉和温度传感器、火焰传感器及火头(轻擦)，按动“试点火”按钮，检查点火器是否正常工作。

2) 检测。

(a) 根据试验要求，选择试验杯，安装到加热炉盖上，调整快门电机拔销的位置至背对操作者(闭口杯：由快门滑板、滑槽杯盖组成；开口杯：带孔杯盖)。

(b) 用加注器往试样杯内加入 3mL 油样，油样液面与杯中凸台持平，将试样杯放入加热炉，盖上加热炉盖，锁紧。

(c) 按“设置”键后出现“对比度调节”“时间和温控参数”“系统设置”(图 3-212)。

按“↓”键将光标移至“系统设置”，按“确认”键显示如图 3-213：

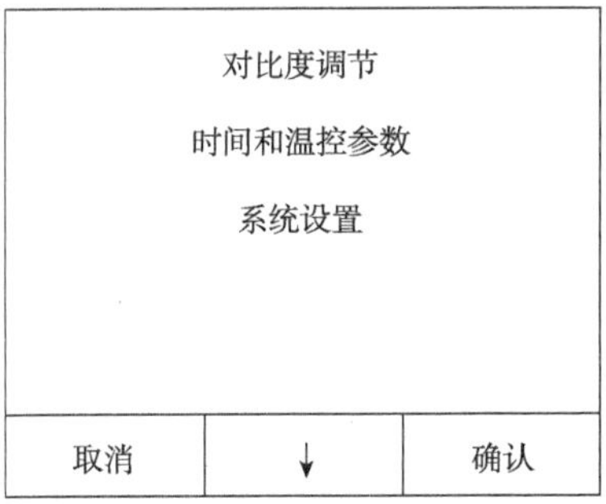

图 3-212

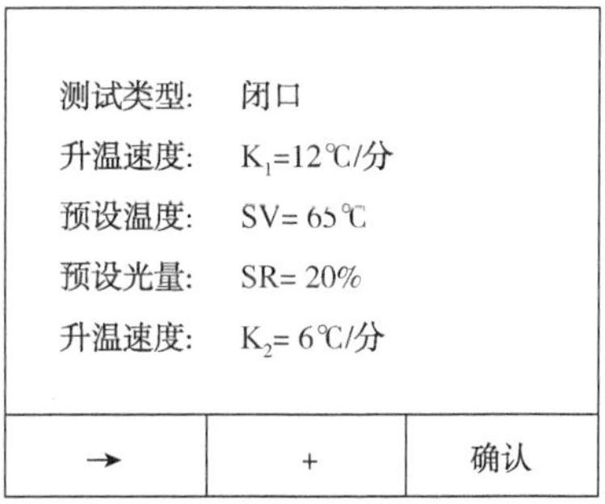

图 3-213

① K_1 表示初始升温速度，K_2 表示点火阶段升温速度，SV 表示预设闪点值，SR 表示预设离子浓度界限。

② 按“→”键将光标移动到需修改参数的位置，按“+”键进行参数修改。

③ 根据测试类型选择开口或闭口，设置预设温度 SV 值，一般 K_1、K_2 和 SR 值为默认值，不需修改，同一类试验可直接启动。

(d) “确认”键返回图 3-212，按“取消”键，返回图 3-211，仪器进入测试待机状态，按“启动”键显示如图 3-214。

注：此时仪器以 K_1 的升温速度对油样进行第一阶段加温，PV 表示油样温度，ST 表示点火的开始测试温度，t 表示时间计时，若按“停止”键则测试取消。

（e）当 PV=ST 时，屏幕显示图 3-215。

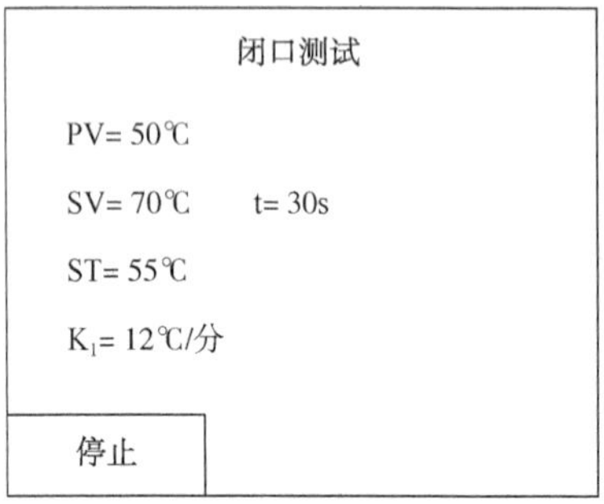

图 3-214

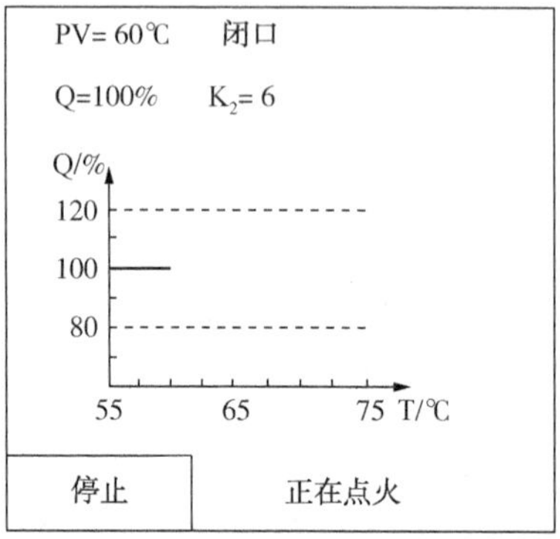

图 3-215

注：进入检测状态后，油样以 K_2 的升温速度上升，PV 值不断反映油样温度，当 PV=SV-10℃时，开始点火，每升温 1℃点火一次。

（f）点火引爆油蒸气后，发生闪火现象，检测器检测到突变信号，锁定 PV 值，见图 3-216。

（g）试验结束，按“储存”键显示如图 3-217 和图 3-218。

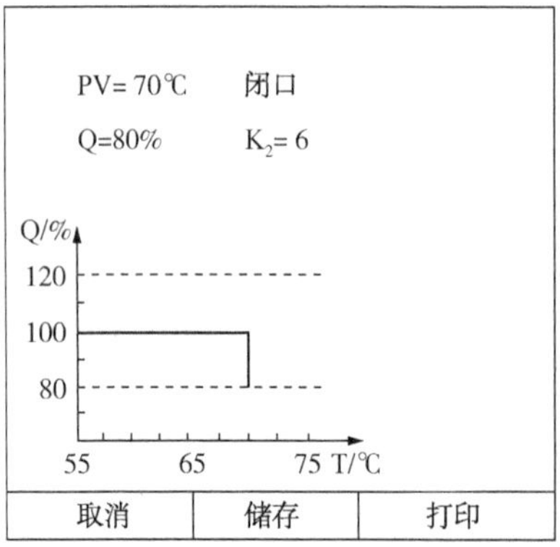

图 3-216

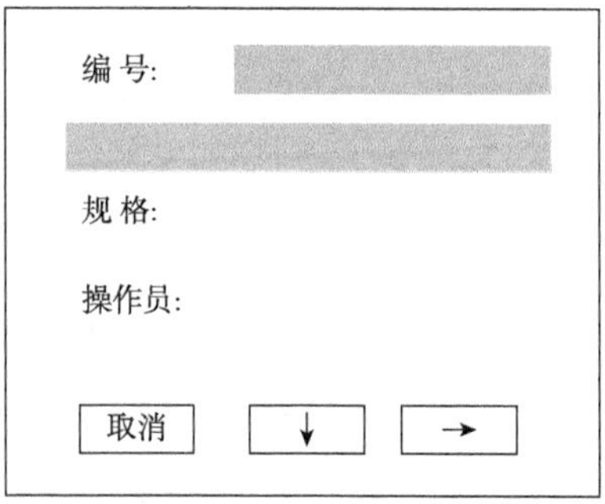

图 3-217

在图 3-217 中按“↓”键选择需要输入的项目名称，例如“样品编号”，再按“→”键得到图 3-218，用“字符”键和“确定”键输入样品编号名称，长按“确定”键超过 3s，返回图 3-211 界面。

（h）按图 3-211 中的“查阅”键显示记录数据如图 3-219，记录检测结果。

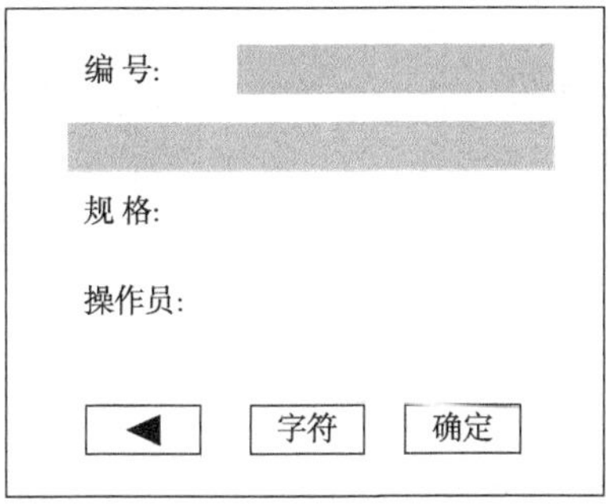

图 3-218

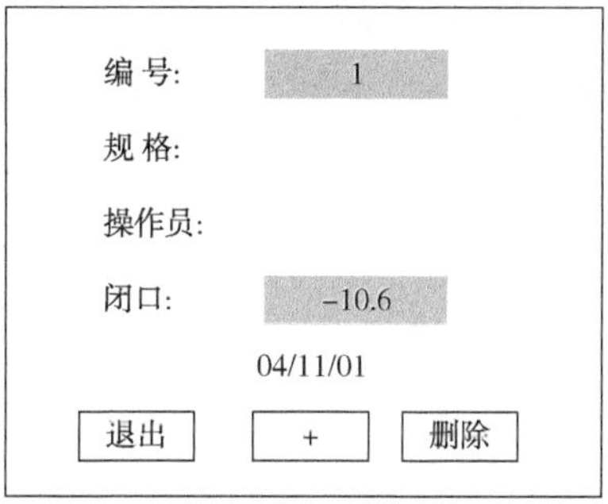

图 3-219

按“+”可翻阅记录，按“删除”键可清除记录，按“退出”键返回图 3-211 界面。

(i) 试验结束后，用专用夹子取出试样杯，仪器处在待机状态，使加热炉逐步冷却(温度低于 45℃)以备下次试验。

(j) 将试杯内的试油倒入废液瓶中，试杯冷却后用石油醚清洗干净，备用。

(k) 停止试验时，关闭仪器电源开关切断电源。

3.7.2 润滑油闪点测定仪

某型油料化验箱内润滑油闪点测定仪(表 3-9、图 3-220)主要用于舰艇润滑油 50~250℃闭口闪点的快速测定。

表 3-9 润滑油闪点测定仪性能参数表

项　　目	性能参数	项　　目	性能参数
测试精度	12℃	点火方式(安全型)	电弧点火
电源	24VDC	外形尺寸	165×355×160(mm)
温度范围	50~250℃	重量	4. 5kg
样品量	3mL		

图 3-220　润滑油闪点测定仪

(1) 仪器结构

闪点测定仪由机壳、加热器、测试室、电弧点火装置、闪火检测传感器、温度控制检测器、温度传感器、压力传感器、显示屏等组成。图 3-221 是侧面透视图。

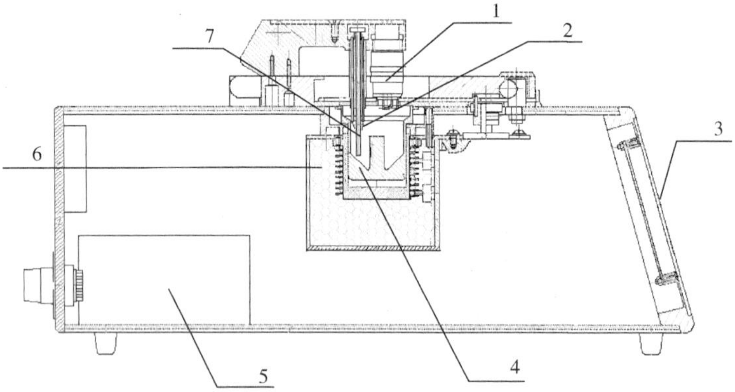

图 3-221 润滑油闪点测定仪侧面透视图

1—点火器；2—火焰检测器；3—液晶显示屏；4—试样杯；

5—点火器电路；6—加热器；7—温度传感器

1) 机壳：由 LY11 铝合金型材加工、喷涂保护油漆而成，是仪器总体结构的支撑骨架。

2) 加热器：主要由超细钨丝加热元件组成的对试样进行加热的装置，具有寿命长、性能稳定、效率高的特点。

3) 测试室(试样杯)：由镀镍铝合金制成，它可盛试样 3mL，留出一定剩余空间，形成测试室。

4) 测试室盖：由镀镍黄铜(H62)制成，与试样杯形成密闭测试室，防止测试室中产生的空气与油气的混合气向外界扩散，形成密闭的闪火空间，实现防爆测试。

5) 电弧点火装置：由电子线路组成，在单片机控制下，能产生一定能量(高温)，引爆测试室内混合气的电子装置。

6) 闪火检测传感器：一种在探针间存在等离子体而形成电子回路，产生电信号的电子传感电路装置，能在混合油气发生闪火时，探测到闪火的等离子体，输出脉冲信号。

7) 压力传感器：采用 NTI-19A 微型压力传感器，用于测定大气压力。

8) 显示屏：人机对话界面，显示整个测试过程中的重要信息。本仪器选用 TRULY M128128-2A2 点阵模块。

（2）工作原理

图 3-222 是闪点测定仪的工作原理图，图 3-223 是闪点测定仪测试室中的测试原理图。

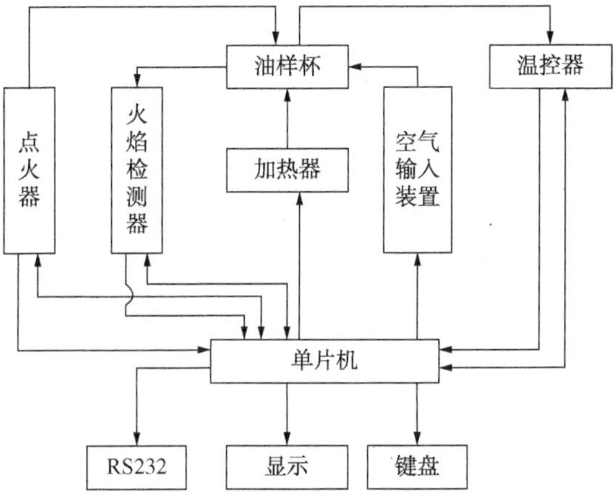

图 3-222　润滑油闪点测定仪的工作原理图

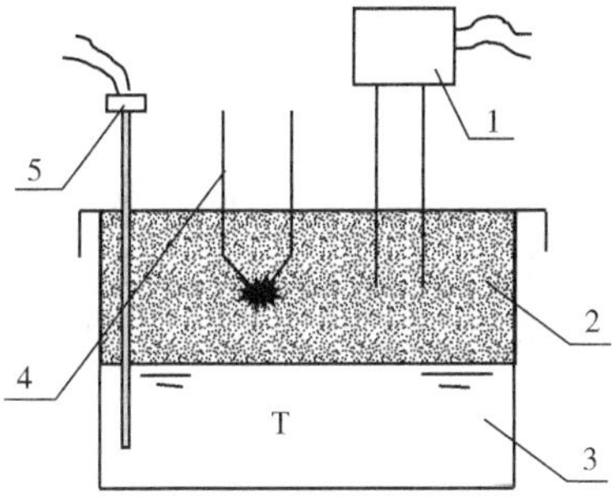

图 3-223　闪点测定仪测试室测试原理图

1—火焰检测器；2—混合油气；3—油样；4—点火器；5—温度传感器

测试原理：将盛有 3mL 油样的试样杯放在加热炉上，在密闭腔内按规定的速度对油样进行加热。当加热到一定温度（比预设闪点值低 10℃）时，单片机控制点火器引爆点火，同时火焰检测器对闪火信号进行检测，如果没有检测到闪火信号，加热器就会继续按程序对油样进行加热，同时，对试样杯输入一定量的补给空气。再次重复以上过程，直到火焰检测器检测到闪火信号为止，油蒸汽与空气的混合物发生闪火时的最低温度即为该油样的闭口闪点。

（3）特点

1）采用电弧点火、等离子体火焰检测技术，实现自动检测，能满足易燃易爆场合的检测要求。

2）采用试样微量测定，实现了仪器小型化、便携式设计。

3）检测数据易于存储和传输，满足信息化管理要求。

（4）检测方法及步骤

1）准备工作。

（a）展开。

打开2号和3号化验箱，取出仪器和电源，置于平坦整洁的操作台（场地）上，仪器与周围物体相距150mm以上，保持水平（远离易燃易爆物品）。

用专用电源线将闪点测定仪的受电接口连接到电源分配器的24VDC输出端（在有220VAC市电供给的条件下，采用专用电源转换器供电，在无220VAC市电供给的条件下，采用24VDC、110Ah电瓶直接供电）。

在野外作业时，包装箱可充当临时操作台。

（b）仪器准备。

用纸巾将试样杯擦拭干净，清除残留物后备用。

打开加热炉盖，用棉签蘸取少量95%乙醇轻轻擦拭电炉、温度传感器、闪火检测传感器及点火头电极。

开启电源开关，仪器进入待机状态，显示屏见图3-224。

按动位于仪器后部的“试点火”按钮，检查点火器工作状态。

摇动试样瓶中的试样使其均匀后，静止放置5min，释放试样中的空气。

用加注器从试样瓶中取3mL试样慢慢注入试样杯中，尽可能减少挂壁现象。

根据试验方法要求，将盛有试样的试样杯放到加热炉中，合上加热炉盖并锁紧。

2）参数设置。

用于设定试验条件，在图3-224界面按下“设置”键进入图3-225。

图3-224

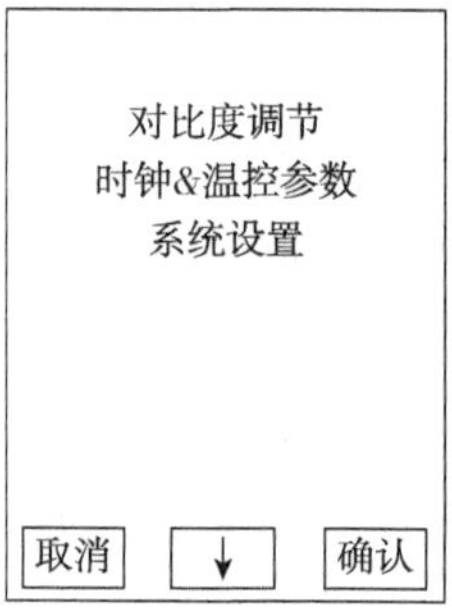

图3-225

图 3-225 中，用“↓”键选择设置项目，按“确认”键进入，按“取消”键返回图 3-224 界面。

(a) 对比度调节。

以下操作可对显示屏的明暗进行调整。显示如图 3-226。

按“→”键增大亮度，按“←”键减小亮度，按“确认”键确定并返回上一级菜单。

(b) 时钟和温控参数。

以下操作可对仪器的时间和温度控制参数进行设置(注意：在一般情况下，仪器在出厂前已调整，请不要轻易更改)。

在图 3-225 中，按“↓”键将光标移至“时钟 & 温控参数”后，再按“确认”键，显示屏如图 3-227。

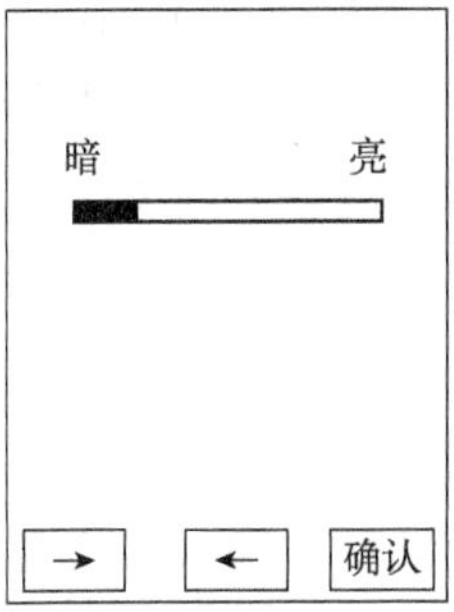

图 3-226

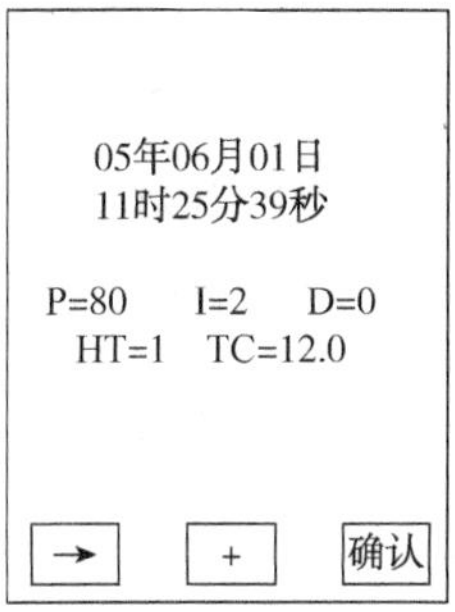

图 3-227

按“→”键循环选择项目，按“+”键改变数据(长按可加快翻动速度)，按“确认”键确定并返回上一级菜单。可修改时间参数，其他的温控参数若非必要不得修改。

(c) 系统设置。

在测试之前，需根据被测油样的闭口闪点预估值，预设不同的测试参数。

在图 3-225 中，按“↓”键，将光标移动至“系统设置”，按“确认”键，显示屏如图 3-228。

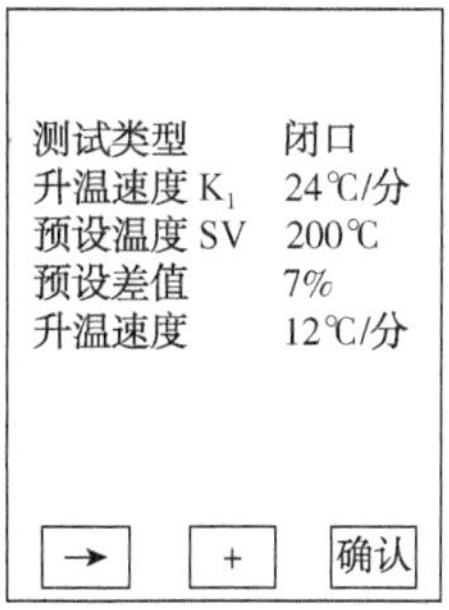

图 3-228

测试类型：闭口；

升温速度 K_1：按国标设定，默认(一般为 12℃/min)。

SV：被测油样的预计闪点温度。

预设差值 SR：火焰探测器灵敏度设置，默认，不可随意更改。

升温速度 K_2：按国标设定，默认(一般为 5℃/min 或

6℃/min)。

按"→"键可上下选择项目，按"+"键改变数值(长按可加快翻动速度)，按"确认"键确定并返回上一级菜单，一般情况下只需修改预设温度值SV，可检查核实其他参数值。

(d) 退出设置状态。

参数设置完毕后，在图3-225界面下按"取消"键，返回起始界面，如图3-224。

3) 测试。

在以上的准备工作及参数设置工作完成后，在如图3-224状态下，启动测试程序，整个测试过程仪器自动完成。操作过程如下：

(a) 在样品测试之前，应检查点火头、温度传感器及试样杯是否干净，否则应按照"维护保养"中的要求进行清洁并干燥后，才能进行下面的样品测试。

(b) 用注射器在干净的试样杯中加入约3mL油样，油样液面与杯中凸台持平，用纸巾将试样杯外的溢油擦拭干净，开启顶盖，将试样杯放入加热炉，盖上顶盖，锁紧。注意尽可能减少挂壁现象。

(c) 油样准备完毕后，应首先进入设置菜单设置试验条件。如条件已设置完毕，则直接按"启动"键开始进行测试。仪器显示图3-229画面。

注：此时仪器以K_1的升温速度对油样进行第一阶段加热，并启动气泵向试样杯内注入空气。PV表示油样当前温度，SV为预设闪点温度，t为测试已用时间，ST为进入第二阶段升温的拐点温度。

(d) 当PV=ST时，屏幕显示如图3-230，进入第二阶段升温。这一阶段中，仪器将会检测闪点。

图3-229

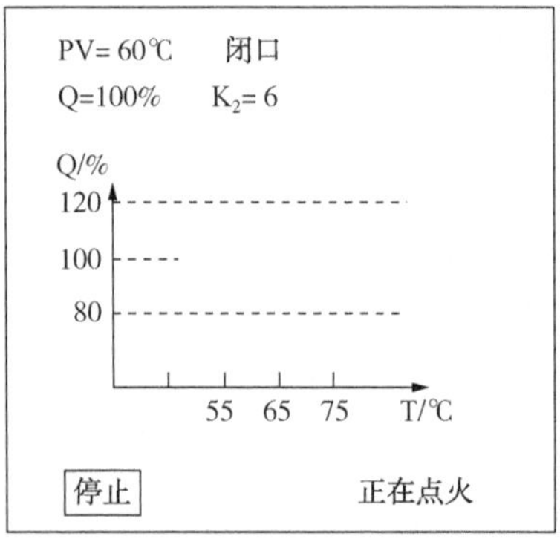

图3-230

注：进入检测状态后，油样以 K_2 的升温速度升温，当 PV＝SV－10℃时点火头开始点火，每升温 1℃或 2℃点火一次。

（e）点火引爆油气后，发生闪火现象，检测器检测到闪火信号后，给出测定结果，见图 3－231。若 PV>SV＋15℃时，仍未引爆油气或未能检测到闪火信号，会给出“未检测到”的结果，显示见图 3－232。

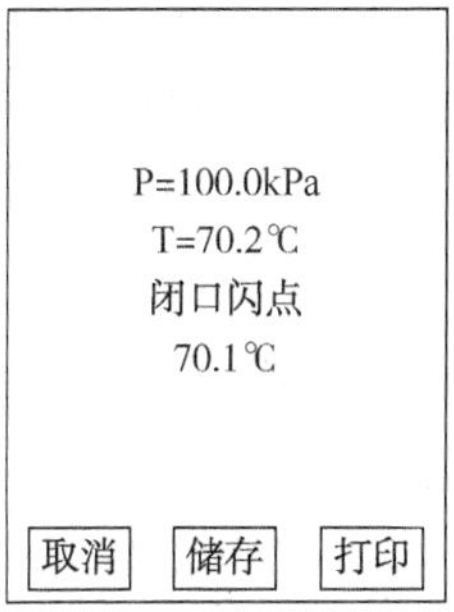

图 3－231

图 3－232

（f）在图 3－231 中若要储存试验结果，就按“储存”键，显示如图 3－233，若不需储存则按“取消”键返回开始画面。

在图 3－233 中按“↓”键移动光标选择项目，按“→”键进入图 3－234 界面，进入“资料输入”。

图 3－233

图 3－234

在图 3－234 中，轻按“字符”键一次向前翻动一位字符，连续按可快速循环翻动；轻按“确认”键一次，确认当前输入的字符，可进行下一位字符的输入，连续按“确认”键 3s 以上，完成资料输入。数据储存完毕，返回图 3－224 界面。

轻按“←”键一次，可删除当前输入字符最后一位；连续按“←”键 3s 以上，所有储存输入都会被清空，可选择新的输入设置。

4）数据查询。

（a）在显示屏如图 3－224 状态下，按“查阅”键，进入查询，如图 3－235。

图 3-235

（b）在图 3-235 状态下，轻按“+”键一次，查询记录向前翻动一页，连续按“+”键查询记录，向前快速循环翻动；轻按“删除”键一次，删除当前记录，连续按可删除全部记录。按“退出”键返回开始画面，如图 3-224。

5）计算机控制及数据传输。

仪器除具备独立测试功能外，还可通过 RS232 通信接口与上位 PC 机连接，通过计算机控制程序控制仪器的测试操作、数据传输和查询，具有更为强大的数据采集、存储和分析处理功能，以及实现局域网联机。

舰艇油料化验箱集中控制与数据管理系统总控程序主要由黏度、闭口闪点、水分、酸碱值、不溶物测定仪的控制和数据管理六部分组成，其总体界面如图 3-33所示，当鼠标移动到相应的按钮上时，右边的椭圆形文本框中会有相应的提示性文字说明。

（a）在使用计算机控制及数据传输时，应注意以下几点：

仪器在待机状态下，上位 PC 机才能对仪器进行控制操作下载数据。

仪器在自身运行状态下，PC 机无法对仪器实现控制。

在笔记本电脑通过通信分配器与各仪器通信控制操作时请单独开启需控制操作的仪器。其他仪器处于关闭状态，完成所控制仪器测试和数据下载。

每台仪器可单独与笔记本电脑连线通信、由笔记本电脑控制操作，完成测试和数据下载。

（b）上位 PC 机软件操作。

仪器应处于图 3-33 状态。点击“闭口闪点”按钮，程序调出测定闭口闪点的子程序，按照计算机界面上出现的闭口闪点上位机操作菜单要求进行闪点的测定；参照下列运行程序，显示如图 3-236。

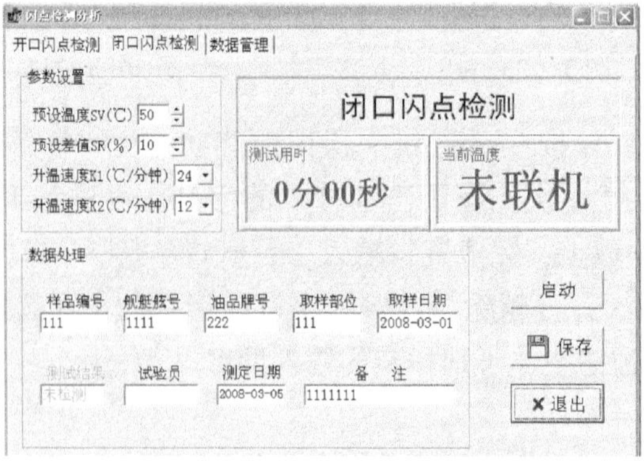

图 3-236

参数设置栏：包含了常用的参数，如预设温度、预设差值、升温速度。

数据处理栏：可输入所检测油样的相关信息。

如果有闪点仪连接本计算机，且闪点仪处在就绪状态。此时单击“启动”按钮，屏幕显示如图 3-237。

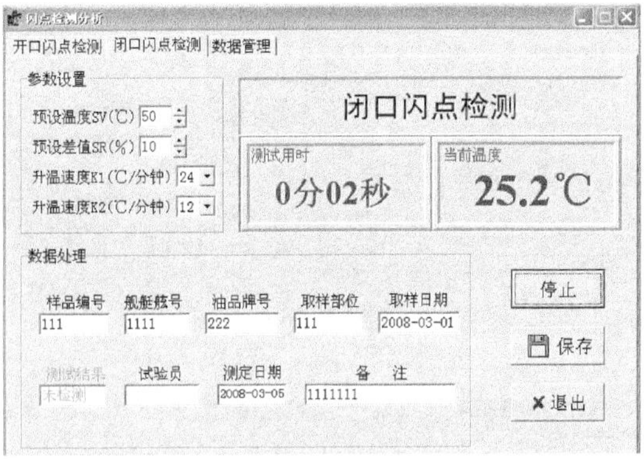

图 3-237

同时刚才的“启动”按钮将变成“停止”按钮。单击“停止”将终止当前测试程序。

如果系统未能测试结果，则会出现如图 3-238。

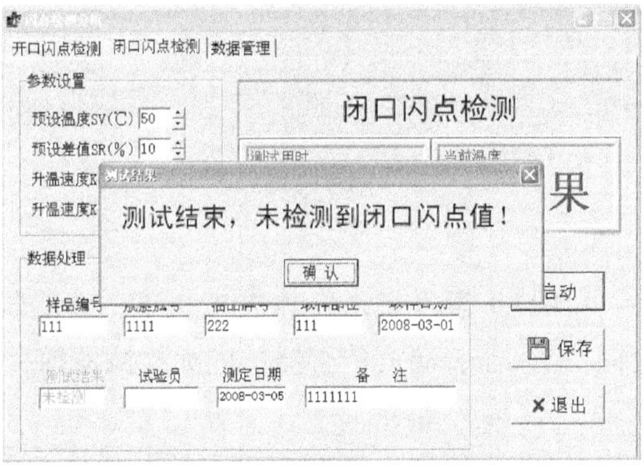

图 3-238

点击“确认”，应重做一次，直到试验结束自动显示检测结果，如图 3-239。

单击“保存”按钮，将刚才测试结果保存到数据库。

同样，切换到闭口闪点检测页。可保存闭口闪点的检测结果。

切换到数据管理页，显示如图 3-240。

可以在此页进行数据库的查询、删除、打印和下载等操作。

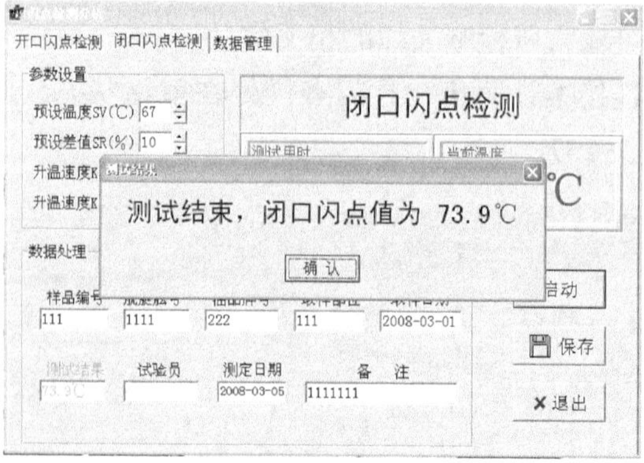

图 3-239

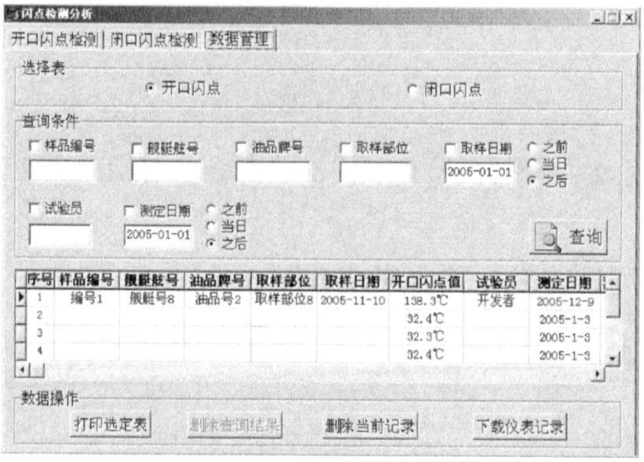

图 3-240

6）撤收。

（a）完成测试后，加热炉温度必须降到 70℃以下，才能装入包装箱归位。

（b）清洁试样杯、点火器、温度传感器、闪火检测器探针、加热炉、仪器外表等。

（c）试验结束后，先关闭仪器电源开关，再切断供电电源，松开连接导线，并脱离，整理后入箱归位。

（d）将试验废弃物放入专用的收集袋内，等待统一处理，防止污染环境。

（e）清点配件备品，入箱归位。

7）舰艇柴油机油开、闭口闪点对应参考值。

舰艇特殊的使用环境要求使用时不能出现明火及可燃气体，因此，舰艇油料化验箱中的闪点测定仪设计为闭口闪点测定。但是舰艇上用的大部分润滑油，其技术指标采用的都是开口闪点，为了方便使用，给出了舰船通用柴油机油、20

号舰用低增压柴油机油、CC30 柴油机油、CC40 柴油机油、CD30 柴油机油和CD40 柴油机油等在机油在稀释情况下开口闪点达到 180℃时所对应的闭口闪点参考值，见表 3-10。

表 3-10　柴油机油开口闪点 180℃时对应的闭口闪点参考值

油品名称	开口闪点 180℃时所对应的仪器测定的闭口闪点值/℃
舰船通用柴油机油	123
20 号舰用低增压柴油机油	123
CC30 柴油机油	128
CC40 柴油机油	123
CD30 柴油机油	134
CD40 柴油机油	128

从表 3-10 数据可见，海军舰艇常用的六种柴油机油在柴油稀释情况下开口闪点达到 180℃时，对应的闭口闪点值在 123～134℃，大多数在 125℃左右。因此，在柴油稀释情况下，125℃可作为柴油机油开口闪点 180℃所对应的闭口闪点参考值。

另外试验数据表明，在燃油稀释情况下，当开口闪点降到 180℃时，柴油机油运动黏度的下降已超出规定范围，也就是说运动黏度的变化更快。因此对使用中的柴油机油，应该同时采用闪点和黏度等多项指标进行综合监控，当闭口闪点明显下降时，应同时根据黏度指标来判断柴油机油的质量变化情况。

（5）维护保养

1）日常保养。

（a）试验前检查。

① 检查仪器各部件连接是否正常。

② 每次试验前必须用棉签蘸 95%乙醇或石油醚少许，轻轻擦洗点火头、温度传感器、闪火检测传感器和测试室盖，晾干。

③ 在擦洗点火电极时，应特别小心，不要破坏点火电极间的放电距离（≈0.2mm），尽可能清除电极上的油烟和黑色沉积物。

④ 在试验前，启动仪器后面板上红色的“试点火”开关，检查点火电极是否正常工作（电极能连续发出耀眼的点状电弧）。

⑤ 点火电极经过近百次的试验会产生老化，发生故障或仪器提示更换，

应及时更换，以保证仪器的正常运行和测试结果的准确性。更换电极方法如下：

松开点火电极的导线连接点，并分离，向上掰起黄色夹口，抽出连接线。

旋松点火电极支架顶上的专用螺钉，使点火电极部分与支架分离。

将新的点火电极备件按原来的固定位置对准定位压紧，并旋上专用螺钉锁紧。

按点火电极引线标识，连接点火电极导线和连接点，分清标识，不能接反。

启动仪器并待机，按动试点火开关，检查新点火器是否正常工作(点火电极的有效寿命约在2000次，可做100次以上的实验)。

⑥试样杯每次加样前，应用石油醚清洁并晾干，或用纸擦拭干净。

(b) 试验后保养。

① 每次试验后，必须用棉签蘸95%乙醇或石油醚少许，轻轻擦洗点火头、温度传感器、闪火检测传感器和测试室盖，晾干。方法同上。

② 将试样杯擦拭干净。

③ 每次试验结束后，加热炉温度降至45℃以下，才能进行下一次试验或降至70℃以下才能撤收。

④ 关机时应先关闭仪器电源开关，然后断电。

2) 定期保养。

(a) 仪器每半年应使用闪点标准样校正一次，校正方法为：

① 选取在测试范围内至少2个校正温度的标准样，按照测试操作方法进行测试，测试结果与标准样温度值绝对误差值的平均值为修正值。

② 若有误差需校正，对TC值进行修正。误差偏大，将TC值减小；误差偏小，则将TC值增大。

③ 校正后，再用标准样或比对测试的方式进行测试，其结果误差应小于±8℃。

④ 误差较大时，联系厂家对仪器进行校正。

(b) 超过3个月未使用时，应对仪器进行通电，并检查是否运行正常。

3) 储存保养。

(a) 仪器应放在包装箱中，储存在通风、干燥的库房内，确保库房内不存在酸碱及其他腐蚀性物质，并应注意防尘、防水、防火。

(b) 每3个月对仪器通电一次，并检查是否运行正常。

(6) 常见故障排除

表3-11列示的是闪点测定仪的常见故障及排除方法。

表 3-11　闪点测定仪常见故障及排除方法

序号	故障名称	故障现象	故障原因	排除方法
1	显示故障	显示有背光，但显示屏发黑字体不清	关机后又立即再启动	关机 10s 后再启动
			供电电压偏高	选择正确的供电电压
			对比度比例不对	重新调整对比度
			显示屏故障	返厂修理
		不停地跳动重复显示	供电电压偏低	选择正确的供电电压
			电路故障	返厂修理
		显示屏无背光显示	程序丢失	返厂修理
			显示屏故障	返厂修理
2	无法捕捉闪火	发生闪火时，没有报警	SR 参数不合适(偏大)	重新设置 SR 值(减小)
			探针间距偏大	缩小探针间距
3	闪火电极无电流	点火头无电弧	闪火检测传感器损坏	返厂修理
			间距太大	减少间距至约 0.2mm
			电极间有杂物	清除杂物
			电极老化	更换
			点火器故障	返厂修理
4	闪点误报	没有发生闪火而报警	SR 参数设置偏小	修改 SR 值
			闪火探针间距太小	适当调整间距
			闪火检测器故障	返厂修理
5	加热炉故障	加热炉不加热，试样无变化	加热器损坏	返厂修理
			控制参数不合适	与厂方联系
			控制器故障	返厂修理
			(温度)传感器开路	更换温度传感器
		加热炉始终加热，试样升温不受控制，一直升温	(温度)传感器短路	更换温度传感器
			控制器失效	返厂修理
			参数设置不合理	与厂方联系
			连续工作时间太长	停机冷却
6	壳体过热	外壳有些烫手	散热风机故障	返厂修理
			(温度)传感器短路	更换温度传感器
7	仪器状态异常	仪器有异常振动、声响或异味	原因不明	返厂检查

3.7.3 F型航空油料化验箱闪点测定仪

F型油料化验箱闪点测定仪又称S06-03闪点测定仪（表3-12、图3-241），用于战时应急条件下航空润滑油、液压油在温度20～250℃的闭口闪点和开口闪点的快速检测，测试精度符合GB/T 261、GB/T 267再现性要求，易于展开、操作和撤收。

表3-12 S06-03闪点测定仪性能参数表

项　　目	性能参数
温度精度	0.1℃
电源	12VDC
温度范围	20～250℃
样品量	3mL
点火方式	电弧
外形尺寸	250×165×165(mm)
重量	5kg

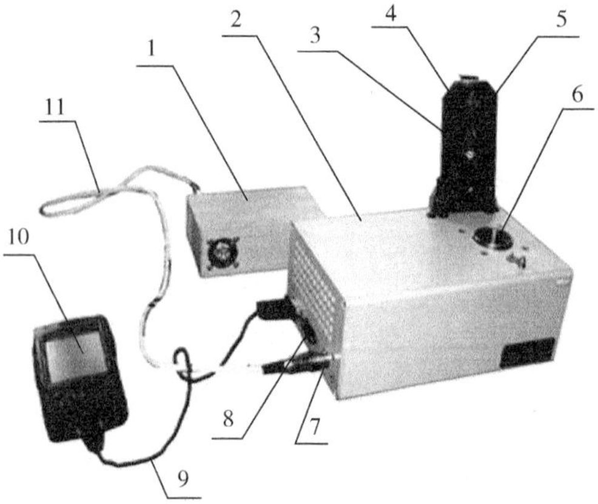

图3-241 S06-03闪点测定仪结构示意图

1—电源转换器；2—测试主机；3—传感器；4—点火头；5—盖板；6—试样杯和加热炉；7—测试主机电源接口；8—测试主机开关；9—专用通讯线；10—PDA；11—测试主机电源线12VDC

（1）检测原理

将盛有油样的试样杯置于仪器的加热炉上，在程序控制器的控制下对油样以一定的升温速率进行加热。被加热的油样产生的油气与空气混合形成混合油压。当油样温度升至比预设闪点值高10℃时，由电子电弧引燃混合油气。混合油气被引爆发生闪火的瞬间，测试室内的混合油气温度发生巨变，热偶传感器产生电势信号突变，单片机记录此时油样的温度值即为闪点值（图3-242和图3-243）。

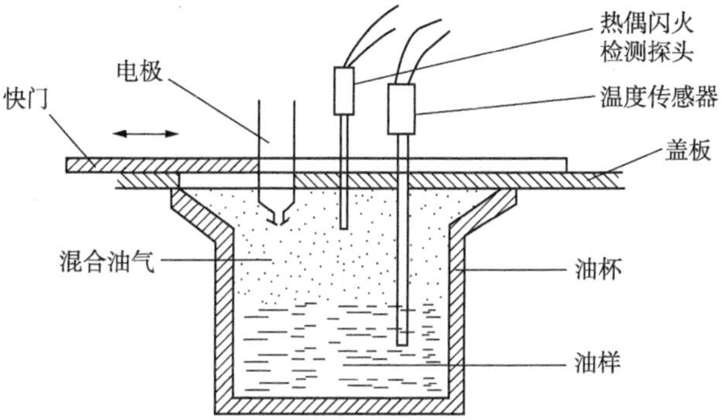

图3-242　S06-03闪点测定仪工作原理

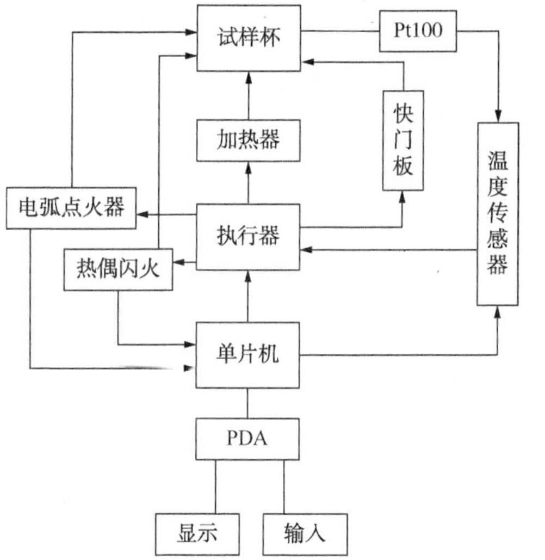

图3-243　S06-03闪点测定仪系统控制框图

（2）检测方法及步骤

1）准备。

（a）将仪器置于平整、清洁的工作台上，与周围物体相距0.2m以上（注意避风、避开易燃易爆物品）。

（b）对试样杯进行清洁，备用。

（c）连接仪器的电源和PDA。

2）开机。

（a）先开启仪器主机的电源开关，主机发出“嘀嘀”两声启动提示声，经过5～10s后再次发出“嘀嘀嘀”三声提示声，主机启动完成，进入待机状态。

（b）主机完成启动后，启动PDA（参考PDA使用手册），调用并启动“闪点测定仪”。

PDA显示如图3-244。

3）测试。

（a）用5mL注射器吸取3mL的油样，注入试样杯内，应防止油样溅出。保持外壁清洁，置于加热炉内。

（b）根据油样的测试要求，闭口测试时把试样杯盖上的快门板放进滑槽内，并保持杯口闭合。

（c）合上杯盖，在PDA的显示屏上（图3-244）点击“启动”键。PDA显示如图3-245，进入闪点预设置和测试类型选择。

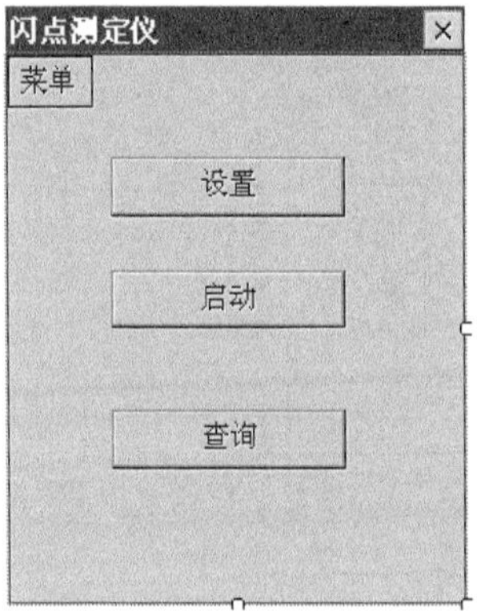

图3-244

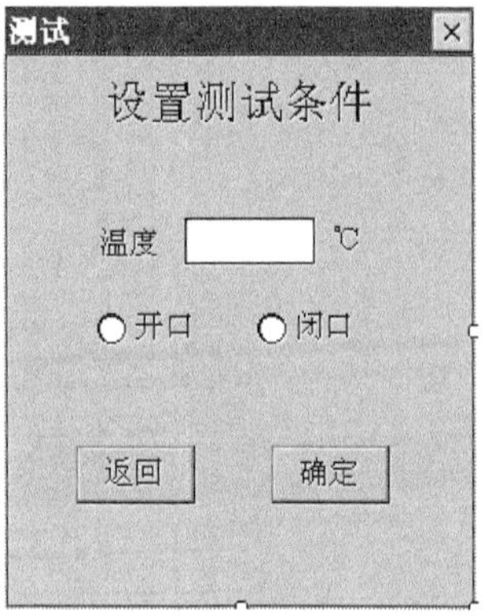

图3-245

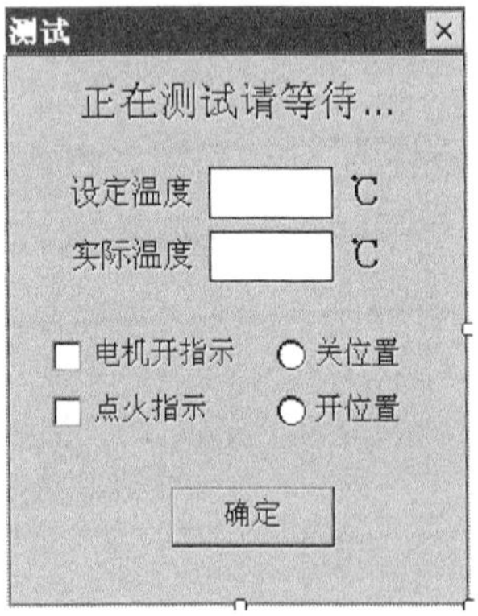

图3-246

注：确定进行开口或闭口测定时必须保证快门板的安装选择与PDA控制程序类型选择一致。

（d）在图3-245中根据需要，点击“开口”或“闭口”有光标提示。并点击温度框，通过操作键盘输入预设闪点值，按“确定”键进入测试控制程序，PDA显示屏如图3-246。

（e）油样在测试控制程序的控制下，按规定的升温速度加热升温，其数值在“实际温度”栏中显示。在升温过程中每10℃进行一次引弧点火，消除油样中微量轻组分对闪点测试的影响，并在图3-246中有点火提示。

(f) 油样温度升至比预设闪点值低 20℃时，开始进行点火检测，在 104℃以下每升高 1℃进行一次点火，在 104℃以上每升高 2℃进行一次点火。

闭口测试时，每次点火前杯盖上的快门都会自动打开，点火完成后自动闭合。

在点火和快门开启与关闭时都有提示。

(g) 在测试点火过程中，发生闪火现象时，单片机检测到闪火信号后，PDA 显示如图 3-247 或油样温度高于预设闪点值 20℃还未有闪火信号时，PDA 显示如图 3-248，此时仪器主机停止加热油样，处在待机状态。

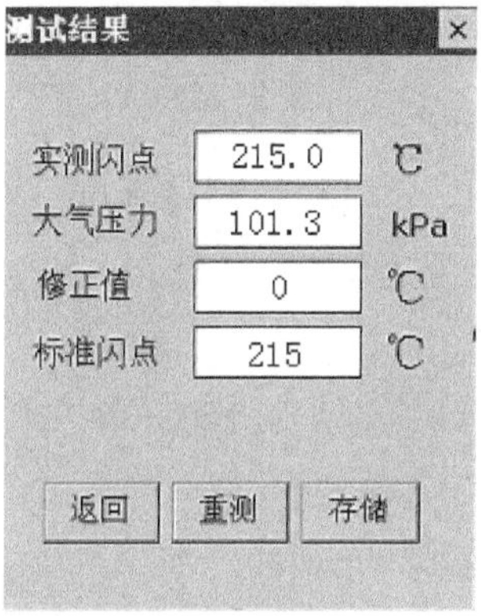

图 3-247

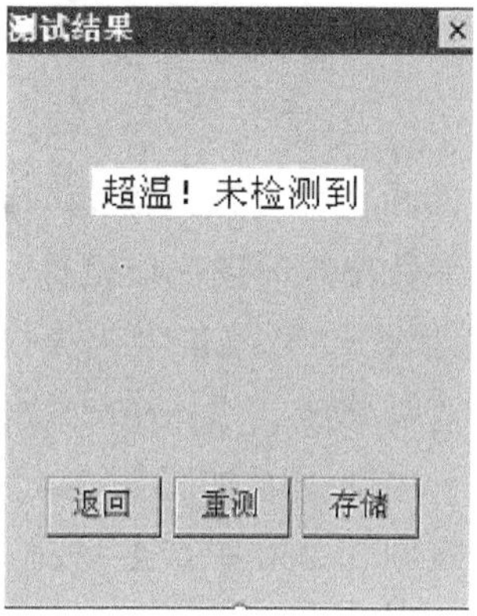

图 3-248

注：若在测试中进行第一次点火试验就发生闪火现象，应重新设置比原来闪点预设值低 20℃的闪点预设值，再进行测试，确保测试的正确性。若在测试中，油样温度高于闪点预设值 20℃，仍未出现闪点，应重新设置比原来闪点预设值高 20℃的闪点预设值，再重新测试，确保测试出正确的闪点值。

重新测试时需更换新油样。

(h) 在图 3-247 中，点击“存储”进行数据储存，PDA 显示如图 3-249；点击“重测”返回图 3-246 并重新测试。

(i) 在图 3-249 中用键盘在各个栏目里输入相应的资料信息，完整测试记录。点击“保存”PDA 显示如图 3-244，确认测试记录被存储。

(j) 测试结束，取出试样杯，清除试样并冷却试样杯，同时把主机的杯盖翻起，冷却电炉，以备下次试验。

(k) 试样杯、电炉冷却后，应用纸巾或棉球蘸上酒精或丙酮清洗擦拭点火电极、温度传感器及盖板。

4) 参数设置。

(a) 在图 3-244 中，点击“设置”PDA 显示如图 3-250 进入系统参数设置。

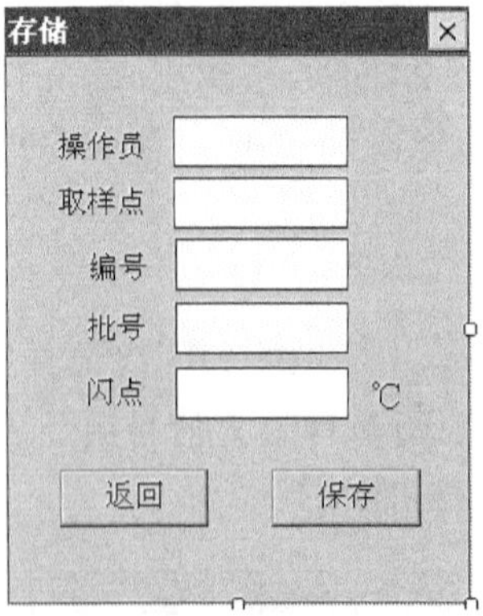

图 3-249

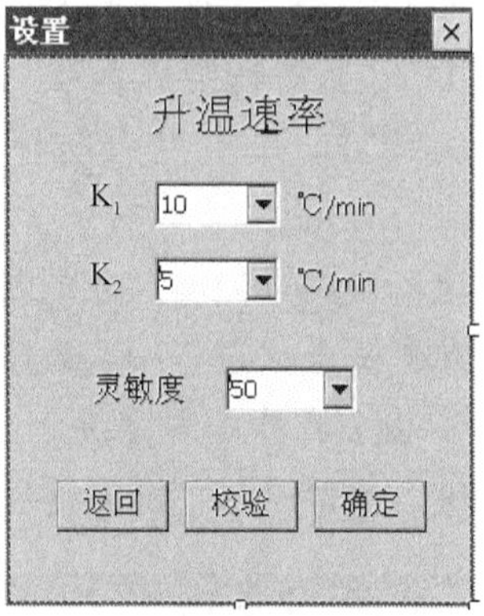

图 3-250

(b) 在图 3-250 通过键盘可输入升温速率 K_1、K_2和检测灵敏度。在正常情况下这些参数出厂时已完成设置。点火测试前升温速度 $K_1=10℃/min$，点火测试时升温速度 $K_2=5℃/min$ 及闪火检测灵敏度=15。

用户若需修改，输入修改数值后，点击“确定”，后在图 3-249 中有提示，点击返回，PDA 显示如图 3-244。

(c) 在图 3-250 中点击“校验”，PDA 显示如图 3-251(一般情况下，用户不需进入“校验”)。

(d) 在图 3-251 中输入密码后，点击“确定”进入参数设置，显示如图 3-252。

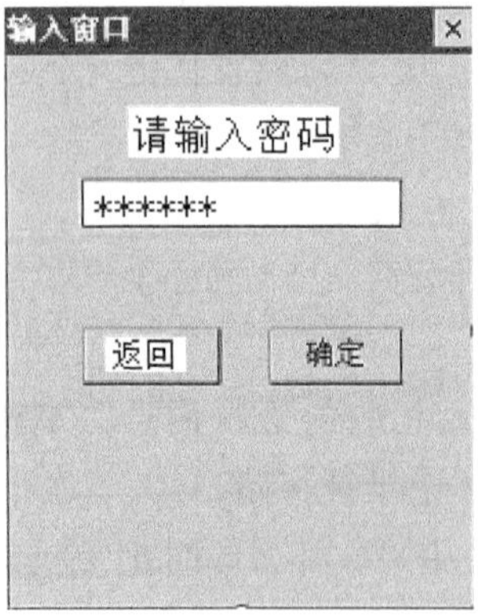

图 3-251

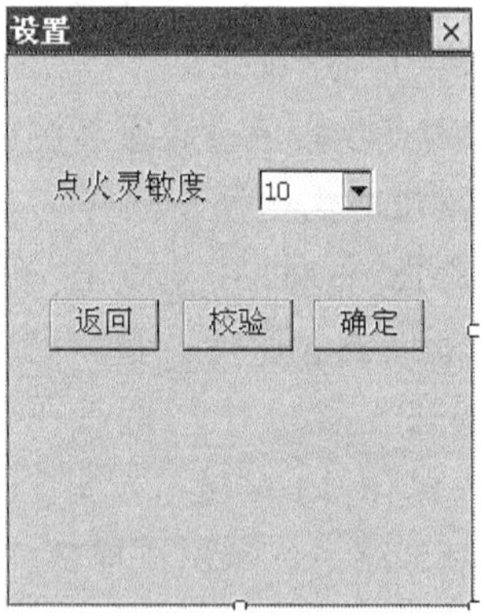

图 3-252

(e) 在图 3-252 中，点击“▼”，弹出数值框，即可选择灵敏度值。点击“确定”完成修改并有提示。点击“校验”显示如图 3-253。

(f) 在图 3-253 中通过键盘输入数值，进行温度控制参数修改，如 P、I、D、

OL、HT、TC(在正常状态下参数在出厂时已调整不需更改，若需修正温度误差，修改 TC 即可，实际测试值低于标准值时，TC 的数值增加，反之则数值减低，值的大小取决于实际值与标准值的差)。参数修改完成后，按“确定”，点击“返回”PDA 显示图 3-244。

(g) 在图 3-253 中，点击“校验”PDA 显示图 3-254，进入“仪器状态调试”。

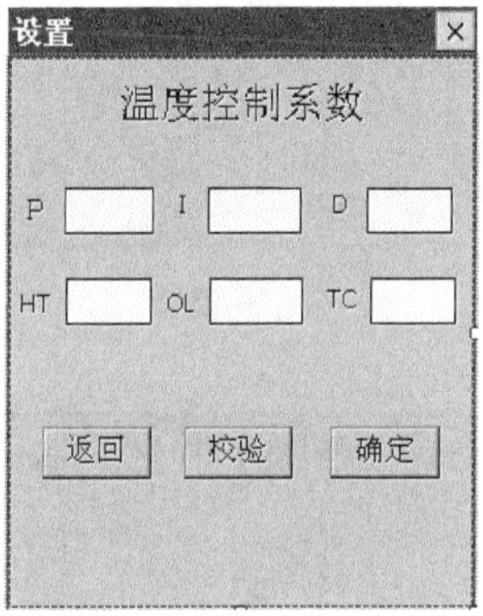

图 3-253

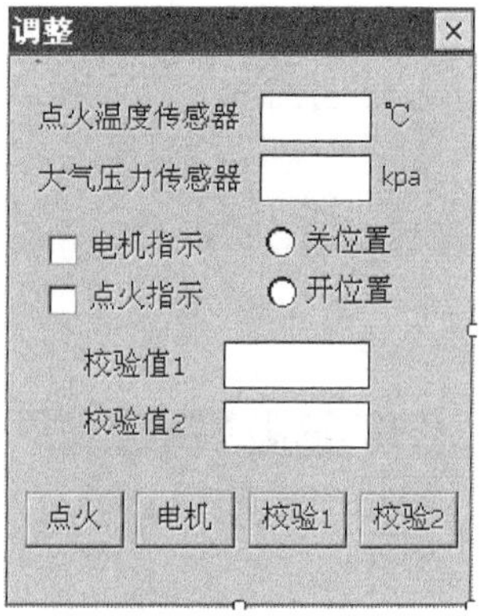

图 3-254

(h) 在图 3-254 中可以进行点火试验，快门启闭试验和大气压力校正。

点火试验：点击“点火”一次，点火器进行一次点火，时间约 1s，点火头会产生蓝色的高压电弧(注：不能去触摸点火头，高压电弧可能会伤人，应远离)。

快门启闭试验：点击“电机”一次，快门开启或关闭，再次点击“电机”，快门关闭或开启，在位置提示中有光标提示。在试验结束时应使快门处于“关”的状态。

大气压力校正：参见附录。

5) 查询。

(a) 在图 3-244 中点击“查询”，PDA 显示如图 3-255 进入查询。

(b) 在图 3-255 中，可根据查询要求(按日期查询、按顺序查询、按编号查询等)点击相应的查询方法，PDA 显示如图 3-256。

(c) 在图 3-256 中，除“按顺序查询”外，其他所有的查询都提示要求，用键盘输入查询号，然后点击“确定”，PDA 显示如图 3-257。

(d) 在图 3-257 中 PDA 显示了查询的测试记录的第一个报告，并指示共查到了多少个符合要求的报告。点击“上页”或“下页”可以查看当前显示的前一个或后一个报告，点击“返回”PDA 显示如图 3-256，点击“删除”，PDA 显示如图 3-258。

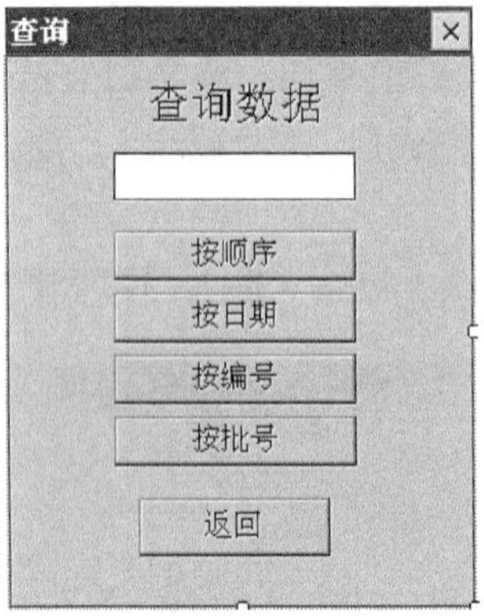

图 3-255

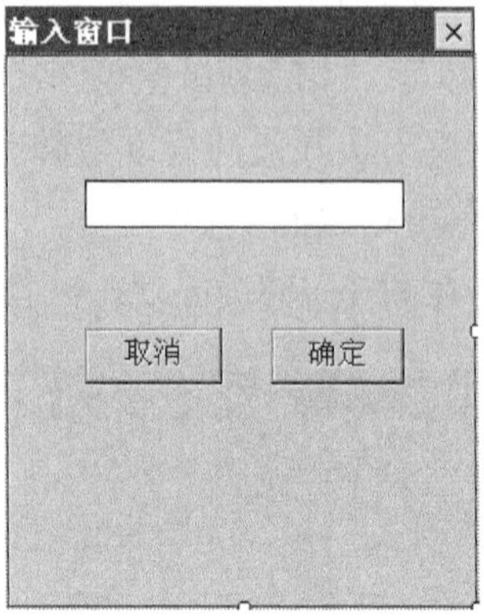

图 3-256

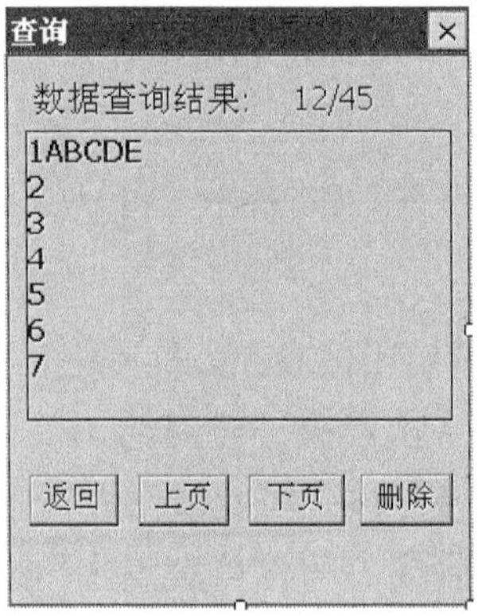

图 3-257

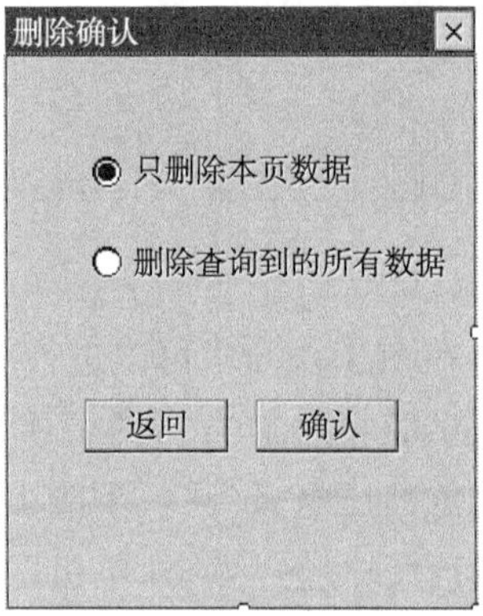

图 3-258

（e）在图 3-258 中，可选择删除图中显示的“只删除本页数据”或“删除查询到的所有数据”，确定光标所在位置，然后点击“确认”完成删除，PDA 显示返回图 3-244。

6）撤收。

（a）试验结束，先退出 PDA 的控制程序，关闭 PDA，再关闭工作主机。

（b）先拆除电源总线，再拆除工作主机与电源转换器、PDA 之间的连线。整理后置于包装箱规定的位置。

（c）用纸巾清洁 PDA 和工作主机的外表及相关部件、操作工具，整理后置于包装箱的规定位槽内。所有废弃物遵守国家环保相应要求，进行处理。

注：工作主机在进行 100℃以上测试结束后，应在自然条件下冷却 5～10min 再存放于包装箱内。

（3）维护保养

（a）试验完毕后，用镊子将试样杯取出，可以用物品盖住试样杯口，将试样杯放在通风散热口冷却，然后倒出废油，用纸巾擦净试样杯。每次试验后都要用棉签蘸95%乙醇清洗点火头和温度探头，然后让其自然冷却或盖上盖板，利用电热炉余热将95%乙醇蒸干。

（b）在擦洗点火头时，应特别注意，不要破坏点火电极间的放电距离，尽可能清除电极上的油烟和黑色沉积物。电极不能正常放电时，可适当调整电极之间的距离或更换点火头。

（c）根据试验的测试类型，选择相应的控制程序。

（d）每次进行试验时，应根据油样规格的质量指标，设置合适的预设温度SV值。

（4）常见故障排除

闪点测定仪常见故障及排除方法见表3-13。

表3-13　闪点测定仪常见故障及排除方法

序号	故障现象	故障原因	故障排除
1	主机启动无提示音	1. 电源线接触不良或者无电源 2. 主机故障	1. 查电源线或者电源 2. 返厂处理
2	PDA与主机无通信	1. 通信线路连接不良 2. 主机未启动 3. 程序未能正常启动 4. 主机故障	1. 查通信线 2. 查主机 3. 重新启动程序 4. 与厂商联系或者返厂处理
3	温度设置控制值不稳定或者无变化	1. 温控参数不合适 2. 温控加温器失效 3. 温控器故障	1. 与厂商联系调整参数 2. 返厂修理 3. 返厂修理
4	快门板无法启闭	1. 快门板没有装配到位 2. 驱动电机故障	1. 查验快门板装配位置 2. 返厂修理
5	快门板在点火后无法停止启闭	1. 控制程序受干扰 2. 驱动电机定位开关故障	1. 关主机、PDA，与厂商联系，在指导下排除故障 2. 返厂修理

续表

序号	故障现象	故障原因	故障排除
6	电极点火器无电弧	1. 点火电极被污染(短路) 2. 点火器故障 3. 主机板故障	1. 查点火器电板 2. 返厂修理 3. 返厂修理
7	点火后无法关闭点火器	控制程序受干扰	关机后与厂商联系，在指导下排除故障
8	无法捕捉闪失信号	1. 信号灵敏度不合适 2. 传感器故障	1. 调整信号灵敏度(在指导下进行) 2. 返厂修理

3.7.4 H型航空油料化验箱闪点测定仪

1) 闭口闪点通过馏程数据计算得到，因此闭口闪点测定首先按照“微量馏程模块”的方法测定该样品的馏程，需要注意的是，在进行微量蒸馏样品测试时一定要输入正确的样品名称。馏程模块测定完成后，软件会自动计算闭口闪点。

2) 查看闭口闪点数据时需要在软件界面的“结果(已命名)”页中，首先从左侧的样品名称列表中选中要查看的样品，然后点击“闭口闪点”，在界面右侧便会显示结果(图 3-259)。

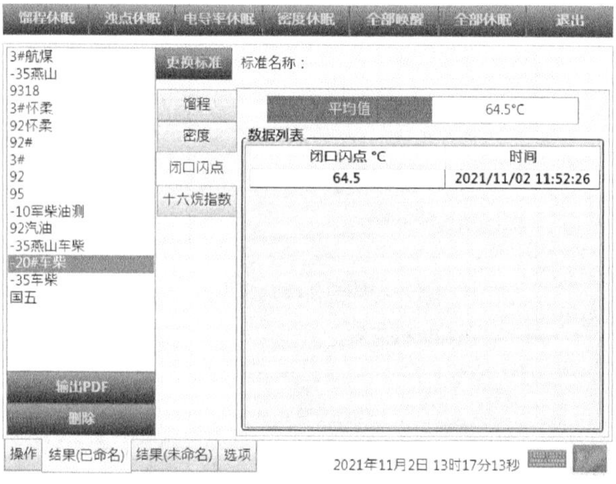

图 3-259　软件界面

3.8 凝点、冷滤点检测方法

野战油料凝点、冷滤点检测器有 G 型油料质量监测车的微型冷滤点快速测定仪和 D 型油料化验箱内的凝点、冷滤点、倾点测定仪。

3.8.1 微型冷滤点快速测定仪

图 3-260 微型冷滤点快速测定仪

微型冷滤点快速测定仪(图 3-260)用于评价柴油低温使用性能，测温范围为 10~40℃，测试精度为±2℃。冷滤点与发动机使用有良好的对应关系，在凝点以上 4~6℃时就已经开始结晶，此时油中已形成网状晶格，从而堵塞滤清器，最后使内燃机供不上油或停止供油，急剧降低功率，甚至停机。

(1) 检测原理

微型冷滤点快速测定仪由试样池、制冷器、光电检测器、温度计、单片机及外壳等组成，外形尺寸不大于 165×270×120(mm)，测温范围为 10~40℃，测试精度为±2℃。仪器结构见图 3-261，性能参数见表 3-14。

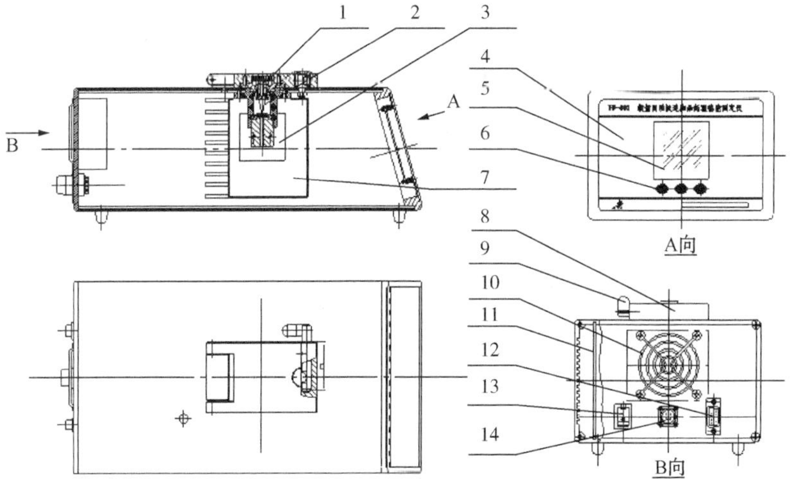

图 3-261 微型冷滤点快速测定仪结构示意图

1—光电检测器；2—试样池；3—制冷器；4—面板；5—显示屏；6—散热器；7—键盘；8—试样池盖；9—锁扣；10—单片机；11—风机；12—RS232 接口；13—电源开关；14—电源接口

表 3-14　微型冷滤点快速测定仪性能参数表

项　　目	性能参数
降温速率	1～6℃/min
升温速率	10℃/min
工作温度范围	10～40℃
环境温度	-15～50℃
相对湿度	不大于 85%
制冷元件	半导体制冷
检测方式	光电检测
样品量	不大于 50μL
电源	220VAC/12VDC，50Hz
通信接口	RS232
重量	不大于 5kg

微型冷滤点快速测定仪工作原理图见图 3-262。

多烃类有机化合物在液态向固态转换过程中，由于存在多种分子结构，不可能在同一个温度点发生转换，会在一个较宽的温度带内不断有结晶析出，并形成分子团，直至全部凝固，完成相态转换，由透明变成不透明或半透明的(透光性发生改变)。相同组分物质在发生相变的温度带中，每一个温度点上都有相同的分子团析出及相对应的透光率。因此检测出某个透光率的变化值即可确定整个相转变的某一点温度时分子团的状况。通过测试标样在冷滤时的透光率变化值我们就可以正确测出其冷滤点的温度值。

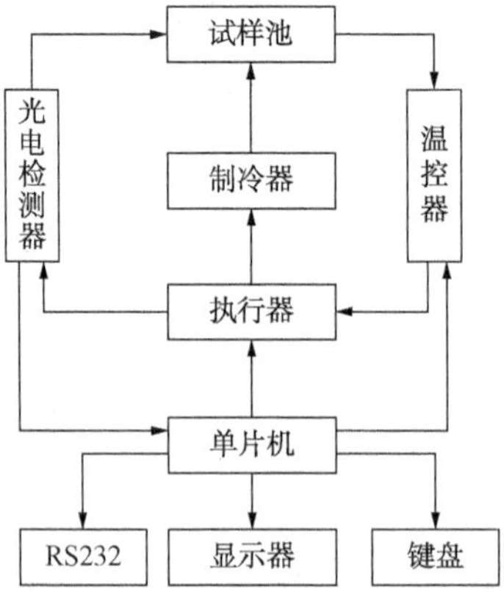

图 3-262　微型冷滤点快速测定仪工作原理图

(2) 检测方法及步骤

1）准备工作。

（a）从右侧工作台抽屉中取出微型冷滤点快速测定仪，放在工作台上，保持与周围物体相距 30cm 以上，通风良好。

（b）接通仪器的电源，开启电源开关，使仪器处于待机状态(图 3-263)。

图 3-263

（c）打开试样池盖，用棉签轻轻擦拭试样池(防止划伤镜面)。

2）检测。

（a）用 50μL 专用移液器从试样瓶中吸取大于 50μL 的油样，轻缓地注入试样池，合上试样池盖，扣紧。

（b）按“设置”键，显示如图 3-264。

按“↓”键，将光标移至“系统设置”，再按“确认”显示如图 3-265。

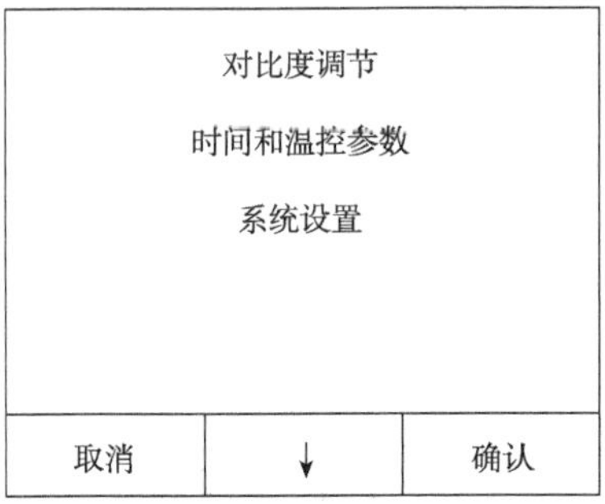

图 3-264

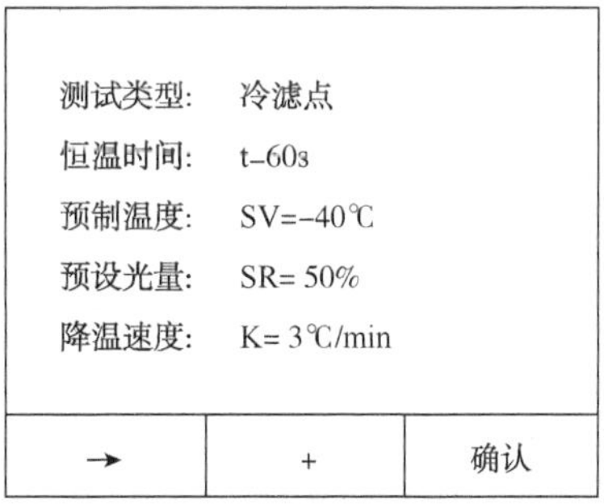

图 3-265

注：①SV 表示最低制冷温度，SR 表示检测光通量信号界限值。

②按“→”键将光标移动到所需修改参数的位置，按“+”键进行参数修改。

③SV、SR 为默认值，一般不需修改，同一类试验可直接启动。

（c）按“确认”返回图 3-264，再按“取消”返回图 3-263，仪器进入测试待机状态。

(d) 按“启动”键显示图 3-266。

注：①PV 表示油样实际温度，程序按要求先升温到 40℃，并恒定 1min 后自动降温；即 PV = 40℃，t = 60s。

②按“停止”键，停止程序。

(e) 当 PV ≤ 20℃ 时，仪器开始对油样进行检测，并绘制 Q－T 图(图 3-267)。

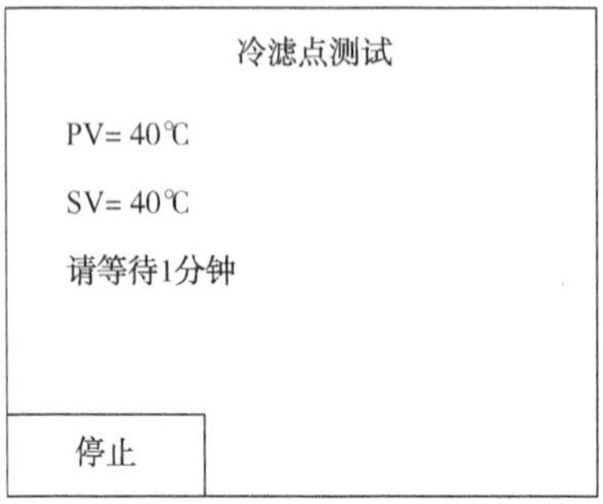

图 3-266

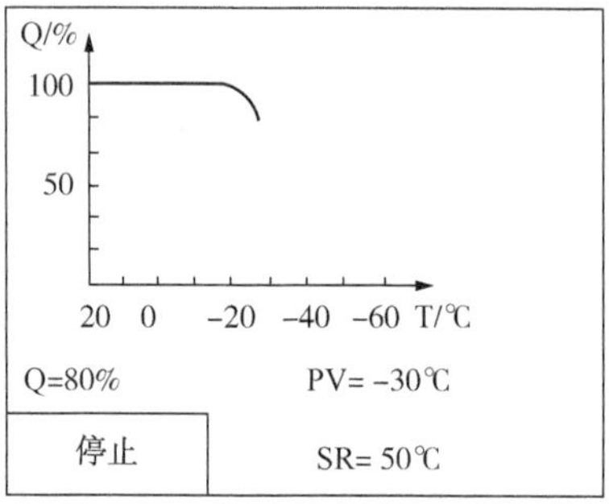

图 3-267

(f) 当 Q = SR(Q 为光通量测定值)时，记录的 PV 值即为冷滤点(图 3-268)。

(g) 按“储存”键记录冷滤点数值，显示如图 3-269 和图 3-270。

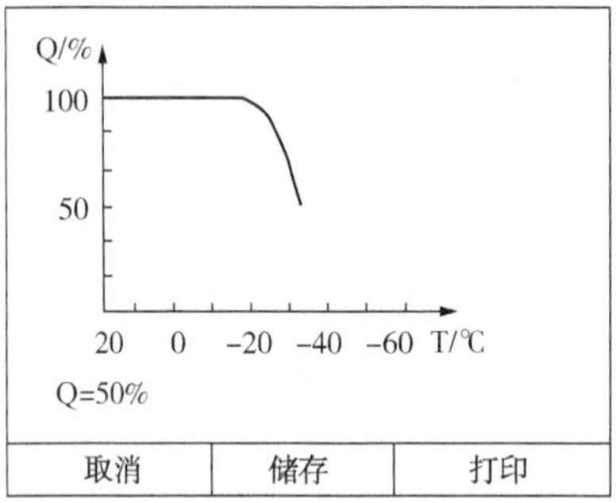

图 3-268

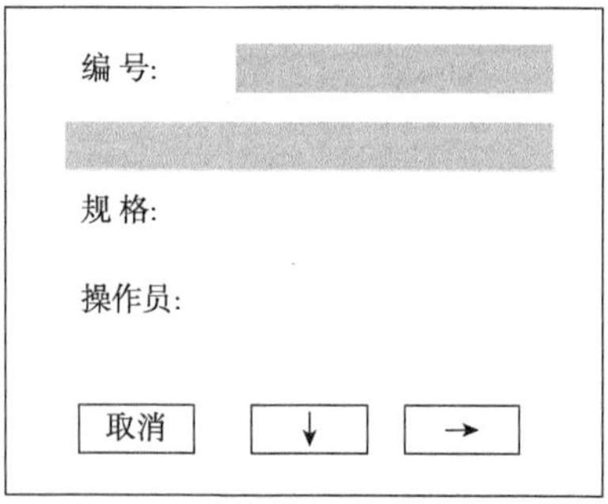

图 3-269

在图 3-269 中按“↓”键选择需要输入的项目名称，例如“样品编号”，再按“→”键得到图 3-370，用“字符”键和“确定”键输入样品编号名称，长按“确定”键超过 3s，返回图 3-263 界面。

(h) 点击图 3-263 中“查阅”键显示记录(图 3-271)，记录检测结果。

按“+”可翻阅记录，按“删除”键可清除记录，按“退出”键返回图 3-263 界面。

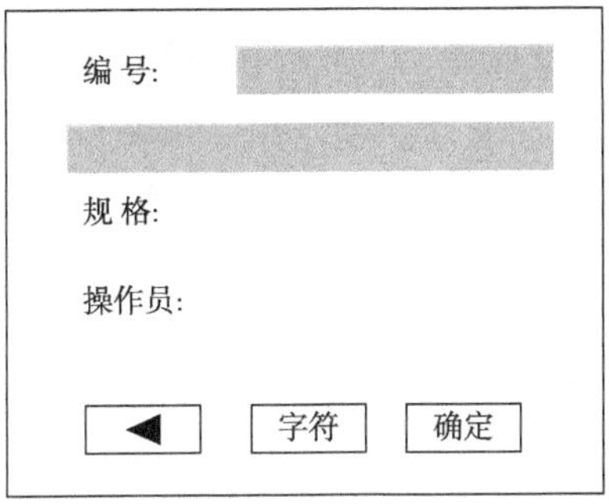

图 3-270

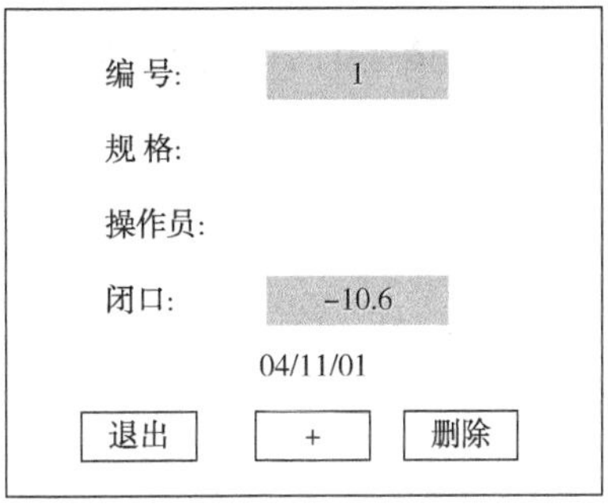

图 3-271

(i) 等待 1min，打开试样池盖，用棉签或用专用镊子夹着面纸擦拭测样池 2 次，备用；停止试验时，关闭仪器电源开关，切断电源。

3.8.2 石油产品低温性能(凝点、冷滤点、倾点)快速测定

D 型油料化验箱内的凝点、冷滤点、倾点测定仪(图 3-272)适用于野外条件下快速检测柴油凝点(冷滤点)、润滑油的倾点、防冻液的冰点。

(1) 检测方法及步骤

1) 用 1mL 清洗剂(丙酮试剂)清洗测定仪(图 3-272)冷井，用棉签擦干。

2) 接通电源(12VDC，室外用汽车的点烟器电源)，用注射器抽取 0.5mL 试样，注入。

图 3-272　石油产品低温性能测定仪

1—冷井观察盖；2—光源孔；3—光纤；4—电源开关；5—检测开关；
6—显示器；7—电源线插座；8—电源插头

3）按下红色按钮④，开启电源，按“SET”键设置预测温度，其中：“SET”键为切换键，“▲”键为调高，“▼”键为调低。温度设置完毕后，按“SET”键复位。

4）将光纤两头分别插入光源孔和冷井底部，按下检测开关，观察冷井中油样的光斑。先将光纤插到冷井底部，再调整光纤高低，油中的光斑成为三角形，为光纤位置恰当，见图 3-273。

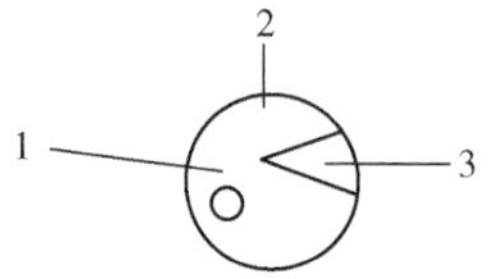

图 3-273　光斑示意图

1—光导纤维；2—油盅；3—光斑

5）当冷井温度降到设定值时（温度差小于 1℃时），仪器发出“嘀嗒”声，电路自动断开，冷井温度保持在设定温度上。恒温 1min 后，按下检测开关按钮，对冷井进行观察。若达到终点，冷井内可清晰地观察到光斑，则重新进行温度设置，冷井温度下降 1℃后，重新观察冷井内光斑，当光斑边缘开始模糊，判定为柴油冷滤点；光斑消失判定为柴油凝点。降温使油样光斑消失，升温使光斑再现时，判定为倾点或冰点。

6）测定完毕，关上电源。用注射器将冷井内的试样吸出，或用棉签擦干。用清洗剂清洗冷井，干燥，待用。

（2）注意事项

1）测定中高档润滑油的倾点时（包括齿轮油），测得的倾点值乘以系数 K（$K=1.6$），即 GB 3535 方法中的倾点值。

2）使用测定仪应严格按要求的电源电压进行工作。

3）仪器工作时保持良好通风。

4）光纤应插入冷井底部，否则会因观察点不正确，而延误检测温度。

5）光纤应一次性使用，防止试样中进入水分。

6）仪器出现故障时，请勿自行拆卸修理。

3.8.3　车用柴油浊点快速测定（H 型地面油料化验箱）

液体样品在标准状态下冷却至开始出现明显混浊的最高温度为其浊点。

（1）试验准备

1）使用微量浊点模块前应当准备好待测样品和干净的注射器（带针头），见图 3-274。

2）取样。

用样品涮洗注射器和针头：抽取 3～5mL 待测样品(可以不带针头)，将注射器推杆拉到 10mL 刻度线以外，装上针头，将样品推出。

抽取样品，排出注射器和针头内气泡，并确保注射器内样品不少于 3mL。

（2）开始试验

1）冲洗管路。

使用待测样品冲洗管路中残留的上一样品，避免样品间的交叉污染，此过程只需在更换样品时进行，如果连续测试同一样品，其间不需要冲洗管路。

冲洗管路所需要的样品量为 5mL，为了操作简便，更换测试样品时，可以直接注入 8mL 样品，其中 5mL 用于冲洗管路，另外 3mL 用于测试。

2）进样。

进样量为 3mL，建议采用差量法进样：如 5mL 剩下 2mL，这样可以更有效地避免带入气泡。

注意：将注射器针头插入微量浊点进样口，尽量缓慢匀速注入样品，3mL 样品应不少于 10s 注射完成(尽量保持匀速)。

进样速度过快有可能导致气泡进入浊点检测池，影响结果的准确性，见图 3-275。

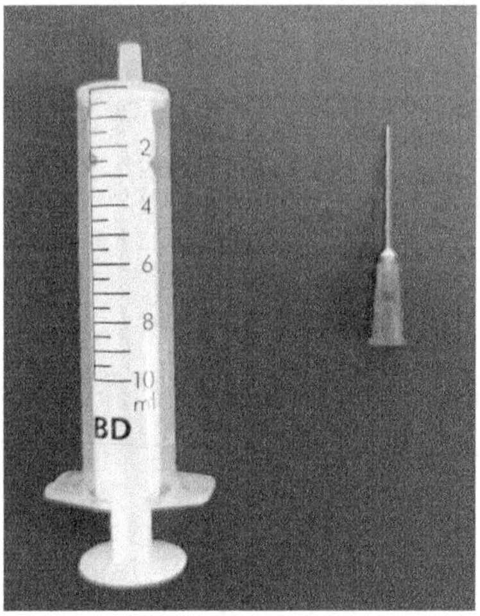

图 3-274　注射器和针头

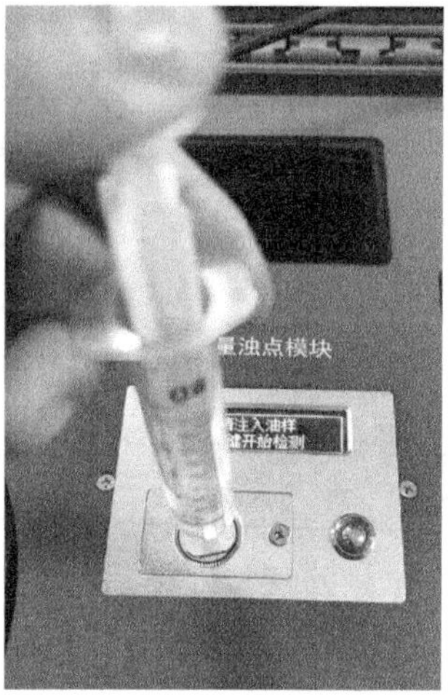

图 3-275　微量浊点进样

3）样品测试控制可以由软件操作也可以按键操作。

在软件界面操作时，首先在浊点模块区域输入样品名称，然后点击开始(图 3-276)。

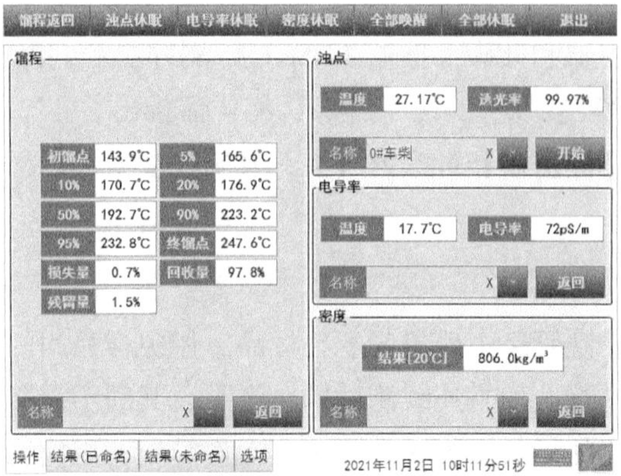

图 3-276 微量浊点开始

按键操作时，短按按键开始测试，测试过程中长按按键可以停止测试（图 3-277）。

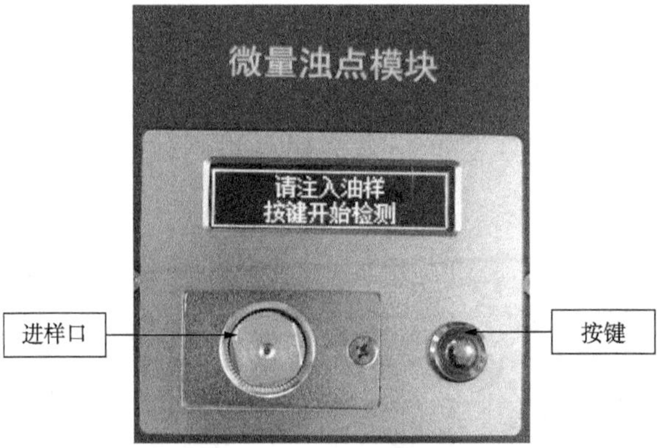

图 3-277 微量浊点

4）结果查看。

样品测试完成后，结果会在微量浊点模块显示屏和软件上同时显示（图 3-278、图 3-279）。

（3）维护整理

1）测试完成后，需要等待回温，回温完成后则可测试下一样品，下一样品取样前需要清洗注射器和针头。

2）如果所有样品均测定完成，则可按照以下步骤对浊点模块管路进行清洁。取 10mL 空气从进样口缓慢注入，将管路中的样品排出。

3）定期检查进样垫和过滤网。

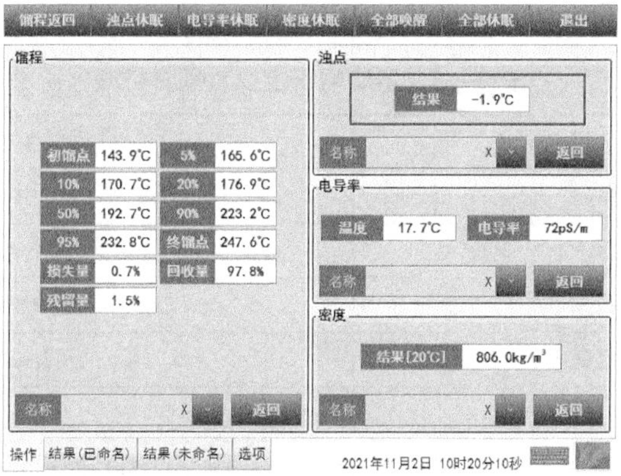

图 3-278　软件界面

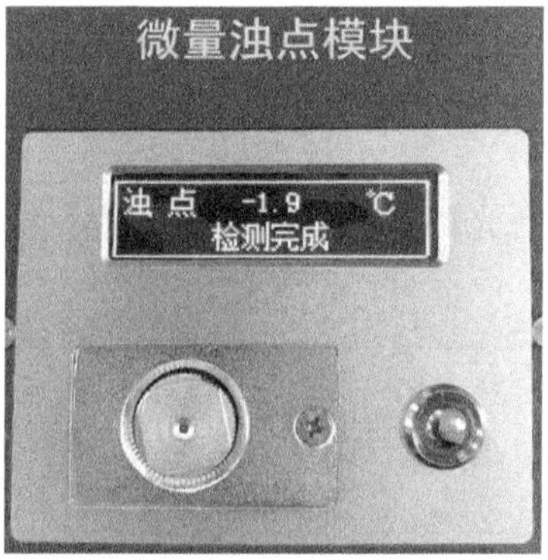

图 3-279　微量浊点测试结果

3.9　不溶物检测方法

E 型油料化验箱内润滑油不溶物测定仪(见图 3-280)，主要用于舰艇柴油机油正戊烷不溶物含量的快速测定。

图 3-280　不溶物测定仪

不溶物测定仪的主要性能参数如表 3-15 所示。

表 3-15　不溶物测定仪性能参数表

项　　目	性能参数
测试精度	符合 GB/T 8926 中 9. 2. 1 条要求
电源	220VAC
测试范围	0~3%
测试时间	≤3min
样品量	1mL
外形尺寸	181×253×95(mm)
重量	3kg

(1) 检测原理

1) 仪器结构。

不溶物测定仪由机壳、光源、检测器、样品池、显示屏等组成。图 3-281 是仪器的结构图。

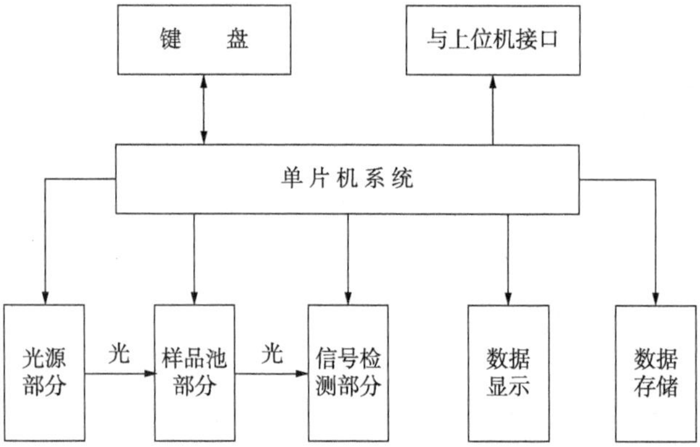

图 3-281　不溶物测定仪结构图

(a) 机壳：由铝合金型材经加工、喷涂保护油漆而成，是仪器总体结构的支撑和外表。

(b) 光源：由两个发光二极管组成，波长分别为 500nm 和 650nm，波长准确性好，稳定性强，功耗小。

(c) 检测器：采用硅光电池检测器，用于检测光源的信号强度。

(d) 样品池：采用透明有机玻璃制作，用来承载检测样品。

(e) 显示屏：人机对话界面，选用 MGLS12864V3-01 点阵模块，可显示整个测试过程中的重要信息。

2）工作原理。

图 3-282 是不溶物测定仪的工作原理图。

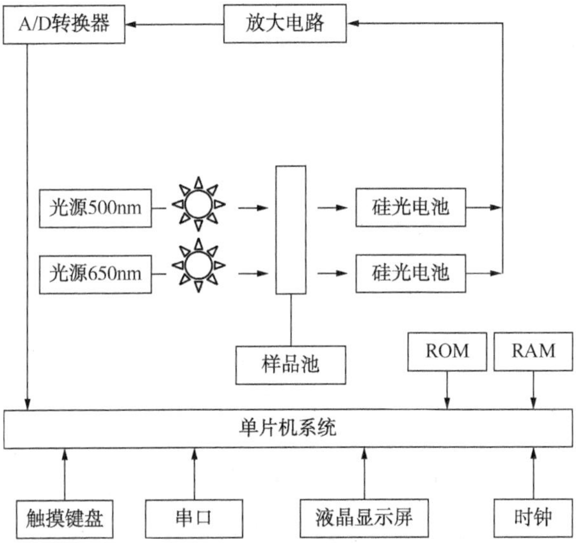

图 3-282　不溶物测定仪的工作原理图

由两个发光二极管发出波长为 500nm 和 650nm 的光，分别照射到样品池上。在样品池另一侧安装了硅光电池传感器，传感器能检测到光源发出的光的能量，并转换为电信号。测试时，将空白样品放入仪器中，由光源发出的光，经过空白样品照射到硅光电池传感器上，硅光电池传感器检测到两种不同波长光源能量后，将其转化为电信号输出，电信号经过放大处理以及数模转换后，作为空白值记录在单片机中。将涂有被测样品的样品池，插入仪器样品架上，重复上一次的检测过程，单片机对这些信号按双波长分光光度法计算出润滑油样品中不溶物的含量，并显示测定数据。

3）主要特点。

不溶物测定仪具有以下特点：

（a）体积小、重量轻、便于携带。

（b）仪器测试采用微量化检测，作业时间短，样品量少，污染少。

（c）检测数据易于存储和传输，满足信息化管理要求。

（2）检测方法及步骤

1）准备工作。

（a）展开。

打开 2 号和 3 号化验箱，取出仪器和电源，置于平坦整洁的操作台（场地）

上，仪器与周围物体相距 100mm 以上，保持水平。

用专用电源线将不溶物测定仪的受电接口连接到电源分配器的 220VAC 输出端。

在野外作业时，包装箱可充当临时操作台。

（b）仪器准备。

将样品池用柔软的纸巾擦拭干净后备用。

摇动试样瓶中的试样，使其混合均匀。

开启电源开关，仪器进入待机状态，显示屏如图 3-283。

不溶物测定仪

图 3-283

首先取样品池一对，其中一片为平面的，另一片为有凹层的。如果是新的，可直接做涂层，如果是使用过的，将承载试样的样品池特别是检测区擦拭干净(最好用正戊烷或石油醚等溶剂清洗干净，擦干或晾干后再使用)。用玻璃棒或滴管蘸取少量已经摇匀的油样，滴入有凹层的样品池的凹下处，让油自然流淌均匀后，轻轻压上平面的样品池，将四周溢出的油擦拭干净后水平放置待用。注意尽量不要有空白处或气泡及其他干扰物。

把涂片放入样品室时要捏住涂片的边缘，不要拿涂片的中间位置，以免弄脏涂片表面，影响测量精度。

2）测试。

（a）在界面如图 3-283 状态下，按“↵”键进入主页面，显示屏如图 3-284。

A 样品测试
B 记录查询

图 3-284

（b）在界面图 3-284 中按“A”键，显示屏如图 3-285。

放入空白样
并按确认键

图 3-285

空白样涂片制作：取新油作空白样（如果没有新油，可采用柴油，但会增大测量误差），用干净的样品池按样品涂片制备方法制作空白样涂片。

（c）根据屏幕提示，将空白样涂片放入样品室，旋上样品室盖后，按“↵”键，显示屏如图 3-286。

数据采集中
请稍候
×%

图 3-286

×为数据采集进度数值。

（d）当数据采集进度达到 58%时，系统会提示放入样品，如图 3-287 所示。

请放入样品
并按确认键

图 3-287

（e）打开样品室盖，取出空白样。

将待测试样充分摇匀后用干净的样品池制作样品涂片。将样品涂片放入样品室中，旋上样品室盖，按“↵”，系统开始采集样品数据，界面显示如图 3-288。

正在分析数据
请稍候

图 3-288

（f）数据采集结束后，系统会自动计算不溶物含量，显示如图 3-289。

分析结果
不溶物含量
0.83

图 3-289

注意可能出现的情况：

① 如果出现图 3-290 的情况，可能是由于样品池上的油样涂抹不均匀，有空白部位、气泡等，可按“↵”键返回图 3-284，重新进行操作。

数据错误
请您重新操作

图 3-290

② 当被测样品浓度过高时，需要对油样进行稀释，在图 3-288 界面分析数据结束后，会出现稀释样品的提示，如图 3-291。

请稀释样品
并按确认键

图 3-291

样品稀释方法：取适量柴油，按一定的比例对样品进行稀释，可根据样品的具体情况，按由小到大的比例稀释。

稀释倍数计算：1 份样品加上 1 份柴油，稀释比例为 1∶1，稀释倍数为 2；1 份样品加上 2 份柴油，稀释比例为 1∶2，稀释倍数为 3；即两者比例之和为稀释倍数。用稀释好的油样制备样品涂片。

（g）按“↵”键，进入稀释倍数输入界面，如图 3-292。

稀释倍数1
按确认键确认

图 3-292

按“↑”“↓”键选择稀释倍数，按“↵”进入正常测定界面，然后按正常操作顺序进行测量。

（h）在测试结束出现图 3-289 界面，按“↵”键，会进入图 3-293 所示界面。

是否保存记录

图 3-293

如果按“↰”键，则返回图 3-283 所示主界面，此时可取出样品涂片，重复进行其他测试。

注意：每个样品测试步骤中，都要先进行空白样测试，因此第一次制作的空白样涂片，应保留好，可用在后面其他样品的测试操作中。

(i) 如果保存数据，在图 3-293 界面按“↵”键，进入记录保存页面，如图 3-294所示。

记录保存	
20_	年
	月
	日

图 3-294

(j) 在图 3-294 界面，输入记录日期，按“↑”“↓”键进行数字的增大和减小，设定好一位后，按“↵”键将光标移到下一位，如果按“↰”键光标则向前移动一位。本页面的所有数位都设定好后，再按“↵”键则进入测定信息的输入页面，如图 3-295 所示。

记录保存	
舰艇编号	_
人员编号	
测定结果	

图 3-295

(k) 在图 3-295 的界面中，同输入日期的方式一样输入其他项，输入完成后，系统保存记录结果，出现如图 3-296 界面。

记录保存成功

图 3-296

按“↵”返回图 3-284 所示主页面。

(l) 测试结束后，取出样品池，除去废油样，用石油醚或洁净的柴油清洁样品池并擦拭干净，准备下一次测试。

(m) 停止测试时应关闭仪器电源开关，切断电源。

3) 数据查询。

在仪器单片机的存储器中可以存入 50 组检测数据，根据用户的需要进行查询。

（a）在图 3–284 所示主界面中按“B”键，则进入记录查询页面，如图 3–297 所示。

图 3–297

（b）按“↵”键，页面显示所保存的记录，每屏显示 4 条，自动翻页，如图 3–298所示。

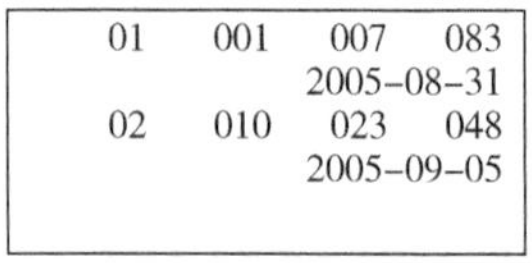

图 3–298

图 3–298 中的结果注释如图 3–299。

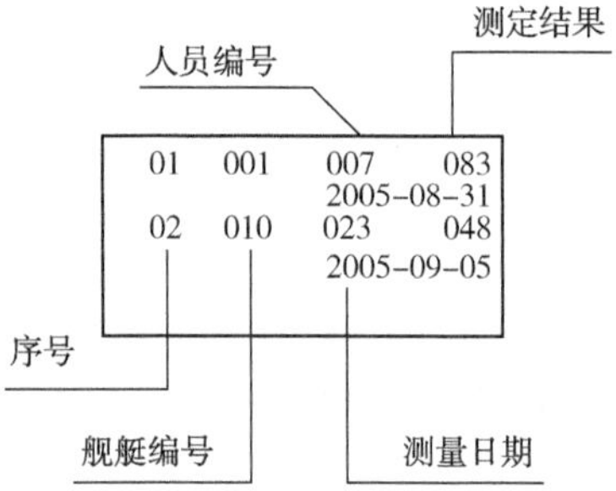

图 3–299

显示所有记录后，按“↵”返回图 3–284 所示主页面。

4）计算机控制及数据传输。

仪器除具备独立测试功能外，还可通过 RS232 通信接口与上位 PC 机连接，通过计算机控制程序控制仪器的测试操作、数据传输和查询，具有更为强大的数据采集、存储和分析处理功能，以及实现局域网联机。

舰艇油料化验箱集中控制与数据管理系统总控程序主要由黏度、闭口闪点、水分、酸碱值、不溶物测定仪的控制和数据管理六部分组成，其总体界面如图 3–33所示，当鼠标移动到相应的按钮上时，右边的椭圆形文本框中会有相应的提示性文字说明。

（a）在使用计算机控制及数据传输时，应注意以下几点：

仪器在待机状态下，上位 PC 机才能对仪器进行控制操作下载数据。

仪器在自身运行状态下，PC 机无法对仪器实现控制。

在笔记本电脑通过通信分配器与各仪器通信控制操作时请单独开启需控制操作的仪器。其他仪器处于关闭状态，完成所控制仪器测试和数据下载。

每台仪器可单独与笔记本电脑连线通信、由笔记本电脑控制操作，完成测试和数据下载。

(b) 上位 PC 机软件操作。

仪器应处于图 3-300 状态。点击“不溶物测定”按钮，程序调出测定不溶物的子程序，如图按照计算机界面上出现的不溶物上位机操作菜单要求进行不溶物的测定；参照下列运行程序，显示如图 3-300。

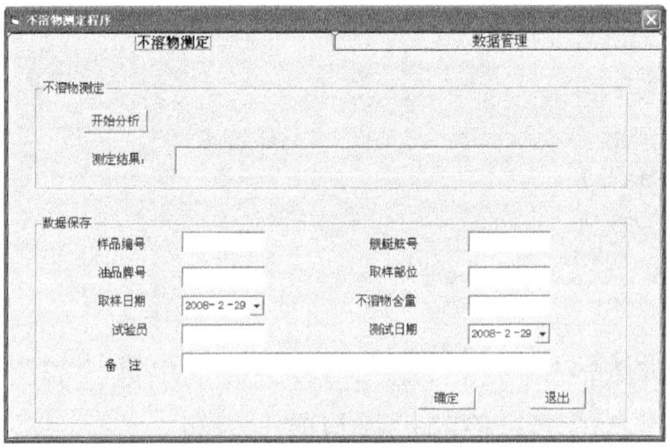

图 3-300

开启仪器电源进入待机状态，点“开始分析”，弹出界面如图 3-301。

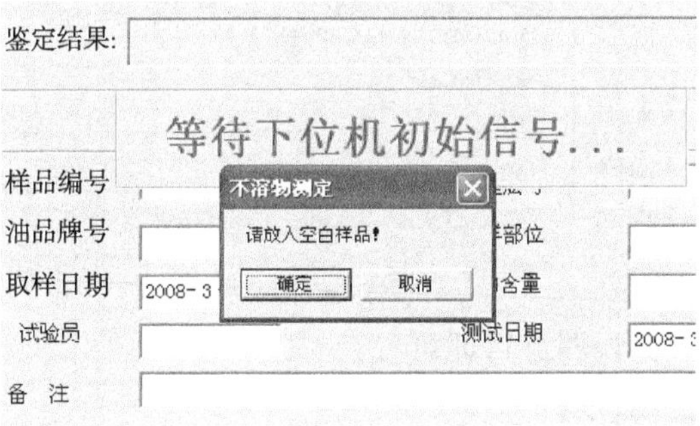

图 3-301

按照指示放入空白样品，点击“确定”，进入分析状态。待分析空白样品结束后，会弹出如图 3-302 界面。

按照指示放入待测样品，点击“确定”，进入分析状态，分析结束后，出现如图 3-303 界面。

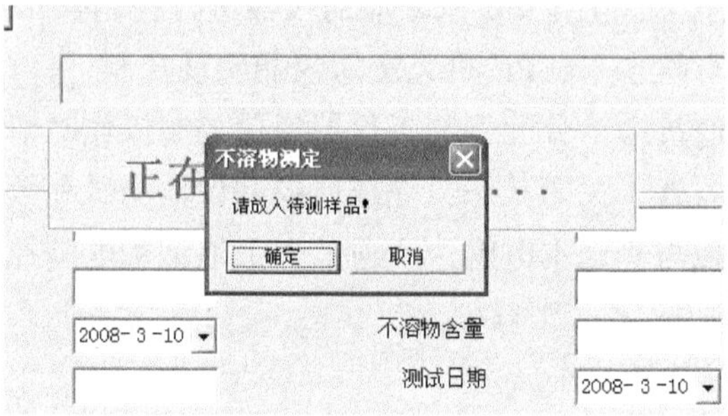

图 3-302

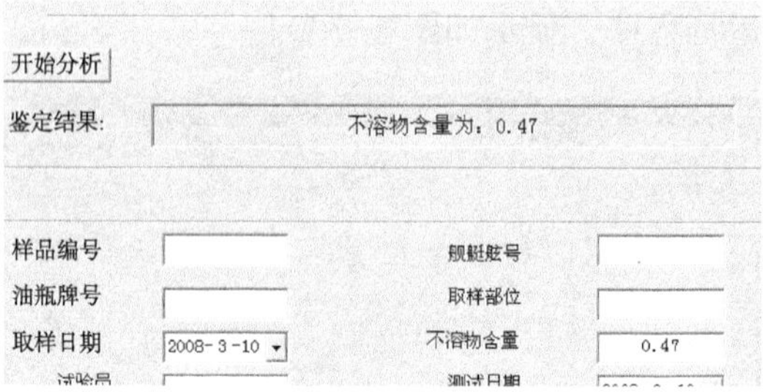

图 3-303

如果所测样品太浓需要稀释，输入稀释样品的倍数，如图 3-304 把稀释好的样品放入样品池中进行检测。检测过程与前面相同。

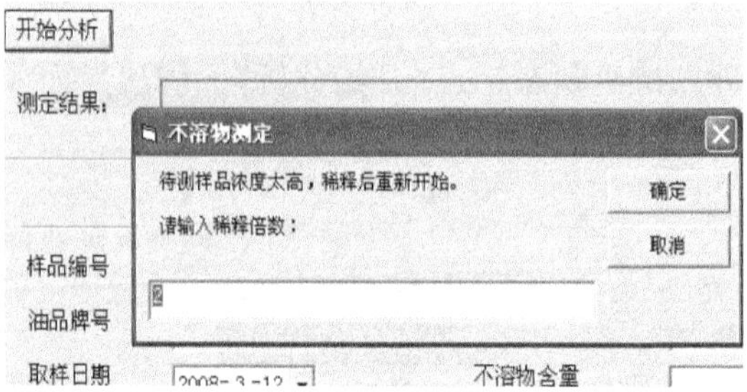

图 3-304

其他操作按照界面说明进行即可。

数据管理界面使用说明：

在图 3-300 界面下点击“数据管理”按钮，程序调出数据管理的子程序，界面如图 3-305 所示。

该子程序主要用于各个指标记录结果的查询以及绘图统计，为质量监控提供依据。

进入数据管理子程序界面后，首先需要选择要查询的表。

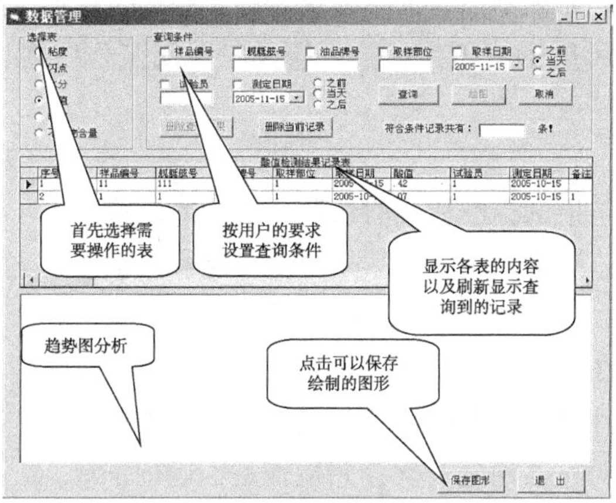

图 3-305　数据管理子程序界面

选定表后，根据要求设定查询条件，进行查询操作，可以进行组合条件查询，查询到的记录自动在表中刷新显示。

进行查询操作后，可以对查到的结果进行绘图，横坐标为测定日期，纵坐标为指标值。点击“删除查询结果”可以删除查询到的所有记录，点击“删除当前记录”可以删除在表中的单条记录。

绘制的图形可以点击“保存图形”进行保存。

点击“退出”，则程序将关闭，退出软件的运行。

5）撤收。

（a）完成测试后，将样品池及载玻片擦拭干净放回化验箱中。

（b）试验结束后，先关闭仪器电源开关，再切断供电电源，松开连接导线，并脱离，整理后入箱归位。注意仪器为光学仪器，使用中要轻拿轻放，避免摔碰。

（c）将试验废弃物放入专用的收集袋内，等待统一处理，防止污染环境。

（d）清点配件备品，入箱归位。

（3）维护保养

1）日常保养。

（a）试验前检查。

①检查仪器各部件连接是否正常。

②检查载玻片及样品池是否干净，若不干净，应用纸和棉签擦拭干净。

（b）试验后保养。

①试验后应检查载玻片、样品池及仪器表面是否清洁。载玻片用完后应该用溶剂或柔软的纸巾擦拭干净(注意要防止纸屑干扰测试)，放入柔软干燥处保存，

避免坚硬物品划伤；如果不慎有油落入仪器中，应及时用棉球蘸溶剂清洗干净。

②检查工作电源是否关闭，试验后应及时关闭工作电源，以减缓光学器件老化。

2）定期保养。

每半年用已知结果的标准油检验仪器，仪器的检验操作与测试操作相同，如果测试结果超过误差范围，应联系厂家对仪器进行校正。

3）储存保养。

（a）仪器应放在包装箱中，储存在通风、干燥的库房内，确保库房内不存在酸、碱及其他腐蚀性物质，并应注意防尘、防水、防火。

（b）每3个月对仪器通电一次，并检查是否运行正常。

（4）常见故障排除

表3-16列示的是不溶物测定仪的故障及排除方法。

表3-16　不溶物测定仪常见故障及排除方法

序号	故障名称	故障现象	故障原因	排除方法
1	显示故障	显示屏显示乱码或无显示	内部接线松脱	检查内部接线或返厂修理
2	测试故障	测试结果异常或测试误差偏大	仪器系数不正确	重新设置仪器系数或返厂修理
			内部光学部件相对位置发生改变	返厂修理
3	仪器状态异常	仪器有异常振动、声响或气味	风扇工作不正常	无技术保证时返厂修理
			内部部件松脱	无技术保证时返厂修理
			电路故障	返厂修理

3.10　银片腐蚀检测方法

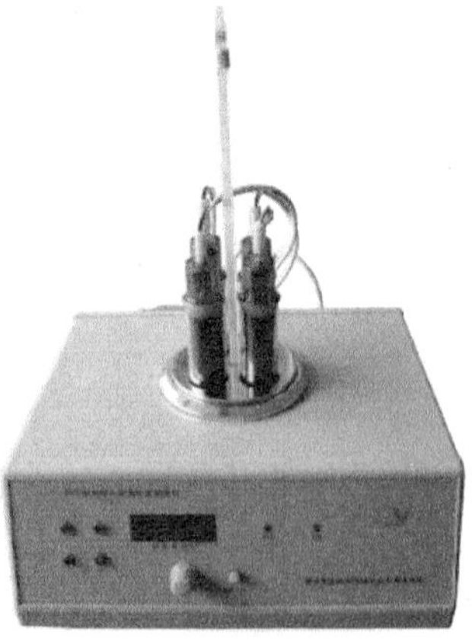

图3-306　银片腐蚀快速测定仪

G型油料质量监测车内银片腐蚀快速测定仪(图3-306)由合金铝加热体、温控装置、快速银片腐蚀专用磨口试管、专用电极及连接线等组成，外形尺寸不大于240×285×120(mm)，性能参数见表3-17。主要用于快速测定转运、收发、储存中喷气燃料的银片腐蚀状况。

表 3-17　银片腐蚀快速测定仪性能参数

项　　目	性能参数
温度分辨率	0.1℃
恒温精度	±0.5℃
温度范围	室温~100℃
环境温度	0~45℃
相对湿度	不大于 85%
专用电极插孔电压	14.9V±0.1V
专用电极夹具间距	9.0mm±0.2mm
电源	220V±10%，50Hz
定时器时间	30min±2s
棕色磨口试管	尺寸符合 GB/T 5096 2.1.2，在 3mL、10mL、30mL 处刻环线
铝块浴	能使试管及试样保持 50℃±1℃
银片	符合 YLB 15 要求
铜片	符号 GB/T 5096 要求
通信接口	RS232
重量	不大于 10kg

（1）工作原理

本仪器是用金属浴加热法代替传统的水浴加热法，控温传感器通过电桥放大电路、非线性调整电路等控制系统，再作用于调功模块，实现对加热体的各段调节，从而达到控温目的(图 3-307)。

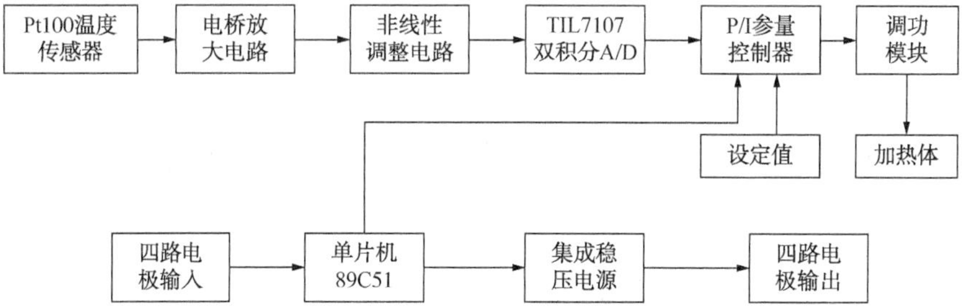

图 3-307　银片腐蚀快速测定仪工作原理

（2）检测方法及步骤

1）准备工作。

（a）从右侧工作台的抽屉中取出银片腐蚀快速测定仪，放在工作台上，接上电源。

(b) 在仪器温度计插孔内插入分度值为0.5℃的0~100℃温度计，打开电源开关，按下调温按钮，调节温度值为50℃，松开调温按钮，数显表显示实测值。此时，仪器自动开始加热，升温至预定值后，转入恒温状态。

2）检测。

(a) 按SH/T 0023方法要求处理银片和油样，取清洁干燥的专用试管，先倒入3mL无水乙醇，再倒入10mL被测油样，摇匀，将已插上银片的专用电极插入该试管，使银片浸入油样1/2左右，然后连同试管一并插入专用试管夹具盖内(每只试管夹具盖可插4只试管)，再将电极线小头插入电极头插孔内，另一头插入仪器右侧的电极插孔内，此时电极头内的发光二极管及仪器面板对应位置的绿色指示灯亮，表示电极接触良好，试验开始自动计时，依序可进行4个油样的试验。

(b) 在试验结束(30min)前10s，仪器发出短促的报警声，提醒试验者试验已近尾声，至30min时，发出长鸣声，电极上的指示灯灭，同时断电，仪器面板上对应位置的红色指示灯亮，试验结束。

(c) 取出电极，观察两块银片的变化，以腐蚀严重的银片作为评定判断腐蚀结果。

(d) 测量结束后，将被测油样倒入废液瓶内，用试剂清洗试管，放回原位置，备用。

(3) 注意事项

1）保证仪器电路系统内不进水、不受潮。

2）当电极中发光二极管不亮时，表示电极未通电，可能接触不良，应重新插入或检查线路。

3）进行喷气燃料银片腐蚀快速测定时，将银片腐蚀快速测定仪专用电极插入插孔后，系统自动开始计时，若中途拔出电极重插，则计时重新开始。

4）测定时，切忌用电极夹具接触油样，银片浸入深度不要超过1/2，未浸部分不应沾有油迹，以免影响结果判断。

3.11 冷却液冰点检测方法

冷却液冰点检测器有D型油料化验箱内乙二醇防冻液冰点测定仪和F型油料化验箱内航空冷却液冰点测定仪。

3.11.1 乙二醇防冻液冰点测定仪

本仪器适用于测定军用长效防冻液的冰点。

乙二醇防冻液密度与浓度、冰点对照关系见表 3-18。

表 3-18 乙二醇防冻液密度与浓度、冰点对照表

相对密度（20℃）	乙二醇含量（体）/%	防冻液冰点/℃	相对密度（20℃）	乙二醇含量（体）/%	防冻液冰点/℃
0.034	26.4	-10	1.084	64.0	-62
1.038	27.2	-12	1.085	64.8	-64
1.041	29.6	-14	1.086	65.6	-66
1.044	32.0	-16	1.087	66.3	-68
1.048	34.2	-18	1.089	68.5	-66
1.051	36.4	-20	1.090	69.6	-64
1.053	38.4	-22	1.091	70.8	-62
1.056	40.4	-24	1.092	72.1	-60
1.059	42.2	-26	1.094	73.3	-58
1.061	44.0	-28	1.095	74.5	-56
1.063	45.6	-30	1.096	75.8	-54
1.064	47.0	-32	1.097	77.0	-52
1.066	48.2	-34	1.098	78.4	-50
1.068	49.6	-36	1.100	79.6	-48
1.07	51.0	-38	1.101	81.2	-46
1.071	52.1	-40	1.102	82.5	-44
1.073	53.6	-42	1.103	83.9	-42
1.074	54.6	-44	1.104	85.4	-40
1.075	55.6	-46	1.105	86.9	-38
1.077	56.8	-48	1.107	88.4	-36
1.078	58.0	-50	1.108	9.00	-34
1.079	59.1	-52	1.109	91.5	-32
1.080	60.2	-54	1.110	93.0	-30
1.081	61.2	-56	1.111	95.5	-26
1.082	62.2	-58	1.112	97.8	-20
1.083	63.1	-60			

乙二醇防冻液冰点测定仪见图 3-308。

图 3-308　乙二醇防冻液冰点测定仪

1—橡胶吸球；2—橡胶吸嘴；3—浮子；4—玻璃管

(1) 组装。组装乙二醇防冻液冰点测定仪时，要将洗净的玻璃管擦干或自然晾干，用湿布擦净浮子表面，再用绸布或滤纸擦干。在浮子装入玻璃管时，不能用手接触擦净的浮子，以防止浮子表面受到污染。

(2) 装配时，将橡胶吸球安装在玻璃管的一端，把带刻度的浮子装入，刻度数字放在吸球一端(为上端)，再用橡皮吸嘴封住玻璃管的另一端(为下端)，装配好的测定仪见图 3-308。

(3) 测定时，将捏扁的吸球慢慢松开，使烧杯中试样溶液徐徐吸入玻璃管内，不能吸入过猛，以免溶液溅到浮子的上部。试样吸入量以浮子浮起为宜。如浮子沾有气泡，应排出玻璃管中的全部溶液，待气泡破裂后，重新吸取试样溶液。

(4) 读数前，应将玻璃管内的浮子轻晃 1~2 下，待浮子稳定后，再读数值(以液体弯月面下沿为准)。

(5) 读数后，记下测试结果，排出管内溶液，用蒸馏水或清水冲洗玻璃管和浮子，晾干或用滤纸吸干后，装入盒内，备用。

3.11.2　航空冷却液冰点测定仪

本仪器用于战时应急条件下航空冷却液冰点的快速检测。仪器外形图见图 3-309，测量范围为 0~65℃。

(1) 操作步骤

1) 打开化验箱，取出滴管，取少量蒸馏水备用。

2) 取出冰点测定仪，掀开盖板，用柔软棉纱布或镜头纸仔细擦净棱镜表面，注意不得划伤镜面，用已准备好的滴管小心地滴几滴蒸馏水在棱镜表面上，合上盖板，使蒸馏水遍布棱镜表面，水平握住仪器，将仪器对向光源或明亮处，转动

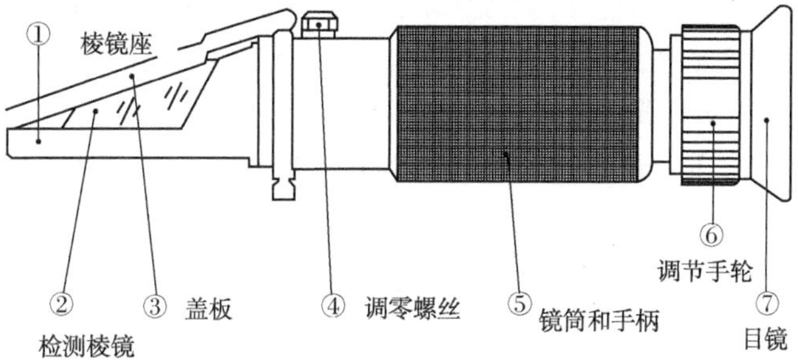

图 3-309　航空冷却液冰点测定仪外形图

视度调节圈，使视场分界线清晰可见，此时若视场分界线不在 0℃上，则用调零改锥调节调零螺丝，使明暗分界线正好处于 0℃上，此时仪器校正完成，用柔软棉纱布或镜头纸擦净棱镜表面备用。

3）按 SH/T 0686—1999 发动机冷却液冰点现场测定法（折光仪法）进行（图 3-310），取 2~3 次试验结果平均值作为样品的冰点。

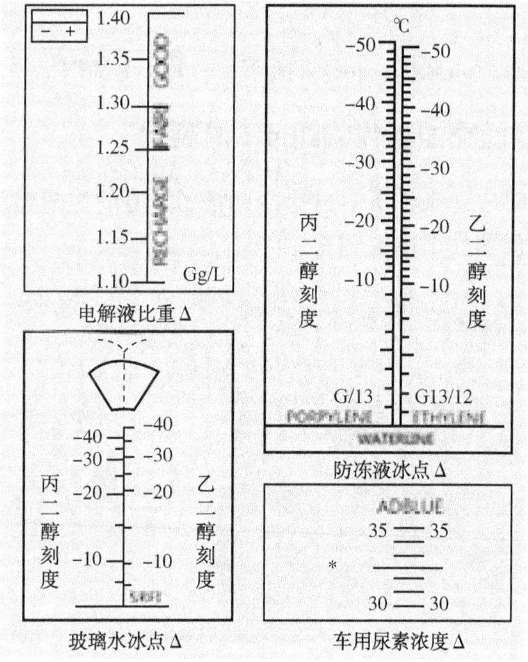

图 3-310　航空冷却液冰点测定观察图

（2）维护保养

1）冷却液冰点测定仪属光学仪器，使用及保养时要轻拿轻放。

2）请勿碰伤、划破光学零件表面，使用完毕后擦净棱镜表面上的试样溶液。

3）请勿使用苯、乙醚、丙酮等试剂擦拭或清洗棱镜和盖板。

4）仪器使用完毕后请放回化验箱中，仪器不得存放在有大量水汽、灰尘或腐蚀气体的地方，防止光学零件发霉或腐蚀。

5）仪器在携带或运输过程中尽量避免强烈振动。

3.12 冷却液 pH 值检测方法

野战条件下冷却液 pH 值检测方法有某型油料化验箱内乙二醇防冻液 pH 值测定和某型油料化验箱内 pH 测定计。

3.12.1 乙二醇防冻液 pH 值测定

乙二醇防冻液 pH 值测定步骤如下：

（1）酸度计的安装和检查。与测定石油产品水溶性酸或碱的方法相同。

（2）用 50mL 烧杯装入被测防冻液溶液，将酸度计直接插入杯中，测量，读取 pH 值。

（3）根据防冻液产品规格，pH 应在 7.5~11.0 范围内。

3.12.2 F 型航空油料化验箱 pH 值测定

本仪器用于战时应急条件下对航空冷却液 pH 值的快速检测，本仪器易于展开、操作和撤收。仪器外形图见图 3-311。

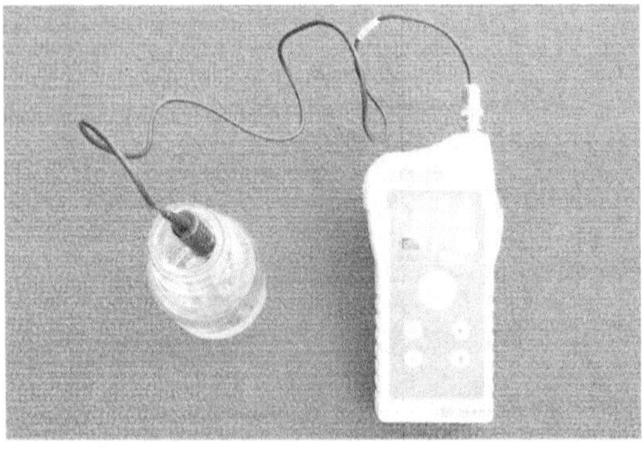

图 3-311　pH 测定计外形图

密度测定仪的主要性能参数如下。

测试范围：0~14。

电子单元基本误差：±0.03。

电子单元输入电流：1×10^{-11} A。

电子单元输入阻抗：5×10Ω。

溶液温度补偿范围：0~60℃。

外形尺寸：170×75×30(mm)。

质量：0.5kg。

(1) 电源准备

仪器供电电源为两节5号碱性电池，打开仪器背部的电池盖，放入电池。

(2) 仪器标定

仪器在使用前，即测量溶液pH值前，先要标定。但并不是每次使用前都要标定，一般在测量间隔时间比较短的情况下，每天标定一次即可。

1) 按"开关"键，接通电源，仪器进入"mV"测量状态。

2) 按"模式"键，仪器进入温度设置状态，"℃"指示灯符号闪烁。模式循环如下：mV测量(显示MEAS和mV)→温度设置(显示℃指示灯闪烁)→pH标定1(显示STD1)→pH标定2(显示STD2)→pH测量(显示MEAS和pH)。

3) 按"▲"或"▼"键，使仪器温度显示为标定溶液的温度，按"确认"键，把设置的温度存入仪器内，此时"℃"指示灯符号停止闪烁。

4) 按"模式"键，此时仪器显示"STD1"，表明仪器进入第一点标定(如果不需要进行标定则再按"模式"键两次，使仪器显示"MEAS"直接进入pH测量)。

5) 先用蒸馏水清洗电极，然后把电极插在三种pH缓冲液中的任意一种(缓冲溶液的配制见附录五)，此时仪器显示第一点缓冲溶液的电位mV值，待读数稳定后按"确认"键，仪器显示第一点缓冲溶液的电位pH值，第一点标定结束。再按"模式"键，此时仪器显示"STD2"，表明仪器进入第二点标定状态。

6) 取出插在pH缓冲液中的电极，用蒸馏水清洗。把清洗过的电极插入另一种pH缓冲液中，此时仪器显示第二点缓冲溶液的电位mV值，待读数稳定后按"确认"键，仪器显示第二点缓冲溶液的电位pH值，再按"模式"键，此时"STD2"熄灭，"MEAS"显示，表明仪器标定结束进入测量状态。

(3) 测量

经标定的仪器就可以进行pH值的测量，但遇下列情况时仪器必须重新标定。

1) 溶液温度与标定时的温度相比有很大变化时；

2) 离开溶液时间过久的电极；

3) 换用了新的复合电极；

4）测量浓酸(pH<2)或浓碱(pH>12)之后；

5）测量含有氟化物酸度在 pH<7 的溶液或较浓的有机溶液之后。

当被测溶液的温度与标定时缓冲溶液温度不同时，必须将温度重新设置为被测溶液温度，设置方法按仪器标定步骤 2)、步骤 3)进行。然后按“模式”键三次使仪器显示“MEAS pH”，即可测量溶液的 pH 值。

(4) 维护保养

1）仪器的输入端(复合电极插口)必须保持高度清洁，电极插头不要经常拔下，防止灰尘及高湿浸入。

2）合电极头部裂纹或老化(久放一年以上)，则应调换新的电极，否则反应缓慢，甚至造成较大电弧测量误差，新的电极在使用之前需在 3mol/L 氯化钾溶液中浸泡 24h。

3）缓冲溶液标定仪器时，要保证缓冲溶液的可靠性，因为缓冲溶液精度低，将导致测量结果出现误差，缓冲溶液可以自行配制。

4）当仪器液晶左上角显示“LOBAT”，请更换电池。

5）请不要让强烈阳光长时间直射液晶显示器，以延长其使用寿命，必须防止硬物碰撞、划伤显示器表面玻璃。

6）仪器长期不用，请将电池取出。

3.13 制动液沸点检测方法

图 3-312 便携式制动液沸点测定仪

G 型油料质量监测车配备的便携式制动液沸点测定仪(图 3-312)是利用“沸点”法快速准确地测定制动液平衡回流沸点温度，可现场快速检测在0~50℃温度下储存和使用的制动液的质量。测试误差：1%(100~180℃)、3%(高于 180℃)，储存温度范围：-20~70℃，相对湿度：10%~85%。其工作原理是将仪器探头插入制动液被测样品中，接通电源后探头附近的制动液被加热到沸点，精密电子温度计记录沸点温度，并显示出来。

便携式制动液沸点测定仪结构见图 3-313。

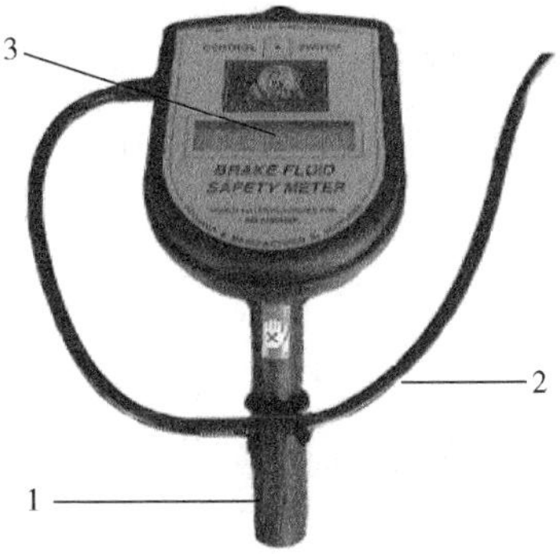

图 3-313　便携式制动液沸点测定仪结构图

1—测试感应区；2—电源线；3—读数显示区

(1) 检测原理

1）技术参数。

测试时间：15~45s。

使用电压：12VDC，6.5A。

测试误差：1%(100~180℃)；3%(高于 180℃)。

使用温度范围：0~50℃。

储存温度范围：-20~70℃。

相对湿度：10%~85%。

2）工作原理。

将仪器探头插入制动液被测样品中，接通电源后探头附近的制动液被加热到沸点，精密电子温度计记录沸点温度，并显示出来。

(2) 检测方法及步骤

1）从右侧工作台抽屉中取出便携式制动液沸点测定仪，放在工作台上，保持与周围物体相距 30cm 以上，通风良好。

2）将仪器的正负极连接线连接在汽车的 12V 电瓶的正负极上(注意：正负极不能接反，也不可以连接 24V 电压，否则将损坏仪器)。

3）用吸管吸取被测样品 20mL，将仪器的电极柱清洗 1~2 次后待用。

4）将仪器的电极柱插入盛有 20mL 被测试样的塑料杯中，也可以将仪器的电极柱直接插入刹车液罐内液体 30mm 深处。

5）按住“CONTROL/SWITCH”按钮，开始检测，5~10s 测量完毕后，即可读数。

6）测量完毕，用石油醚清洗电极柱后，放回仪器箱中。

3.14　电导率检测方法

电导率与样品的温度有着很大的关联，因此电导率模块会同时测定样品的温度，并在结果中显示。

(1) 试验准备

1）使用电导率模块前应当准备好样品和干净的注射器或者移液枪。建议使用移液枪，使用前务必确认移液枪侧面的取样量刻度为 10mL，如不是，请旋转移液枪顶部旋钮调节。

2）使用前将电极和样品杯清洗干净，样品杯包括内杯和外杯(图 3-314、图 3-315)。

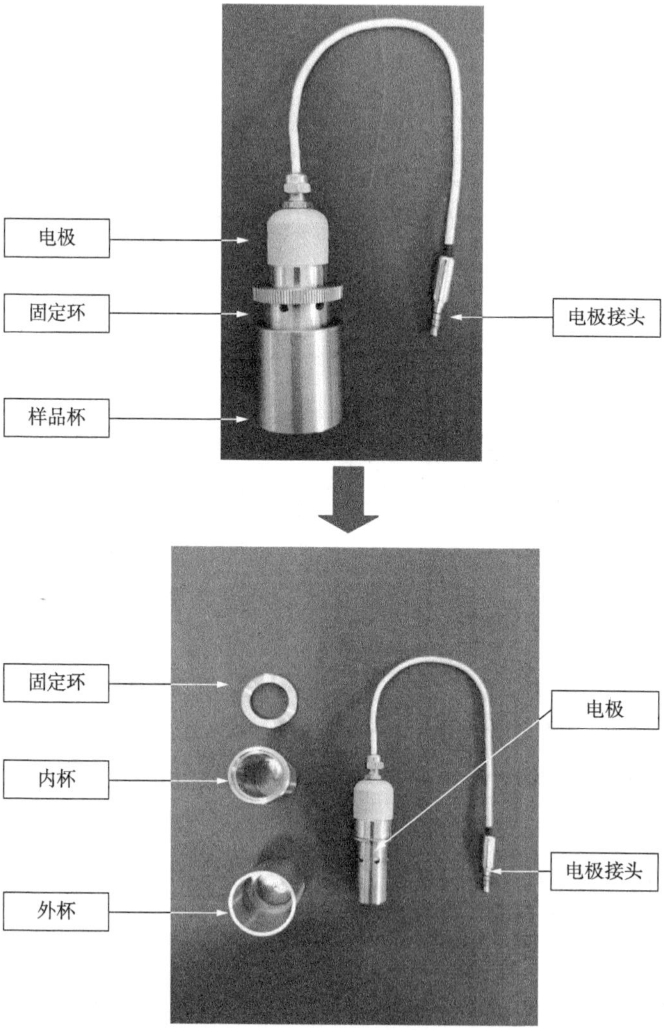

图 3-314　电导率电极和样品杯

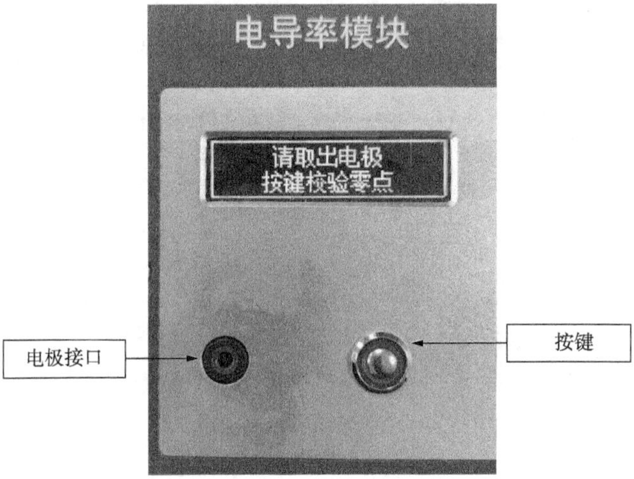

图 3-315　电导率模块

3）准备电极和样品杯。

从箱体内取出电极和样品杯。

旋下固定环，将电极插头插到电导率模块的电极接口。

将样品杯的内杯和外杯拧紧后，放到杯架上(图 3-316)。

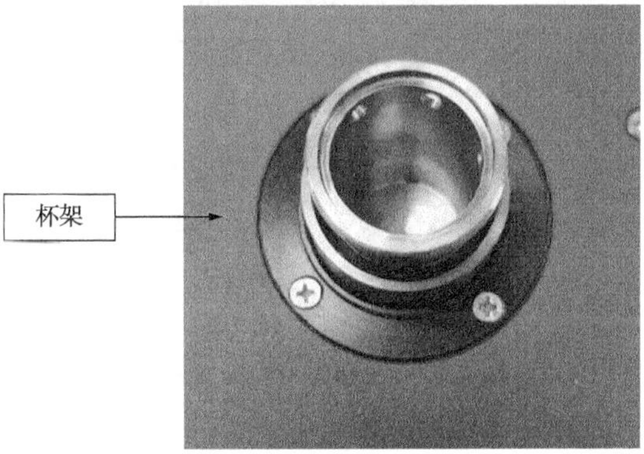

图 3-316　杯架

（2）开始试验

1）取样。

用待测样品涮洗内杯后，用注射器或者移液枪取 10mL 待测样品，缓慢注入样品杯内杯中。

2）打开软件或用按键调零。

样品测试控制可以用软件操作也可以用按键操作。

在软件界面操作时，首先在电导率区域输入样品名称，然后取出电极，点击“调零”(图 3-317)；按键操作时，取出电极，按键校验零点(图 3-318)。

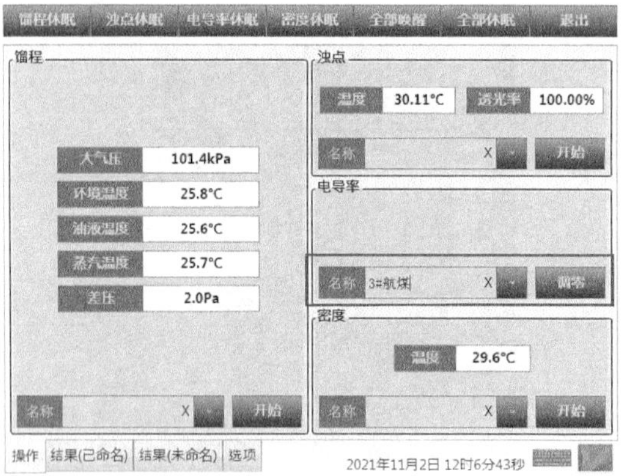

图 3-317　软件界面

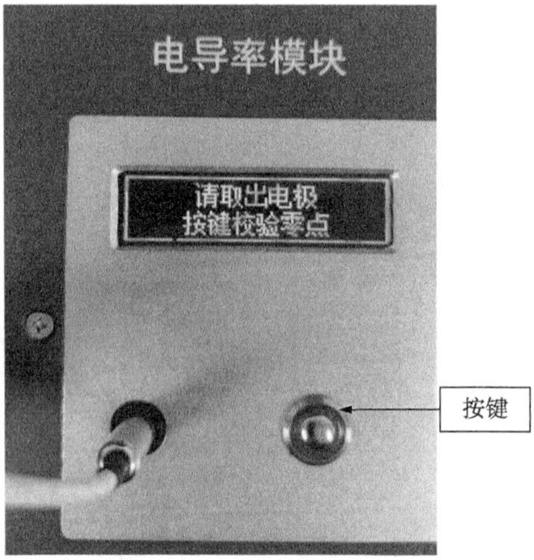

图 3-318　按键调零

3）开始测试。

调零完成后，将电极放入样品杯内，从软件上点击检测或者用按键开始测试。

如果调零不通过，说明电极受到污染。拔出电极插头，将电极内残留的样品甩出，可以使用洗耳球吹扫，电极表面可以用软布或纸巾擦拭。必要时，可以使用有机溶剂清洗。

4）查看结果。

测试完成后，可以从软件界面或者电导率屏幕查看结果(图 3-319、图 3-320)。

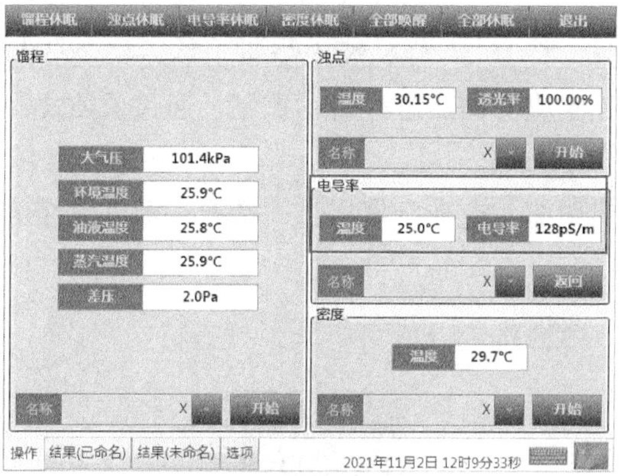

图 3-319 软件界面

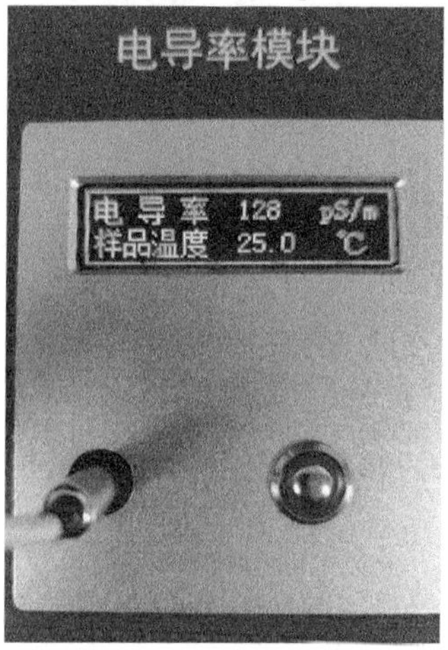

图 3-320 电导率测试结果

(3) 维护整理

1) 测试完成后将样品杯内样品倒掉，并将样品杯擦拭干净，下次测试时用待测样品涮洗。

2) 清理电极：拔出电极插头，将电极内残留的样品甩出，可以使用洗耳球吹扫，电极表面可以用软布或纸巾擦拭。必要时，可以使用有机溶剂清洗。

3) 进行下一样品测试。如果已完成所有测试，将各部件放回化验箱内。

3.15 蒸馏检测方法

微量馏程模块用来测定样品的馏程数据，包括初馏点、各馏出体积(5%、

10%、20%、50%、90%、95%)所对应的温度、终馏点、损失量、残留量。微量馏程测定模块工作时，将 10mL 样品装入烧瓶，然后将烧瓶与传感器连接到一起安装到微量馏程测定模块，加热过程自动控制，通过监测烧瓶内的压力与蒸汽温度计算出上述馏程数据。

微量馏程模块使用前，应准备好样品、沸石、清洗干净的烧瓶等。

(1) 试验准备

1) 传感器(图 3-321)：

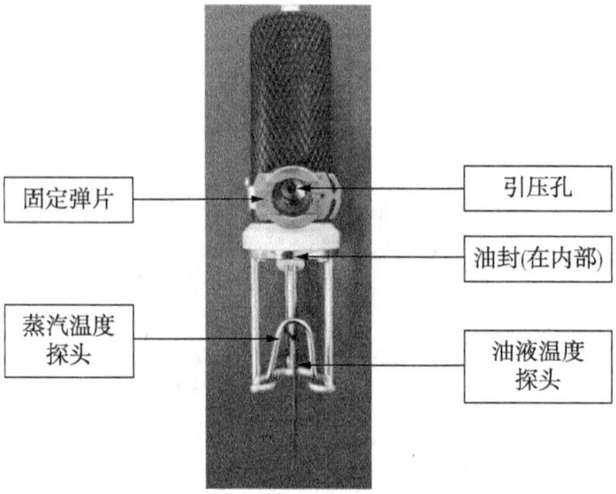

图 3-321　微量馏程传感器

微量馏程传感器各部分的功能：固定弹片可以将传感器和烧瓶固定在微量馏程测定模块上；引压孔将烧瓶内的压力引导到压力传感器，每次测试前应当用洗耳球吹扫引压孔，确保其畅通；蒸汽温度探头(较短，不能浸到油液内)用来测量烧瓶内的蒸汽温度；油液温度探头(较长，工作时插到油液内)用来测量油液的温度；两个传感器间有引流片。

2) 蒸馏烧瓶(图 3-322)：

图 3-322　蒸馏烧瓶

蒸馏烧瓶是与仪器蒸馏模块配套的专业蒸馏烧瓶，在烧瓶蒸汽支管分支处有一个特殊的限流孔。

3）加热装置(图 3-323)：

加热装置在微量蒸馏模块的底部，与烧瓶底部贴合，加热装置自动控制加热功率使烧瓶内的油品升温；蒸馏出的油蒸汽从限流孔流出，经蒸汽支管和冷凝装置到达废液瓶；烧瓶口与传感器连接，连接处的油封具有较好的气密性。每次测试完成，都要用洗耳球吹扫引压孔，防止有油污进入。

加热装置及各连接处如图 3-323 所示。

图 3-323　加热装置及各连接处

传感器与馏程连接处通过黑色垫圈密封，此垫圈长时间使用会出现老化现象，应当定期检查，及时更换；烧瓶蒸汽支管连接处用红色密封垫圈密封，此垫圈长时间使用会出现老化现象，应当定期检查，及时更换；加热装置核心部件是铠装好的加热丝，测试过程中处于高温状态，使用时请注意安全，避免烫伤；通过按压加热装置压杆可以控制加热装置升降，便于烧瓶和传感器的拆卸和安装。

4）量取器具及沸石(图 3-324)：

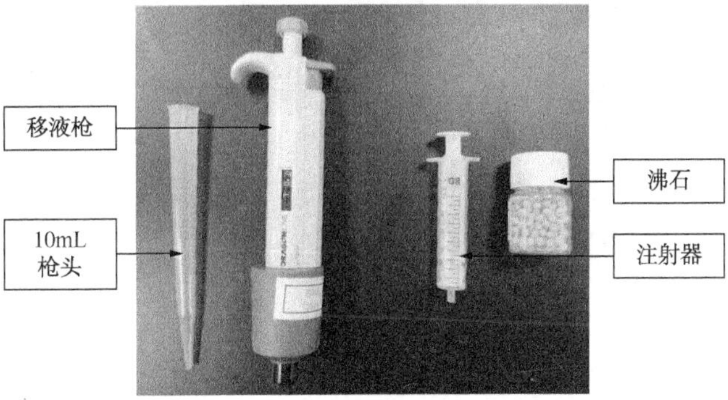

图 3-324　注射器、移液枪和沸石

注射器(无针头)或者移液枪，量程 10mL 或略大。

沸石，沸石应当保持干燥，存放在干燥器中，长期未使用，应当用烘箱烘干。

注射器或移液枪用来抽取样品；沸石可以防止油样爆沸。

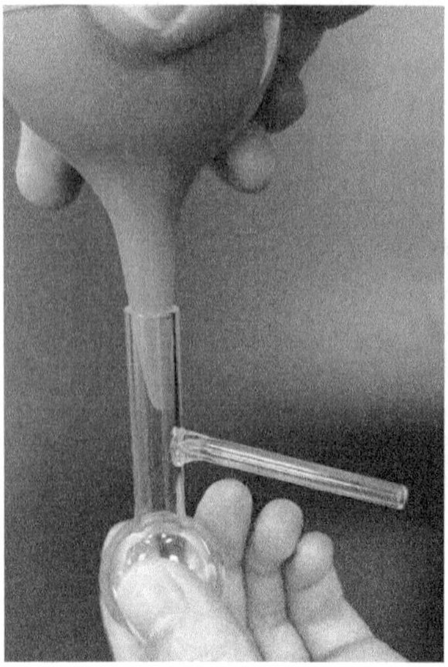

图 3-325　吹烧瓶限流孔

(2) 开始试验

1) 准备好干净的烧瓶，使用前用待测样品润洗 2~3 次。

2) 将洗耳球插入蒸馏烧瓶上口，按压洗耳球，将限流孔和支管内异物吹出，确保限流孔和蒸汽支管畅通(图 3-325)。

3) 放入 5 粒沸石。

4) 使用注射器或移液枪，推荐使用移液枪，更方便准确，使用前务必确认移液枪侧面的取样量刻度为 10mL，如不是，请旋转移液枪顶部旋钮调节。取 10mL 待测样品，注入蒸馏烧瓶中，加注时蒸馏烧瓶支管向外斜(图 3-326)，避免样品流到烧瓶限流孔，甚至从限流孔流出烧瓶，堵塞蒸汽支管和使试样数量减少，导致试验结果不准确。

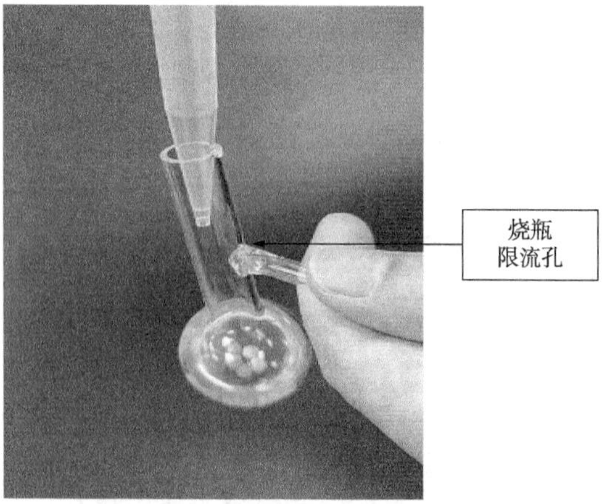

图 3-326　注入样品

5) 将烧瓶插到传感器的油封内，将洗耳球插入引压孔，吹扫传感器引压孔 2~3 次，以保证传感器内管路畅通(图 3-327)。

注意：所有的吹扫步骤都是只吹不吸(按压洗耳球)，洗耳球离开吹扫部件后再松手。避免吹出去的异物再次被洗耳球吸回来。

6）确认“加热装置压杆”处于按下状态。

7）先将烧瓶支管插入连接处，安装传感器；安装过程中保持烧瓶和传感器垂直，防止倾斜。

8）再次按压“加热装置压杆”，使加热装置抬升(图 3-328)。

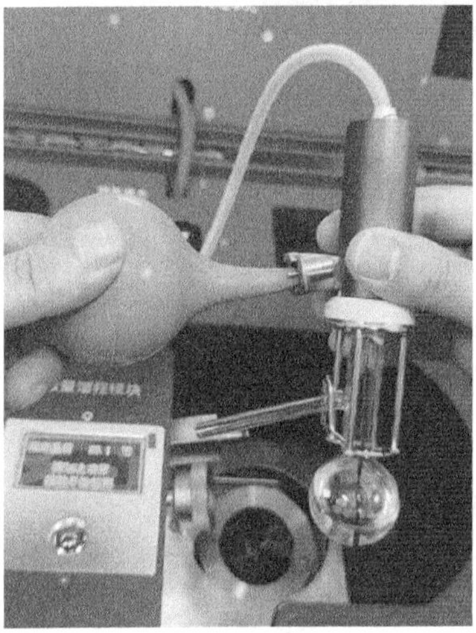

图 3-327 吹引压孔

图 3-328 微量馏程装样

9）样品测试：

样品测试控制可以用软件操作也可以用按键操作。

在软件馏程模块区域输入样品名称，然后点击开始。或者点击按键开始测试，测试过程中长按(3s 以上)按键可以停止当前测试(见图 3-329～图 3-331)。

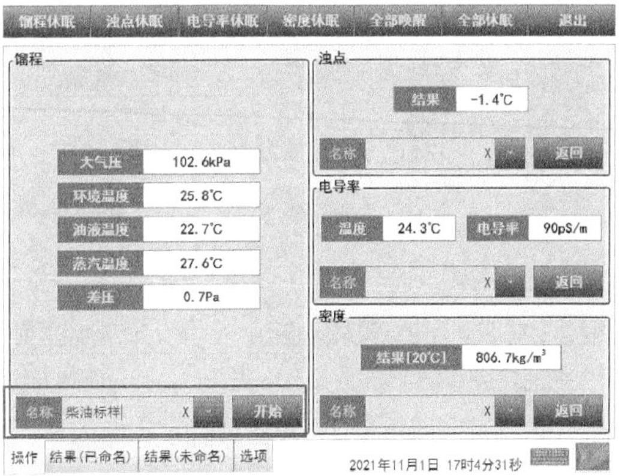

图 3-329 馏程样品命名和开始测试

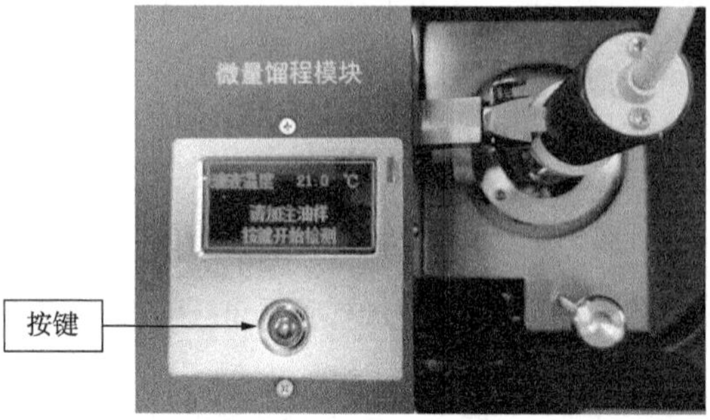

图 3-330　实体按键

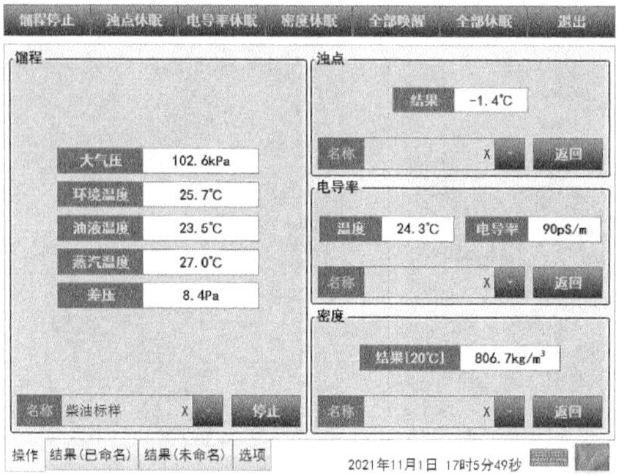

图 3-331　馏程测试中

10）数据查看。

样品测试完成后可以从软件界面查看测定结果(图 3-332)。

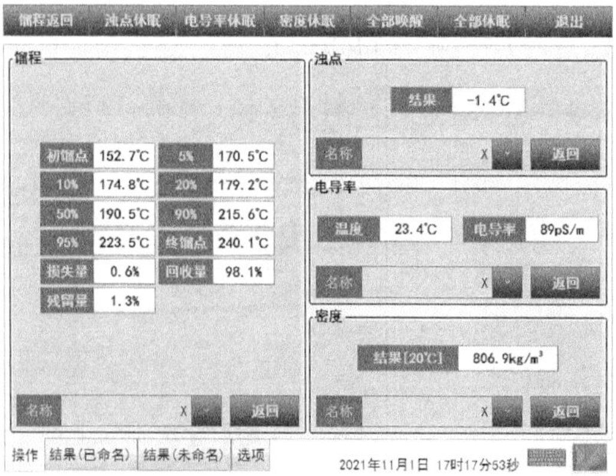

图 3-332　软件界面

也可以从地面油料化验箱的面板馏程屏幕上查看测试结果，面板上的按键短按(3s 以内)可以进行翻页，长按(3s 以上)返回(图 3-333)。

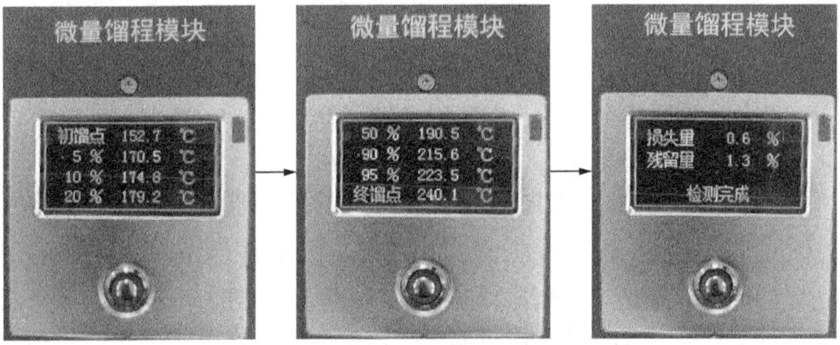

图 3-333　馏程测试结果

(3) 维护整理

1) 馏程模块测试完成后，加热装置自动停止，其下方的风扇开始工作，待烧瓶温度低于 50℃时，方可进行下一步操作。

2) 按压“加热装置压杆”，使加热装置降低。

3) 按压传感器固定弹片，轻轻取下传感器(图 3-334)。

4) 从传感器上取下烧瓶。

5) 倾倒烧瓶内沸石和残留的样品。

6) 使用卷成纸筒状的纸巾清理烧瓶内部，通过转动纸巾将烧瓶内的黑色残留物擦拭干净(图 3-335)。

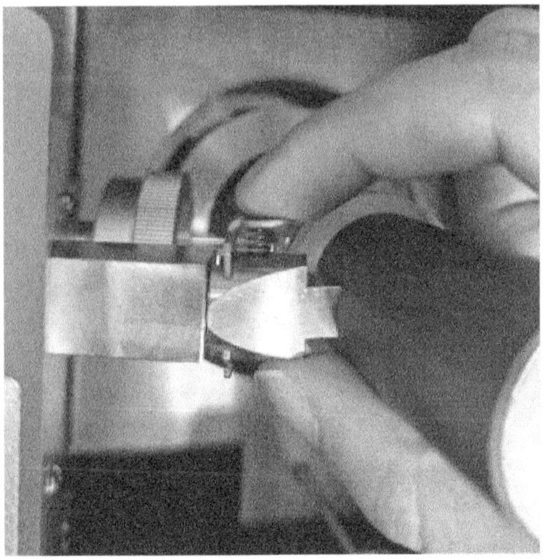

图 3-334　取下传感器

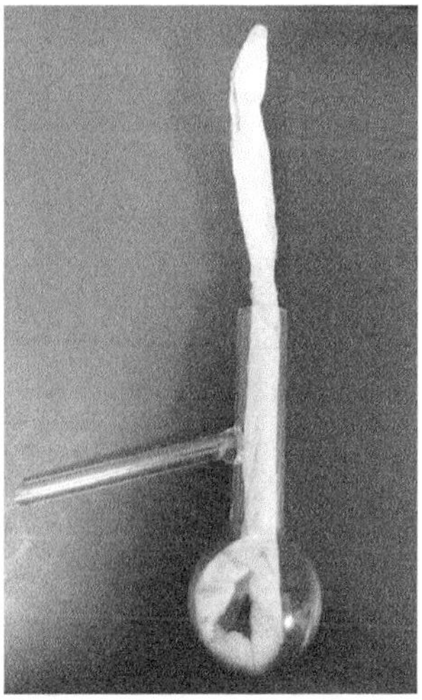

图 3-335　烧瓶清理

注意：烧瓶的清洁是数据稳定性和可靠性的保证。
测试下一样品时，用下一待测样品涮洗烧瓶，避免样品间的交叉污染。
馏程模块使用完成后，将烧瓶擦拭干净与传感器一并收回化验箱。

3.16 十六烷值指数检测方法

1）十六烷值指数由馏程数据和密度数据计算得到，因此十六烷值指数测定首先按照“微量馏程模块”和“密度模块”的方法测定该样品的馏程和密度，需要注意的是，在“微量蒸馏样品测试”和“密度样品测试”时一定要输入正确且相同的样品名称。馏程模块和密度模块测定完成后，软件会自动计算出十六烷值指数。

2）在软件界面的“结果(已命名)”页中查看十六烷值指数时，需要首先从左侧的样品名称列表中选中要查看的样品，然后点击“十六烷指数”页签，在软件界面右侧便会显示结果(图 3-336)。

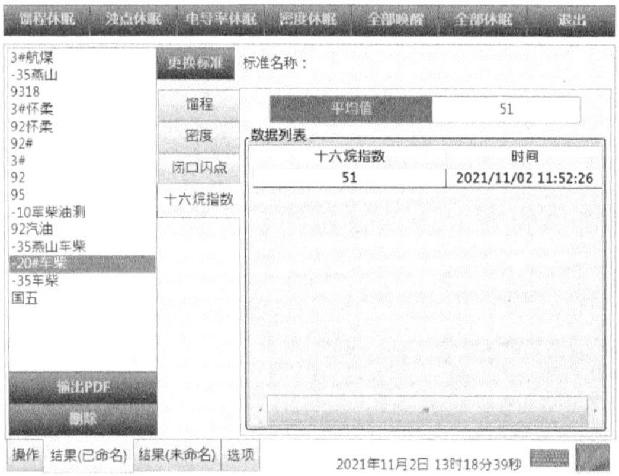

图 3-336 软件界面

第四章 综合实训

油料质量是用油装备正常发挥作用的重要保证。野战条件下油料在储存、运输、加注过程中，其质量受自然条件的影响发生变化，需要进行化验。当油料保障目标遭敌方袭击后，可能造成油料污染，也需要进行化验。战场缴获敌人的油料质量如何，也需要进行化验才知道结果。尤其战时装备基本油料缺乏，需要替换代用油料和应急代用油料，也要进行化验才能确定是否可以使用。因此，在野战条件下地面车辆油料快速检测、航空油料快速检测、舰艇油料快速检测和油料品种简易识别极为重要。

4.1 野战条件下地面油料快速检测

野战条件下地面车辆油料快速检测主要借助 G 型油料质量监测车，该车配备的仪器能够检测车辆油料的外观(目测水分和机械杂质)、水溶性酸或碱、辛烷值、实际胶质、馏程、密度、烯烃含量、芳烃含量、十六烷值、闪点、凝点、冷滤点、制动液沸点、冷却液冰点及 pH 值。

车辆油料检测单元各种检测仪器、设备的功能见表 4-1。

表 4-1 车辆油料检测单元各种检测仪器功能

检测仪器	功 能
便携式油料质量分析仪	辛烷值(RON、MON)、抗爆指数、馏程、密度、芳烃含量、烯烃含量、十六烷值、凝点、黏度
某型油料化验箱	实际胶质、水溶性酸或碱、冷却液冰点和 pH 值
微型闪点测定仪	闪点

续表

检测仪器	功 能
冷滤点快速测定仪	冷滤点
制动液沸点测定仪	平衡回流湿沸点
250mL 玻璃锥形瓶	外观(目测水分和机械杂质)

(1) 启动车载式计算机综合工作台

选择好供电方式(220V、12V)，接通计算机综合工作台电源，打开计算机的外接电源开关和计算机的开关，启动计算机。

(2) 便携式油料质量分析仪操作方法

1) 准备工作。

(a) 从右侧工作台抽屉中取出便携式油料质量分析仪，安放在前方工作台专用的防震架上，锁定。

(b) 分别接通便携式油料质量分析仪和车载式计算机综合工作台之间的通信、控制电缆；打开分析仪和计算机电源，仪器进入预热状态。

(c) 点击计算机桌面快捷图标"油料质量监测车信息管理系统"，依次进入"油料质量管理系统"→"数据采集"→"自动测量数据"→"便携式油料质量分析仪"，进入便携式油料质量分析仪测量系统。

(d) 仪器预热时间为 20~30min。预热结束，仪器温度和样品池温度指示灯由红色变为绿色，进入自检，仪器自检时应确保样品池中没有玻璃比色皿。自检完成后，自动进入测量界面。

(e) 便携式油料质量分析仪预热过程中，可以进行其他的测量。

2) 检测。

分析仪达到稳定状态后，按以下步骤检测样品：

(a) 装样。取 5cm 石英玻璃比色皿，用玻璃吸管吸取石油醚冲洗比色皿 2 次，再用被测油样冲洗比色皿 2 次，装入三分之二体积的被测油样，用干净滤纸吸去比色皿外壁的油样，用镜头纸擦拭比色皿两侧石英玻璃，将装好被测油样的比色皿，放入分析仪样品池支架中，关上样品池盖，稳定 2~3min。

(b) 检测。分为平时测量和战时测量两种模式。系统默认的检测模式为平时测量，可选 90 号汽油、0 号轻柴、-10 号轻柴、-35 号轻柴、-10 号军柴、-35 号军柴和 3 号喷气燃料模型进行检测。在"样品编号"和"操作员"框中输入相应信息，点击左侧控制栏中的"开始测量"按钮，仪器按照预先设定的参数开始扫谱，如果扫谱次数设置为手动，扫谱完毕后系统不予提示，如果扫谱次数设置为自动，扫谱稳定后系统提示“已稳定，请选择校正模型进行计算”，选择该样品所属的模型类型，系统自动给出检测结果报告。

（c）点击“战时测量”按钮，模型选择区变为灰色不可选。输入相应的“样品编号”和“操作员”，点击“开始测量”，系统按照预先设定的参数进行扫谱。扫谱完毕后，系统自动判断油品种类并按照相应的校正模型进行计算，直接显示检测报告。

（d）测量过程中，如果终止检测，直接点击“停止测量”按钮即可。

（e）清洗。完成检测后，从样品池中取出比色皿，将试样倒入废液瓶内，用石油醚、无水乙醇清洗比色皿，控干后放入盒内备用。

3）查询。

点击菜单“查询功能”，进入数据查询窗口。系统提供了按日期时间、按样品编号和按样品类别三种查询方式，选中并输入查询条件，点击“数据查询”，则显示符合条件样品的谱图信息和检测结果。

在检测结果中选中任一样品，还可以对该样品记录进行删除、打印、发送等操作。

4）其他功能。

打印：点击“打印结果”按钮，打印当前样品检测报告。

发送：点击“发送结果”按钮，把当前检测报告发送到“油料质量监测车信息管理系统”的数据库中，进行数据汇总。

（3）某型油料化验箱操作方法

按车用油料的实际测定项目需求，操作使用时详见“某型油料化验箱使用说明书”。

（4）微型闪点测定仪操作方法

用微型闪点测定仪测定柴油闪点的操作方法见“3.7 闪点检测方法”。

（5）冷滤点快速测定仪操作方法

用冷滤点快速测定仪测定柴油冷滤点的操作方法见“3.8 凝点、冷滤点检测方法”。

（6）制动液沸点测定仪操作方法

制动液沸点测定仪操作方法见“3.13 制动液沸点检测方法”。

4.2 野战条件下航空油料快速检测

野战条件下航空油料快速检测主要借助 G 型油料质量监测车和 F 型油料化验箱。

4.2.1 G型油料质量监测车

G型油料质量监测车针对航空燃料的检测项目有馏程、外观(目测水分和机械杂质)、冰点、闪点、电导率、水溶性酸或碱、腐蚀性和密度。各检测仪器、设备的功能见表4-2。

表4-2 航空燃料检测单元分析检测仪器及功能

检测仪器	功 能
便携式油料质量分析仪	冰点、密度、馏程、闪点
某型油料化验箱	密度、水溶性酸或碱
微型闪点测定仪	闪点
油料电导仪	电导率
银片腐蚀快速测定仪	银片腐蚀
燃料水分污染化验箱	非溶解水、沉积水

用便携式油料质量分析仪检测喷气燃料的冰点、馏程、密度、闪点等，参见本书第三章。检测水溶性酸或碱参见“3.5 水溶性酸碱检测方法”。检测闪点项目参见“3.7.1 微型闪点测定仪”。银片腐蚀快速测定仪操作使用参见“3.10 银片腐蚀检测方法”。

(1) 手持式油料电导仪操作使用

1) 准备工作。

(a) 从右侧工作台抽屉中取出油料电导仪、不锈钢测量杯。

(b) 将干燥、洁净的电导池插入电导池插座。

(c) 用被测油样清洗电导池。

(d) 使用前应按以下方法调零:

电导池与仪器连接，如仪器显示未归零，则取下电导池再次检查显示值。如果读数回零，则是电导池被污染，应对电导池进行清洗，清洗后应重新与仪器连接并检查读数。如果读数仍然不回零，则用小改锥微调仪器顶端的调零电位器，直到交替显示±000。

2) 测量。

(a) 往测量杯中倒入被测试样，将电导池插入被测油样内，深度应使油样浸没电导池的所有排气孔。

(b) 按下电源开关，在被测油样中停留约3s，即可进行读数。

(c) 读数之前应一直按着电源开关。读数后松开电源开关按键。轻轻甩一下电导池内的残留油，然后准备进行下一次测量。

(d) 测量结束后，将试样倒入废液瓶内，用石油醚或正己烷清洗测量容器和电导池，放回抽屉内。

(2) 燃料水分污染化验箱操作使用

1) 非溶解水检测。

从燃料水分污染检测箱中依次取出测量管、试水胶膜、指示剂胶囊。

检查试管和试管帽是否清洁、干燥。

用镊子夹取试水胶膜放入试管帽中。

打开指示剂胶囊，将指示剂放入试管中。

轻轻摇动试样，使油样中的水分混合均匀，将试样倒入试管至刻线处。

拧上试管盖，上下轻轻摇动 1~2min，直到指示剂粉末彻底溶化。

拧开试管盖，取出胶膜，与标准胶膜比较，观察胶膜上的蓝紫色斑点，不必考虑胶膜周边蓝色的染色环，如果怀疑斑点密度代表的水含量超过 30μg/g，应换一个新的胶膜，再摇动 2min，如果新的胶膜斑点密度大于等于 5μg/g，则可以判定油样中水含量大于 30μg/g。

试验结束后，清洗试管、烘干备用。

试验过程中，确保手的干燥以及试管、试管帽、胶膜不被水污染。

2) 沉积水检测。

沿撕开口撕开包装，取出试水胶膜，揭下背面压敏胶保护层，利用试水胶膜背面的压敏胶，将试水胶膜贴在量油尺的相应位置上即可。

按照 JJG1014 计量技术规范的要求，将贴有试水胶膜的量油尺投入待测装油容器内，当量油尺锤触及容器底部时，根据不同油品，停留相应时间后，立即将量油尺提出装油容器外，从试水胶膜变色痕迹上读出罐内水面高度。

3) 注意事项。

试水胶膜应密封保存，存放在常温干燥处。开封后的试水胶膜不宜长时间暴露在空气中。本品保质期 1 年。

4.2.2 F 型航空油料化验箱

F 型航空油料化验箱主要检测的油品及项目有喷气燃料的馏程、闪点、密度、运动黏度、冰点，航空润滑油与液压油的运动黏度、闪点、酸值、密度，航空冷却液的冰点、pH 值等。

下面主要介绍喷气燃料测定仪，其他检测方法参见前文。

喷气燃料测定仪适用于战时应急条件下检测喷气燃料的馏程、闪点、密度、运动黏度和冰点。仪器外形图见图 4-1。

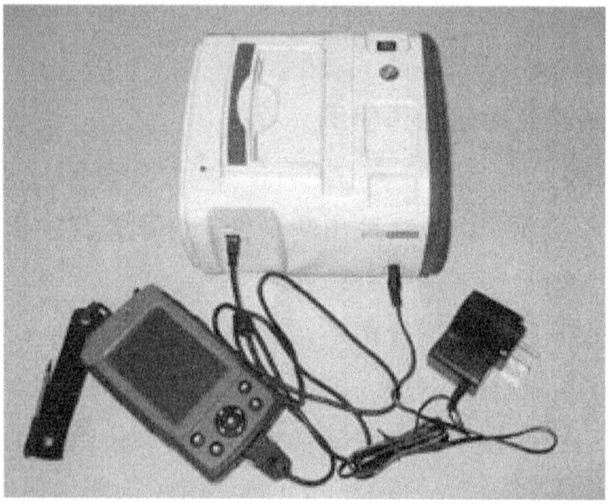

图 4-1 喷气燃料测定仪外形图

(1) 喷气燃料测定仪技术指示

波长范围：930~1690nm。

仪器光谱带宽：7nm。

绝对波长精度：±0.6nm。

杂散光：<0.01%。

稳定性：<0.05%(6h)。

A/D 转换：24bit。

波长扫描方式：电扫描(无运动部件)。

样品工作方式：吸收(10mm 比色皿)、漫反射积分球。

光谱扫描速度：测量时间<10ms/通道，<1 秒/谱图。

光谱采集数目：100 个波长采集信号点。

检测器：InGaAs。

工作温度：-5~46℃。

储存温度：-25~70℃。

功耗：总功耗小于 5W。

信噪比：10000∶1。

检测系统恒温精度：±0.5℃(30℃)。

外形尺寸(长×宽×高)：200×175×115(mm)。

试样量：2mL。

测试时间：1min。
重量：约 2.5kg。
工作电压：220VAC/12VDC。

(2) 仪器安装

1) 开箱。
取出喷气燃料测定仪及以下配件：
用于添加样品的 10mm 比色皿；
近红外光谱仪电源线(220VAC/12VDC)；
用于连接计算机(PDA)的近红外光谱仪数据线。
2) 组装。
按照图 4-2 所示组装仪器。

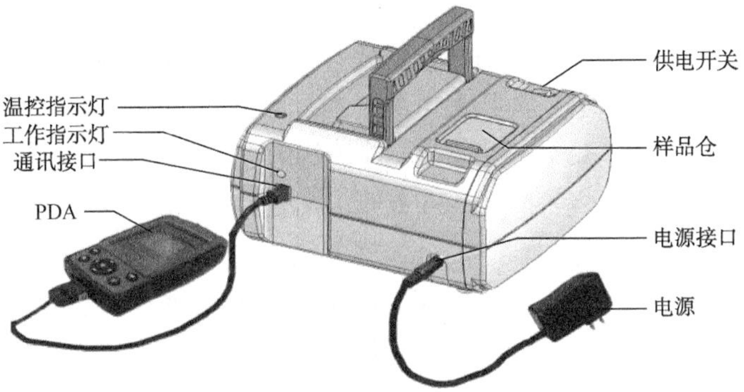

图 4-2 仪器组装图

电源线连接到仪器的电源接口，然后用数据线把 PDA 跟仪器连接起来。
3) 喷气燃料测定仪接口见图 4-3。

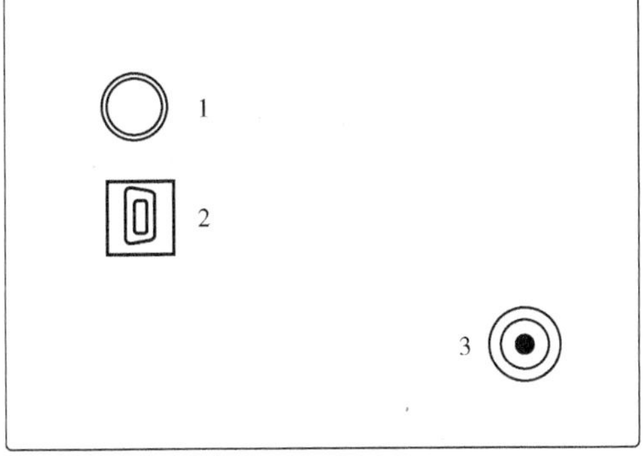

图 4-3 喷气燃料测定仪接口

1—工作指示灯；2—通讯接口；3—电源接口(12V/2A)

(3) 样品测量

1）准备。

在每次测量之前，都要用约 2mL 的被测液体冲洗比色皿；冲洗后的液体必须弃掉。

2）喷气燃料测定仪的使用。

请将喷气燃料测定仪放在牢固的工作台上，并用电源电缆将仪器和电源连接起来，按下仪器上方的电源开关，电源指示灯亮；用数据线将仪器和计算机或者 PDA 连接起来，数据指示灯亮。

图 4-4　界面显示区域

如果仪器在通电之前经历了剧烈的温度变化，请等待一段时间，以使仪器温度达到平衡，当温度平衡后电源指示灯变为绿色。

打开 PDA 后，双击 PDA 桌面上的“近红外”程序运行软件，在打开软件之前，请确认仪器已经接上电源，并且和 PDA 连接。

确认连接就绪后，打开“近红外”软件可以看到如图 4-4 界面，界面上有五个功能键和一个显示区域。

（a）模型设置。

模型设置主要是设置在实验过程中需要分析的指标，该指标模型由仪器供应商提供。模型设置界面如图 4-5 所示。

在此界面选择所需分析的指标模型。请注意在界面的最上边有一个复选框“本机模型”。选中它时，表示使用的是当前仪器的指标模型，未选中它时，将看到如图 4-6 所示界面。

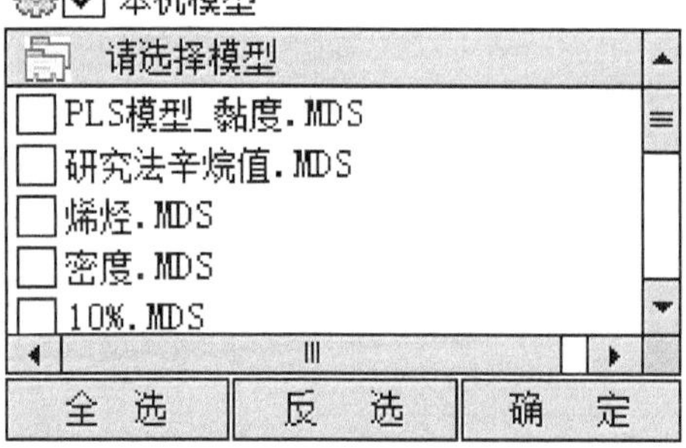

图 4-5　模型设置界面

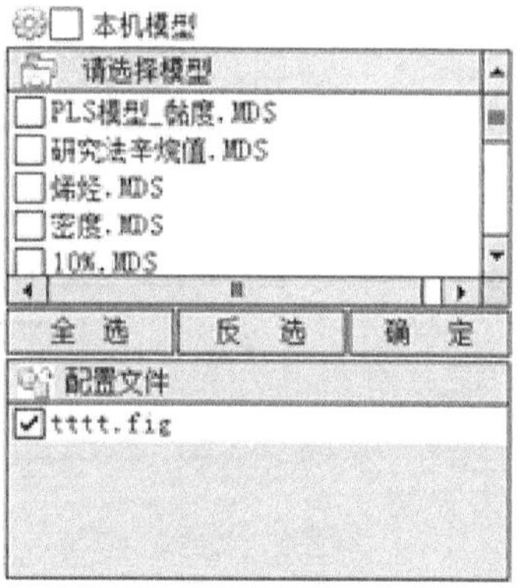

图 4-6　界面

界面下方有一个选择框，要求选择配置文件，该文件主要用于不同仪器之间的数据转换。其他仪器的模型也可用于分析本机的光谱数据。

在模型设置界面完成设置后，点击“确定”按钮，就可以开始采集数据了。

(b) 采集空白。

回到主界面，正式开始采集数据：首先打开样品槽盖把未装样品的比色皿放入样品槽，关上样品槽盖，点击“采集空白”。如果未采集空白直接点击“采集样品”，将会提示“请先采空白”。空白采集完成后，提示“空白已采，您可以开始采样”，此时打开样品槽盖取出未装样品的比色皿，就可以放入样品开始采集了。

(c) 采集样品。

放入待分析样品，关上样品槽盖。点击“采集样品”按钮。

在点击完“采集样品”按钮后，软件就开始采集和分析样品了。几秒钟后会弹出输入文件名的对话框。需要注意的是，此时系统会默认为下次采样的文件名，如果是同一样品的两次采样，则不需要修改文件名，直接按“确定”，系统会在之前输入的文件名后自动加上该样品采集的次数。

运算完毕后，会在屏幕中间的显示区域看到样品的分析结果。

(d) 保存结果。

一组实验做完后，可以将这组数据保存起来，以便将来查阅。直接点击“保存结果”按钮。会弹出对话框提示输入操作人姓名。输入后确定即可。

(e) 查询结果。

如图 4-7 所示，查询条件有三个：操作人、实验时间和样品名。

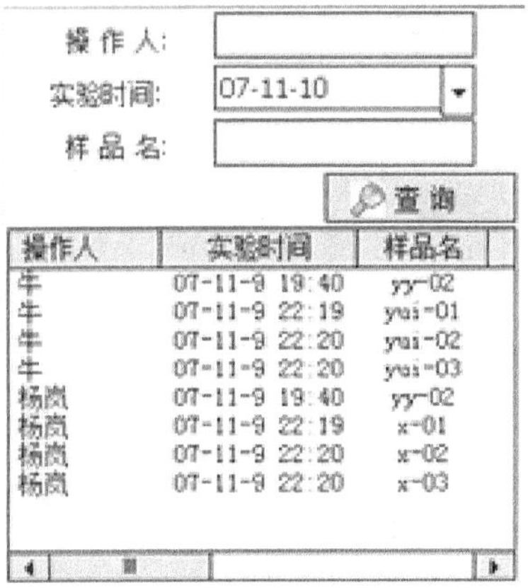

图 4-7

“操作人”选项为精确查询，故必须输入操作人的全称。实验时间可以通过点击输入框后的向下箭头选择。样品名为模糊查询，输入样品名中的一个字母或者一个字即可，当然也可以输入全称。以上三个查询条件为 And 关系。

总结 PDA 近红外软件的使用步骤如下：

打开软件后，第一步为模型设置，设置需要分析的指标；第二步为采集空白；第三步为放入样品；第四步为采集光谱(根据情况选择是否输入文件名)；第五步为采集其他样品。重复第二步，第三步，第四步……

实验完成，保存结果。当需要时，查询结果。

(4) 撤收

1) 完成测试试验后，将样品池擦拭干净后装入化验箱中。

2) 试验结束后，先关闭仪器电源开关，再切断供电电源，松开连接导线，并脱离，整理后入箱归位。

3) 试验废弃物放入专用的收集袋内，等待统一处理，防止污染环境。清点配件备品，入箱归位。

(5) 维护保养

1) 仪器校正。

仪器每半年必须校正一次，主要是校正近红外光谱仪器扫描波长的重复性和检查光源能量。

2) 仪器维护、保养。

开机前确认供电电源是否与仪器标称电压一致，保持仪器表面清洁。

(6) 注意事项

1) 仪器应在通风干燥处存放，并注意防尘。

2) 仪器存放的环境要求：

环境温度：-10~60℃；相对湿度：<85%。

环境中无腐蚀性气体介质存在。

3) 仪器工作条件：

环境温度：-10~46℃；相对湿度：<85%。

工作电压：12VDC。

4) 未经培训的人员严禁操作使用。

5) 仪器的操作必须严格参照仪器的使用说明书进行，试验过程严格执行相关标准的要求和步骤。

6) 警告：仪器必须在安全等级以下(包含该等级)的场合使用，确保工作安全。

7) 警告：在使用过程中，试验人员不能远离仪器。

(7) 常见故障排除

喷气燃料检测仪常见故障原因和排除方法见表 4-3。

表 4-3　常见故障及排除方法

序号	故障现象	故障原因	故障排除
1	仪器扫描失败	连接线是否连接好	检查连接线
2	测试误差偏大	1. 数学模型是否正确 2. 数学模型不适合待测样品	1. 重新选择数学模型 2. 扩充数学模型
3	仪器有异常振动、声响或气味	电路故障	返厂修理

4.3　野战条件下舰艇油料快速检测

野战条件下舰艇油料快速检测主要借助 G 型油料质量监测车和 E 型油料化验箱。舰艇燃料检测单元检测项目包括外观(目测水分和机械杂质)、馏程、密度、十六烷值、凝点、水溶性酸或碱、实际胶质、黏度。各检测仪器、设备的功能见表 4-4。检测项目见前文。

表 4-4　舰艇燃料检测单元检测仪器功能

检测仪器	功　能
便携式油料质量分析仪	密度、馏程、十六烷值、凝点、黏度
某型油料化验箱	外观(目测水分和机械杂质)、密度、实际胶质、水溶性酸或碱、黏度、凝点
微型闪点测定仪	闪点
冷滤点快速测定仪	冷滤点

4.4　油料品种简易识别

油料品种简易识别通常采用看颜色、闻气味、手摸等方式，也可使用检测仪器快速鉴别。

车用油料有燃料油、润滑油、润滑脂和特种液，在这些油料中，燃料油和润滑油均属液体石油产品；而特种液，除矿物刹车油仍属石油产品外，其余都是含羟基的液体(酒精、甘油、乙二醇、蓖麻油和水)。常用润滑脂一般有钠基润滑脂、钙基润滑脂和锂基润滑脂，它们的外观均呈膏状，鉴别油料的具体方法如下。

4.4.1 石油产品和含羟基物质的鉴别

向清洁的带磨口塞试管中注入 1mL 试样和 4mL 酒精，先剧烈摇动，然后静置，此时试管中液体如果出现分层，试样就是石油产品，即可能是燃料油，试管中如果是均匀的溶液，就说明试样是特种液。

4.4.2 燃料油、润滑油、矿物刹车油的鉴别

外观上不黏稠的是燃料油；黏稠的是润滑油，用苏丹红染成红色的低黏度润滑油是矿物刹车油。

(1) 汽油、煤油与柴油的鉴别

在无风的地方，向一块干洁的表面皿注入 1mL 试样，引火点油，试样如果一触火焰就着火燃烧，就是汽油；否则，就要测定密度。20℃密度为 775kg/m^3 左右，属于喷气燃料；密度为 800kg/m^{3}以上的，属于柴油；密度在两者之间的，要用蒸馏试验来鉴别，干点在 310℃以下的为灯用煤油，馏出 95%温度在 340℃左右的为轻柴油。

(2) 机械润滑油和齿轮油的鉴别

对光透视，呈黑色，黏度大的是齿轮油；呈深蓝色、红棕色、棕蓝色或黄色，而黏度较小的，一般属于机械润滑油，但是有些寒区齿轮油也呈黄色。

4.4.3 蓖麻油基刹车油和防冻液的鉴别

向清洁的带磨口塞的试管注入约 2mL 试样和 5mL 清水，先剧烈摇动，然后静置，此时试管中的液体如果是乳浊液，还有酒精气味，就是蓖麻油-酒精刹车油；试样没有酒精气味的，就是蓖麻油；试样中的液体如果较均匀，还有酒精气味的，就是含有酒精的防冻液，可按照本节(1)进行鉴别；试样没有酒精气味的，就是乙二醇或甘油防冻液，可按照本节(2)进行鉴别。

(1) 在避风的地方，向表面皿注入 1mL 试样，引火点燃，火焰自行熄灭后，仔细观察表面皿中有没有残留物，试样如果被燃烧干净，就是酒精；如果表面皿中还有液体，就等表面皿冷却至室温后，用物触摸残留液体，有黏滑感觉的，试样就是酒精-防冻液。

(2) 向清洁的带磨口试管中注入 10mL 试样和直径约 2mm 的甲基红粉末摇动试管 1min 之后，立即观察试样的颜色，如果变为红色，就是纯净的乙二醇，如果变为黄色，就是乙二醇-水防冻液；如果 1min 内不变颜色，就是甘油或甘油-水防冻液。

4.4.4 润滑脂的鉴别

取少许试样和清水，放在一起揉磨后，试样和水如果混合成乳浊的液体，就是钠基润滑脂；如果仍可分离出清水，就按下述方法鉴别。

在直径 18mm 的试管中，放一个约 3mm 直径的润滑脂颗粒，注入约 40mm 高度的清水，润滑脂颗粒应浸在清水中，但不要放到试管底部，加热试管，火焰不能触到放试样的部位，此时，试样如果逐渐溶化，就是钙基润滑脂；如果在沸腾的水中仍不能溶化，就是锂基润滑脂。

注：单纯用金属皂稠化润滑油制成的润滑脂，一般都是黄色的膏状物。试样如果是黑色的膏状物，在按照上述方法判断出皂基类别后，取出一试样薄薄地涂在白纸上，此时试样的薄层呈黑绿色的，就是石墨润滑脂，试样的薄层呈黑灰色的，就是二硫化钼润滑脂。